中央财经大学财政学院学者文库
中央财经大学“211工程”三期重点学科建设项目

外国财政史

马金华 著

中国财政经济出版社

图书在版编目（CIP）数据

外国财政史/马金华著．—北京：中国财政经济出版社，2011.6
（中央财经大学财政学院学者文库）
ISBN 978－7－5095－2936－2

Ⅰ.①外…　Ⅱ.①马…　Ⅲ.①财政史－外国　Ⅳ.①F811.9

中国版本图书馆 CIP 数据核字（2011）第 105972 号

责任编辑：张晓彪　　　　责任校对：张　凡
封面设计：陈　瑶　　　　版式设计：兰　波

中国财政经济出版社 出版

URL：http：//www.cfeph.cn
E－mail：cfeph@cfeph.cn

社址：北京市海淀区阜成路甲 28 号　邮政编码：100142
发行处电话：88190406　财经书店电话：64033436
北京富生印刷厂印刷　各地新华书店经销
787×960 毫米　16 开　16.75 印张　278 000 字
2011 年 6 月第 1 版　2011 年 6 月北京第 1 次印刷
定价：30.00 元
ISBN 978－7－5095－2936－2/F·2487
（图书出现印装问题，本社负责调换）
本社质量投诉电话：010－88190744

总序

1978年，中国徐徐开启了改革开放之门，一缕清新的春风扑面而来，沁人心脾，沉寂多年的财政学术研究复苏了！伴随着经济和财政体制改革，财政理论研究进入了发展和繁荣期。从改革开放之初至今，财政理论研究始终与当时改革实践中的财政和社会经济问题密切相关，与整个社会经济的发展保持积极的互动关系。

改革开放伊始，我国经济理论研究摆脱了前苏联经济理论研究模式，在市场取向的改革进程中，结合中国改革开放所涌现的现实问题，逐步运用市场经济原理来阐述中国的经济运行，不断探索具有中国特色的社会主义经济理论。财政理论研究通过我国财政界同仁30年的不懈探索，结出了丰硕的成果。

斗转星移，30年过去了！回首中央财经大学财政学科的发展历程：1978年恢复招收本科生，1983年获得硕士学位授予权，2000年获得博士学位授予权，2002年被评为北京市重点学科，2003年被确定为博士后流动站，2007年该专业被评为国家重点学科和教育部特色专业建设点，2007年被评为北京市特色专业建设点，并再次被认定为北京市重点学科，2008年财政学教学团队获得北京市优秀教学团队称号，2010年获得国家级教学团队称号。为此，我们要深深感谢中央财经大学财政学界的前辈们，他们为我校财政学科的发展呕心沥血；还要对中央财经大学财政学界的后继者们，尤其是富有朝气的年轻才俊们在教学和科研上付出和成就，深表敬意。

加强学科建设，促进中央财经大学财政学科发展，把财政学科建设成为我国财政领域人才培养和科学研究的重要基地，是中央财经大学财政同仁孜孜以求的目标。我们冀望通过出版教师们的学术专著，彰显他们的科研成果，进而激励我院教师进行科研的热情。让他们融入我国社会经济发展的浪潮中，以他们专业的视角，用他们的聪明才智，续写财政理论研究的华丽篇章！

从2004年开始，财政学院就设立了出版基金，为本院教师进行财政理论研究提供资助，并且通过这个平台，展示我院教师的科研成果，也为我院教师利用媒体进行学术交流提供了很好的机会，并藉此为繁荣我国财政理论研究作出微薄的贡献。

本次入选文库的作者既有我院的教授、副教授，也有新近毕业分配来的博士。这些作者对各自研究领域的前沿问题有比较深刻的把握，他们以严谨、规范的学术态度展现了对古今中外财政理论的关注和思考。虽然这些著作中的有些观点或者内容框架还有待进一步推敲和完善，但其中所闪耀的思想火花必将引发人们更进一步的探索和研究。我们相信会有更多的教师把最新研究成果纳入学者文库，不断充实文库的内涵。

学者文库由中央财经大学“211工程”三期重点学科建设项目资助，并且得到了中国财政经济出版社的大力支持，对此我们表示衷心的感谢！希望这些专著的面世，能对推动和活跃我国财政理论研究有所裨益。

马海涛

中央财经大学财政学院学者文库编委会主任

2010年9月

目录

绪　论

财政是一个经济范畴，也是一个历史范畴，财政史是财政学与历史学的一个交叉学科。财政史研究是对一个国家财政发展历程的记述和财政发展规律的分析与总结，这一领域包括了财政制度变迁和财政思想演进两个方面，古今中外概莫能外。目前国内的财政史研究主要存在两大阵地、两种思维范式：一是历史学者对财政史的研究，重在史料整理；二是财政学者对财政史的研究，重在理论分析。两大阵地目前由于研究群体的分离，使得这一分支学科的研究一直处于弱势地位；同时由于研究难度及进入成本的高昂，财政史这门学科虽经几代学人筚路蓝缕，艰辛开拓，使这门学科的研究取得了令人瞩目的成就，但至今仍存在严重的不平衡发展。刻板的传统的教材传授模式，汗牛充栋、真伪难辨的资料整理，使得很多现代学人望而却步，特别是相对于研究较成熟的中国财政史来说，外国财政史这一学科并没有真正建立起来，研究还仅处于起步和酝酿阶段，目前尚无相关的专著问世。笔者不揣浅陋，尝试写了这本外国财政史，以期抛砖引玉，期待更多的同仁一起投入到财政史的广泛研究中。

一、外国财政史的整体研究

目前，对外国财政史的整体研究，较早的著作首推《各国财政史》（小林丑三郎著，邹敬芳译，神州国光社 1930 年版）。该书是现存的最早介绍各国财政史的著作，其地位不言而喻。全书分为古代财政、希腊财政、罗马财政、中世纪财政、近古时期财政、法国革命后的各国财政、德意志帝国再建后的各国财政、世界大战时的各国财政、苏俄财政等章，但内容相对比较简单，因是译著，所以语言上晦涩，造成理解上困难。其次是《欧战经济财政史》［（法）奥尔夫—盖亚尔著，林孟工译，商务印书馆 1937 年版］，该书是汉译世界名著，但仅在第七章简单介绍了各国的财政。此外，一些《世界经济史》、《外国经济史》相关著作中会有部分内容涉及财政史，但都不系统，同时，对于分国别单独介绍某国的财政史的著作还未见。分国别介绍各个国家的财政史研究，目前主要散落在一些论文或者译著中。对于这一现象，国内著名的财税史研究专家、中南财经政法大学财政金融学院的叶青教授在《试论中外财政史比较研究的几个问题——兼论建立“世界财政史”学科的可行性》一文中，在国内首次提出了建立“世界财政史”学科的建议。叶文指出，当前中国财政制度史和思想史研究力量相对较强，而外国财政思想史研究成果相对较少，尤其是对外国财政制度史的研究几乎是一片空白，尚无任何一本与外国财政制度史相关的专著出版。叶文提出了进行中外财政史比较研究的三大重要意义：一是填补空白，完善财政理论体系，使之达到亚当·斯密提出的“财政三元论”（赋税论、经费论、公债论）的高度；二是通过财政史的研究，为当今各种财政学说提供一条有效的验证途径，通过还原和恢复历史的本来面目，提高财政学理论在解释当前财政现象、提供财政决策参考依据时的说服力，在此基础上扩大视野，揭示中外财政发展的深层次问题；三是通过建立中外比较财政史学，最终形成世界财政史学，为财政学和历史学的研究开拓新思路、开辟新领域。

在提出加强研究外国财政史的同时，介绍和翻译国外财政史研究成果的论文和专著也开始出现。天津师范大学历史文化学院硕士生陆连超在他2008年的论文《新财政史：解读欧洲历史的新视角》中，介绍了20世纪最后十年欧洲学者的财政史研究概况。欧洲学者认为，财政史应当被当做对比现象来研究，也就是要在比较框架内梳理欧洲财政体系的历史变迁，“新财政史”作为一种研究欧洲财政史的新模型被提出。“新财政史”认为，欧洲各主要国家的历史被看做是从“贡赋国家”开始，经过“领地国家”和“赋税国家”最终转变为“财政国家”。最初在英国，财政史被当做是宪政史的一个附属部分，没有受到有关方面专家的重视，直到20世纪90年代，真正意义上的财政史学科才建立起来。《经济体系与国家财政》、《欧洲国家的兴起：1200—1815》、《危机、革命和自我持续增长》等专著相继在欧洲出版，英国、德国和斯堪的纳维亚半岛等地的“新财政史”研究从各自不同的方向兴起。

中南财经政法大学的乔吉燕博士翻译了前美国经济史学会主席阿瑟·H. 科尔的《经济史学科在美国的形成阶段》一文，文中详细介绍了经济史学科在美国发展和演变的历程，其中涉及许多著名的财政史研究专家和他们重要的财政史研究专著，如哈佛大学托西格所著《美国税收史》、诺伊斯著

《美国财政四十年》等等。

二、各国财政史的相关研究

（一）美国财政史

新中国成立后，由于意识形态的根本对立，中国内地对欧美资本主义国家财政制度的研究几乎是一片空白，翻译出版的少量西方经济学著作主要是用来作为批判的对象使用的。对美国财政政策的介绍主要是用来和苏联式计划经济条件下的财政政策进行对比，从而体现出社会主义制度的优越性，例如20世纪60年代中期蔡培田发表的《美国的税收政策——国家垄断资本主义的重要工具》，主要是从批判资本主义国家财政反人民性的角度，援引部分美国统计部门提供的财政税收数据，剖析以美国为首的西方资本主义国家财政制度对人民的压榨，以此来为国内提供开展意识形态教育和政治斗争的理论依据。由于“文化大革命”的阻挠和破坏，国内相关高校和研究所的经济史学教学和研究工作普遍陷入停顿，对外国财政史的研究并没有真正起步。

改革开放之后，随着我国经济体制由高度集中的计划经济体制向市场经济体制逐渐转轨，对外国财政理论和财政制度的态度也从不加区别地批判向批判性地借鉴和吸收转变。美国作为当今世界唯一的超级大国，其政治、经济、文化制度对世界各国都有深远的影响。美国自建国开始就形成了以议会为财政主体的、较为完善的资本主义财政体制。随着改革开放以来我国与美国的经济联系和学术交流日益紧密，美国无疑是对我国财政发展具有最重大影响力的国家，美国财政史的研究也随之具有十分重要的理论价值和现实意义。研究当前美国财政政策和财政制度的论文和专著为数众多，然而据笔者所知，截至目前还没有全面系统研究美国财政史（特别是“大萧条”之前美国财政史）的成果问世。与美国财政史有关的资料大多散见于各种美国通史和美国经济史中，近年来开始有一些期刊和研究生论文对美国财政某一阶段的历史或者就美国财政某一方面（例如关税）的问题发表过研究成果。

由北京大学、南开大学、四川大学、武汉大学、东北师范大学等高校历时24年编成的6卷本《美国通史》，是我国改革开放之后美国历史研究一部集大成的著作。丛书中每一卷都对美国的财政政策有所涉及，有的是单独设立章节，系统讲述一个时期美国政府以财政金融为主要调控手段的经济政策，有的则是将财政政策的相关内容分散穿插于各个时期美国政府和总统的政策措施当中，为美国财政史的研究提供了一部分可供参考的资料。但鉴于该丛书的通史性质，涉及美国经济史的内容相对有限，与财政有关的内容更少。

李道揆所著的《美国政府和美国政治》（商务印书馆 1999 年出版）一书第十二章“经济政策”中，从政府政策对整个国家经济发展影响的角度，介绍了自美国独立至里根政府各个时期美国政府的经济政策，其中重点提到了里根政府财政政策的变化。同样由李道揆所著的《美国政府机构与人事制度安排》一书中，作者探讨了美国联邦政府财政与州财政之间的关系，同时对美国的财政和预算机构做了简要的介绍。

中国社会科学院美国研究所陈宝森所著《美国经济与政府政策》一书，研究了美国从罗斯福新政到里根时期的美国公共政策，书中第二编用一章的篇幅，简要阐述了美国历届政府遇到的财政问题及其解决的对策。

鲁东大学王书丽所著《政府干预与 1865—1935 年间的美国经济转型》则将研究美国财政政策的时间跨度向前延伸到美国南北战争结束后的 1865 年。该书主要从美国联邦政府各种宏观经济政策总体协调、综合运用的角度讨论美国政府的经济政策对美国经济转型的重要意义，重点是美国政府的金融政策，对财政政策也有一定的涉及。

我国许多高校的历史专业都将美国史作为研究的重点，许多历史学科的论文都有关于美国财政史的内容。

复旦大学历史系褚浩的博士论文《19 世纪后期美国贸易保护政策研究》，全面系统地总结了 19 世纪尤其是 19 世纪后期美国以高关税为主体的贸易保护政策。论文全面系统地梳理和回顾了美国国内和中国内地的学者对 19 世纪美国关税研究的相关成果。褚文虽然是一篇从关税和贸易角度研究美国经济史的论文，但对于我们研究 19 世纪美国财政史，特别是当期美国财政收入中的关税收入具有重要的参考价值。

李育良、修月祯发表于《国际商务》1997 年第 3 期上的文章《美国关税及贸易政策点评》也是一篇从贸易保护角度研究美国关税史变迁的文章。作者提出了与美国学者不同的观点，将美国关税演进的历史分为四个时期。第一阶段（1792—1816 年）为财政关税时期，该阶段关税的主要目的是增加美国联邦财政收入，维持美国联邦政府的正常运转；第二阶段（1816—1934 年）为保护关税时期，该阶段关税的主要目的是通过征收高关税制造贸易壁垒，保护美国国内的工农业生产者的利益；第三阶段（1934—1947

年）为双边互惠关税时期，美国政府和国会通过放弃关税的管理权，降低关税税率，成功地改变了美国国内的税收结构，促进了美国乃至世界经济贸易的发展；第四阶段（1947 年至今）为非关税贸易保护阶段，强调了关税作为美国贸易保护手段的作用逐渐减弱的趋势。

中国社会科学院世界经济与政治研究所“综合专题”研究室佟福全研究员的论文《美国税收制度及改革趋势》，将美国税收制度演变的历史概括为三个阶段：第一阶段，1861 年以前，美国税制是以关税为主体的间接税制；第二阶段，从 1861 年到 1933 年，美国税制从以关税为主体的间接税制逐步转到以所得税为中心的复合税制；第三阶段，自 1933 年至今，美国开始课征社会保险税，形成以个人所得税、公司所得税、社会保险税等三项直接税为主，其他税种为补充的现行税制。从大的趋势上分析概括了美国税收制度演变的历史以及今后美国税收制度改革的趋势。

2010 年 1 月，上海财经大学出版社出版了由复旦大学苟燕楠教授翻译的美国著名经济史学家赫伯特·斯坦所著的《美国的财政革命》（*Herbert Stein*：*The Fiscal Revolution in American*）一书，该书详细讲述了美国自 1929 年大萧条直到 20 世纪 90 年代财政决策的历史。这是国内翻译出版的首部美国财政史研究专著，将财政史这一交叉分支学科从经济史中单独抽出，为当前经济学界和史学界外国财政史研究的起步开了一个好头。

（二）欧洲财政史

与美国财政史的研究现状相比，欧洲财政史尤其是英国财政史的研究基础相对较好。自民国开始，国内学者对欧洲各主要国家历史的研究就从来没有间断过，曾有“不懂英法德，不谈文史哲”之说。

山东大学历史系顾銮斋教授在《世界历史》2004 年第 3 期发表的《中西中古社会赋税结构演变的比较研究》一文中，将中国和西欧各国中世纪的赋税结构演变分为三个阶段进行了比较：第一阶段中西均以农业税为收入主体；第二阶段，西欧的赋税结构开始与中国分道扬镳；第三阶段，西欧进一步提高了工商税在财政收入中所占的比重，而中国的赋税结构依然沿着以往农业税的路径继续演变。

山东潍坊学院于民教授主要致力于英国财税史的研究，他的《从财政收入构成析都铎和斯图亚特王朝早期英国财政体制的性质》一文试图通过对该时期英国财政收入构成成分的性质分析界定这一时期整个英国财政体制的性质。此外他在《复辟时期的英国财政与税收史研究评述》一文中，介绍了英国学者对于这一时期英国财政史的研究成果概况。

财政部科研所韩玲慧发表于《经济参考研究》2009年第40期的《英国财政税收制度的演变：1597年至今》一文，将英国财政史概括为四个主要时期。工业革命前（1750年之前）为第一时期，英国政府通过颁布《济贫法》，开始介入收入分配领域。第二时期为工业化崛起时期（1750—1837年），英国开始征收所得税和其他各主要税种，在与法国长达22年的战争中，通过“伯克郡或斯必汉姆兰生活补助制度”对低收入人群进行补贴，以此为基础形成了英国一项长期的财政政策。第三时期为伊丽莎白女王时代及其后的福利国家形成时期（1837—1949年），税收结构在曲折中演变，间接税在英国的税收收入中依然占据主体地位，英国财政在社会各阶层间收入调节的作用十分有限，工业的发展使得财政支出中用于社会福利的部分不断增多。第四时期为战后时期（1950年至今），在收入方面，保守党为了平衡预算和控制通货膨胀，先后进行了多次税收制度改革；支出方面，英国建立了完善的社会保障体系和失业保障救济制度。

华东政法大学任超在他2006年的博士论文《英国财税法史研究——从诺曼征服到光荣革命》中，从财政和税收立法的角度，详细梳理了从盎格鲁—撒克逊时代一直到“光荣革命”的英国财政税收政策。作者试图通过廓清英国中世纪各项财税法案脉络和源流的基础上，找出英国宪政发展中的税收动因。

吉林大学历史系张乃和发表于《求是学刊》2000年第2期上的《16世纪英国财政政策研究》一文，全面分析了15世纪末到16世纪，英国封建君主制向新型君主制转变过程中王室财政与议会财政逐渐独立的历史进程。

2008年11月格致出版社出版的霍夫曼、诺伯格著，储建国译的《财政危机、自由与代议制政府（1450—1789）》一书，反映了美国学者对欧洲财政史研究的最新成果。该书对中世纪末一直到美国独立之前欧洲大陆各主要国家的财政史变迁，从整体的角度进行了把握，有助于我们了解美国学术界研究欧洲财政史的新思路和新进展。

2009年12月，中国经济出版社出版了首都经济贸易大学焦建国教授的《英国公共财政制度变迁分析》一书，该书以“纳税人与专制王权争夺财政权”为线索，全面分析了英国公共财政制度变迁的历史，从公元5世纪的盎格鲁—撒克逊时代一直到现代英国。该书从英国公共财政制度形成和发展过程、社会历史背景以及财政制度的历史影响中，思考并提出了许多可供我们参考和借鉴的财政史线索，是一部关于英国财政史的力作。

在集中力量研究英国财政史的同时，国内财政史学者的触角也开始深入到一些过去未曾涉及的方向和领域。比如，天津师范大学的龙秀清教授发表于《天津师范大学学报（社会科学版）》2006 年第 6 期的《近代早期教皇的财政政策》一文，通过对教会财政史这一直接影响欧洲中世纪财政历史进程对象的研究，开辟出研究欧洲财政史的一条崭新途径。通过对教廷采取的卖官鬻爵、发行国债等财政政策的分析，探讨了罗马教廷财政制度的变迁，由于天主教以意大利的罗马为中心，所以教会的财政政策理应成为意大利财政史的一个重要组成部分。再如天津财经大学李炜光教授的《逃往瓦朗纳斯——法国大革命前夕财政改革启示》，以钱及人，从财政的角度探讨了法国大革命的必然性，为我们汲取社会治理教训、总结人类社会变革规律提供了一个新的视角。当然，与英国财政史研究的成绩斐然相比，法国、德国、俄罗斯等欧洲重要国家的财政史研究就要逊色很多。

（三）日本财政史

日本是我们最重要的邻国之一，日本的财政史研究一直处于亚洲领先地位，其对欧美财政史的研究代表了目前亚洲的最高水平。比如坂入长太郎著《欧美财政思想史》（中国财政经济出版社 1987 年版）是亚洲较早研究欧美财政的代表作。同时，日本国内对本国的财政史研究非常重视，出版了大批高质量的著作。如日本大藏省财政史室编：《昭和财政史》；高桥诚著：《明治财政史研究》（青木书店 1964 年版）；大野瑞男著：《江户幕府财政史论》（吉川弘文馆 1996 年版）、《明治大正财政史》（经济往来社 1958 年版）；铃木武雄著：《现代日本财政史》（东京大学出版会 1970 年版）等。

中国国内研究日本财政一般都从“明治维新”开始，试图通过研究日本学习欧美发达国家财政制度的历程，找到解决国内财政问题的思路。国内最早的日本财政史专著是家埙的《日本财政史要》（南京日本评论社民国 22 年版），后来有关日本财政史的研究就逐渐多起来。如，我国著名的财政学家、中国人民大学的陈共教授与宋兴义合著的《日本财政政策》一书，更多地讲述的是二战之后日本财政政策的变迁。目前研究日本早期财政政策最重要的材料是诸如由吴廷璆、辽宁大学日本研究所、南开大学历史研究所日本史研究室联合撰写的《日本史》等一些日本通史和经济史著作，北京大学博士生湛贵成的论文《幕府末期明治初期日本财政政策研究》（北京大学 2003 年博士论文）等。

除了以上各主要国家之外，对东南亚、拉丁美洲、非洲等国家地区财政史的研究也有一些零星的成果问世。这些论文主要是从整个国家经济发展和经济政策制定的角度来看待财政的作用，对我们研究外国财政的参考借鉴意义不是很大，这里就不一一列举和介绍了。

三、外国财政史研究评析

总结当前我国学术界对外国财政史研究的现状，笔者认为有以下几点不足之处：

1. 研究力量薄弱，尚未像中国财政史一样建立起自己的学科体系和科研力量。以上所述的这些外国财政史研究的相关文章，大多数都是从事世界史、专门史等学科研究的学者所著，专门从事财政研究的力量并未参与到外国财政史的研究工作当中来。正是由于研究力量的薄弱，造成国内目前尚无一本专门研究外国财政史的著作公开出版发行，少量零星的论文也只能把精力集中于少数几个发达资本主义国家某个时期的财政史上。与此形成鲜明对比的是，邻国日本对世界财政史的研究一直走在前列。据唯一一本翻译成中文的日本学者所著的《欧美财政思想史》注释统计得知，日本有关世界财政制度和思想史的著作至少有 20 本。

2. 研究方向单一，缺乏全面系统的外国财政史学科体系构架。目前问世的这些研究成果绝大部分都将注意力集中到外国财政收入特别是税收收入的取得上，试图通过研究西方的税收制度，在批判性借鉴和吸收其精华的基础上改进我国目前税收体系中一些不合理、不完善的地方。但是我们应该注意到，西方的公共财政政策作为一个国家经济政策的重要组成部分，其在收入和支出安排上的政策运行规律并不是相互割裂的。我们要研究外国财政史，就必须从宏观上、整体上把握西方财政思想和财政政策发展演化的脉络。

3. 研究视野狭窄，对于国外的研究成果关注和借鉴不够。目前国内财政史的研究基本还局限在中国财政史、赋税史的梳理上，对西方新兴的财政史学科关注很不够。事实上，国外一个财政史小组在 1988—1992 年参与了欧洲科学基金项目“13—18 世纪欧洲现代国家的起源”研究，并相继出版了一批与财政史有关的著作，自欧洲“新财政史”学科建立之后，日本国内的财政学界对欧洲“新财政史”理论十分重视，介绍“新财政史”研究的相关日文专著已经出版。2008 年，在佛罗伦萨召开了一个关于 19 世纪欧洲财政的国际学术会议。帕特里克·奥布莱恩教授正在主编一本关于欧亚大陆财政国家的书，其中就有关于中国的部分，法国的鲍尼教授对正在蓬勃发展的“新财政史”研究没有得到来自中国方面的回应感到深深的遗憾。① 由此反映出，目前国际上的“新财政史”学科在中国还没有得到足够的关注和重视。

四、本书的写作特点和不足

笔者不揣浅陋，在目前国内外都缺乏相关论著问世的情况下，尝试写了这本外国财政史，综合起来讲，本书有以下三个特点：

1. 研究内容具有开创性。本书对于外国财政史的研究，其内容包含各主要国家和重要地区的财政历史，研究范围之广阔在我国的外国财政史研究领域中具有开创性，每一章节的内容，均从该国或该地区的财政史记载之初开始直到当代，叙述生动详细且具有系统性。通过阅读本书您可一览各主要国家和地区的财政史学风貌，详细了解世界主要国家和地区财政历史发展变迁，提升历史意识和人文素养。

2. 史料丰富，史学研究参考价值大。本书编辑过程中参考了大量、详备的国内外文献、资料，力求科学严谨，财税理论与历史实证兼备，对于外国财政史进行了深入浅出的研究，适合财政、税务学领域学者参考，适宜为外国财政历史研究提供一定的借鉴。

3. 内容尽量避免专业化倾向，尽可能注意面向大多数读者。本书的内容适合大多数读者的心理特征和认知水平，舍弃繁琐、艰深、庞杂和陈旧的内容，减少抽象、复杂的历史理论和概念，避免晦涩难懂的叙述，文字力求简洁、浅显、生动。

当然，外国财政史是一片处女地，垦荒工作极其困难。因此，本书写作过程中，稚嫩和粗糙之处肯定很多，主要原因是国内相关研究资料的缺乏，而且国内目前研究外国经济史的研究人员通常只掌握了英语，因此无法直接阅读法、德、俄等国家的文献，只能借助于英美两国学者的二手成果，给这些国家财政史的研究造成了技术上的困难。同时，国外相关研究资料不易查找且获取途径困难，使得本书写作过程中的实际难度比预想的要困难得多。

---

① 陆连超：《新财政史：解读欧洲历史的新视角》，《天津师范大学学报（社会科学版）》2008（4）。

同时，对于主要资本主义国家的资料明显要比拉丁美洲、非洲等的资料好找一些，所以本书各章节字数差异较大，文字分布不够均衡，造成了前几章较详细，后几章内容简略。

但尽管如此，加强外国财政史的研究，必将对我国国内财政史乃至财政学的研究，起到很好的推动和促进作用。对外国财政史的研究，不仅可以拓宽我们看待当前中国社会变革时期财政转型的研究思路，还能够借鉴外国历史上对公共财政问题的处理方法，在交锋中学习，在学习中探索我国财政学发展的新思路，为构建和完善新形势下我国财政实际的财政理论作出应有的贡献！因此，笔者还是决定把这本带着稚嫩气息的稿子出版出来，以期抛砖引玉，希冀更多的国内学者对外国财政史学的关注。同时，本书写作过程中，参阅了大量世界经济史、外国经济史的现有研究成果，在此向各位学者前辈表示衷心感谢。由于自身知识结构和理论水平有限，书中疏漏之处难免，真诚期待更多的同仁给予批评指正。

第一章
英国财政史

翻开欧洲地图，我们可以清晰地看到，在西欧大陆北部的不远处有两个不大的岛屿，一个叫不列颠岛，另一个叫爱尔兰岛。前者的全部加上后者的北半部以及附近的一些小岛组成了一个国家，即大不列颠及北爱尔兰联合王国，也就是我们所说的英国。

这个位于北大西洋惊涛骇浪中的岛国由英格兰、威尔士、苏格兰和北爱尔兰四个部分组成，面积24万多平方公里，大小仅相当于中国的一个中等省份。在这个任何一个地方距海岸线不超过75英里的国家里，17世纪末人口只有600万，直到今天，人口也只有5800多万，可谓“小国寡民”。

然而就是这样一个国家，它不是新大陆的开辟者，却连连击败占据先机、实力不凡的西班牙、葡萄牙，成为新航路开辟的最大获益者；不是第一个进行资产阶级革命的国家，却是第一个在皇权与民权的争斗中达成妥协并率先确立近代民主政体的国家；不是资源最丰富、科技最发达、最具文化底蕴的国家，却遥遥领先其他国家推进工业革命，敲开了近代人类社会腾飞的大门。面对地图，我们不禁会产生这样的疑惑，这样的一个国家，何以在过去两个多世纪里，不断创造奇迹，一直保持世界头等经济强国的地位，而以

“日不落帝国”傲视全球？这值得我们探究。经济是一个民族的骨骼，一个强国必定有强大的经济。众所周知，英国在经济理论与实践方面的创新为世界各国的现代化作出了贡献，其中财政税收体制的建立和确定为一个国家的现代化和作为现代化国家的管理奠定了基础。英国的财政发展史反映了世界各国财政政策发展的总的特征，并且给各国的财政政策提供了深远的借鉴意义。现在让我们揭开这个国家财政史的神秘面纱，探寻它何以于弹丸之地募集出充裕资源，撑起这个国家腾飞的奥秘吧！

第一节

中世纪英国财政概况

一、盎格鲁—撒克逊时期与丹麦统治时期（449—1066 年）

公元 4 世纪，欧洲大陆日耳曼人的一个分支盎格鲁—撒克逊人乘机侵入英国。英国由此进入盎格鲁—撒克逊时代。这一时期，氏族组织解体，按地域组成的村社代之而起。随着生产力发展，土地逐渐变为私有财产，出现了大贵族、依附农和奴隶，英国社会封建化过程开始。从 8 世纪末开始，以丹麦人为主体的斯堪的纳维亚人屡屡入侵英国，11 世纪初，丹麦王克努特大帝成为全英之王（1016—1035 年在位）。克努特之子死后，英国王位复归于英人爱德华（1042—1066 年在位），丹麦人统治期间，英国封建化过程加速，由于战争频繁，税课繁苛，农民纷纷破产。而国王给教俗地主“特恩权”，加速了农民的农奴化。

在英国早期国家产生的过程中，法律也开始逐步形成。在英格兰与税法有关的最早记录出现在罗马统治的后期。在罗马统治时期，同罗马帝国其他被征服地区一样，英格兰适用罗马的税法。此后，英国已经出现了涉及经济制度、社会等级、财政与税收等内容的法律制度。具体到税法制度方面，总体上来说，在盎格鲁—撒克逊人统治初期，国家财政和王室财政尚未分开，正规的税收制度还未建立。统一国家形成后，各级法庭司法诉金的提成和向自治城市开征的贸易税，构成了王室财政的一项重要来源。当然，此时的税收制度更多的是以封建习惯的方式存在。

1. 教会免税特权

盎格鲁—撒克逊统治者们在皈依基督教后，教会在很多方面获得了特权，其中就包括免税权。教会免税权的文献记载，主要是有关米兹汉姆斯特德修道院的。公元 657 年，麦西亚王国国王伍尔夫希尔在赠送土地给米兹汉姆斯特德修道院的仪式上发表讲话，其内容中即有免税的规定："这只是一项小小的捐赠，但是我希望他们堂皇而自由地持有它，乃至仅仅除了为修道士所用之外，既不向它征税，也不向它收租。"公元 695 年，肯特王国国王威特雷德在其统治的第五年颁布了自己的法典，称为《威特雷德法典》。该法典和其他蛮族法典相同，对盎格鲁—撒克逊人的习惯法进行了汇编。该法典第 1 条明确规定，教会免除所有税收。丹麦人占领期间，国王以诏书的形式把土地册封给教俗贵族，成为封建领地，国王还给教俗地主以"特恩权"，即对领地内的依附农民实行政治、经济、法律等全面统治的权力。

2. 丹麦金（Danegeld）

从公元 835 年开始，英格兰受到了维金人——主要是丹麦人的持续侵扰。为了筹集军费抗击丹麦人以及支付战败后给丹麦人的贡金，英格兰从 868 年开始征收丹麦金。此时的丹麦金征收并不是定期和经常性的。只有丹麦人入侵时，该税种才会在全国范围内开征。到阿尔弗雷德统治时期，丹麦金已经演变成一种常规性的税收，成为国王筹集战争经费和缴纳丹麦贡金的稳定来源。丹麦金的税率是每海德征收 2 先令。《盎格鲁—撒克逊编年史》中记载的丹麦金超过十次。从 991 年至 1021 年，英格兰总共征收的丹麦金数量从 10000 镑到 48000 镑不等。但是，这一税种在当时的英格兰是不被民众所接受的，很多税收官在伍斯特郡征收该税收时被愤怒的民众杀死即为例证。

3. 租税

盎格鲁—撒克逊时期，国王将土地分封给自己的亲兵哥塞特，使他们成为拥有大量土地的封建领主。同时，农民和小手工艺者为获得足够的军事保护以维护自身及家庭的安全，也将自己委身于封建领主，领取一块"份地"。这些接受分封土地的人，应当承担向封主履行义务的责任。缴纳租税则是最主要的经济义务。租税是一种实物税收，接受分封而耕种土地的人，每年应当缴纳给封主以粮食为主的实物，如蜂蜜、面包、麦酒、啤酒、牛、羊、鹅、鸡、干酪、牛油、鲜鱼和饲料等。租税的数量在土地分封之初就已经确定，封主不得随意更改。威撒克斯王国于 694 年颁布的《伊尼法典》

第 67 条就规定，某人如果曾经订立过固定租税的契约，并已经在耕种这块土地，假如封建主想要提高土地租税的金额，他可以不接受。如果封建主以此为由不提供住处，则他丧失收取租税的权利。此外，866 年的一份威撒克斯国王遗嘱也表明这一时期租税的存在。在这份遗嘱中，国王宣布，对其地产上所征收的贡赋，只有在每块地产上还有人力和牲畜且未成为荒野的地方才须缴纳。

4. 财政机关

盎格鲁—撒克逊国家统治初期，国家机构是不完备的。王的家属及亲兵组成的王廷负责协助国王处理行政事务，但它不具有国家公共机构的性质。随着社会的发展，王廷事务变得愈发繁杂，王廷中逐渐演变出负责专门事务的官吏，而其中主管财政事务的为司宫。司宫作为国王私臣，主管国王的寝室及衣物、珍宝、金钱、书籍、文件等物。但是随着经济的发展，国王的收入逐渐由实物变成了货币，并且收支日益繁杂，司宫开始主管税收征调保管及财政支出。在盎格鲁—撒克逊末期，每个国王大致都有两三人担任司宫，收取各地上交的间接税、丹麦金以及折合成货币的实物地租等，同时也支出军事行动开支及向丹麦人纳贡之款项等。随着财政收支制度逐渐成形，11 世纪初，在温切斯特还出现了王国国库，可以称为中央财政机构的雏形。

二、诺曼王朝（1066—1154 年）

1066 年，欧洲大陆诺曼底的公爵威廉率军侵入英国，史称“威廉征服”或“诺曼征服”。这一征服，使封建制度在英国得以确立。诺曼王朝在财政方面的重要成就是财政署的建立和税制的完善。财政署是英国最早的专业性政府职能部门，它通过郡长定期到伦敦财政署汇报工作，以及王座法庭大法官到各郡巡游执法，形成了从下到上和从上到下的两条相互配合的重要的联系纽带，这样就使 12 世纪英国政府的能量充分发挥出来，并对封建经济的发展起到了促进作用。税制的完善主要体现于亨利一世颁布的《自由宪章》，对税收契约原则的确立具有深远的历史影响。

1. 威廉一世时期

（1）土地调查与《末日审判书》。在英国封建制度建立后，土地调查随即展开。土地调查的目的是为了掌握全国的土地占有情况、人口分布及动产情况，以便确定个人在法庭上能否有做誓证的资格。更重要的则是为了掌握封臣的人数、土地和牲畜总数，并以此为据征收赋税和要求提供军役。1085

年，威廉在格罗彻特召开王廷会议，决定向全国各郡派遣调查员，会同各郡的郡守、领主等人就此进行深入的调查。

这次调查的内容涉及以下几个方面：①王室土地的数量及每年的收入；②大主教的土地数量和价值；③各级封建领主的土地数量和价值；④土地占有的转移所依据的习惯法。1086 年，土地调查结束，全国所有各级封臣和自由人的土地财产、收入数额都受到了详细核对和查证。人们害怕这种调查，感到像是面临末日审判一样，这次调查的结果被汇编成册，称为《末日审判书》。

土地调查及随后的《末日审判书》使英国建立起强大的中央集权的封建统治，它不仅确认了英国的封建土地所有权，进一步加强了封建制度的经济基础。更为重要的是，土地调查使得国王更好地掌握了英国土地和财产的实际占有和使用情况，为英国税制的完善提供了经济基础。通过这次调查，英王对于征税的范围、税基和税收承担能力有了更直接的认识。土地调查和《末日审判书》把税收制度置于一个新的基础上。由此，英国的封建税制走向更加完善的发展道路，成为维系英国封建王权的重要手段之一。

（2）改革国库。诺曼征服之初继续沿用盎格鲁—撒克逊时期的财政管理体制。王室财政由王室内务府中的宫室负责管理，由宫室长及司宫主持。但是，威廉一世对此进行了改革。他不仅扩建了原有的温切斯特国库，而且确立了国库和王室分离的原则。国库虽然已经取得独立地位，但由于英国王权的强大，在重大财务问题上，国库仍然受到来自宫室的干预。第一，国库事务必须接受宫室长派遣的代表的监管；第二，宫室既可以从国库中提取财物以供国王使用，也可以在巡游过程中收取本应缴给国库的王室收入，以供王室在巡游过程中开支；第三，宫室从国库中提取的财物根据需要确定数额，而不受国库限制。但是，国库受到宫室干预的事实并不能否定国库本身的地位，因为这时它毕竟已经具有固定的场所和领取薪俸的职业官员，更为重要的是，王室财政收支由国库管理的观念也已经深入人心，国库成为第一个王廷分离出来的中央政府机构的事实已经成立，并在财政事务中发挥着重要的作用。

2. 亨利一世时期

（1）建立财政署。国库在国家财政事务中的重要地位并未长久保持下去，亨利一世时期，国库的财政地位开始被新出现的财政署代替。究其原因主要有两个：一方面，随着货币经济的发展，王室征税也从以实物为主变成货币征收的方式。征收方式的变更，需要大量精于计算的征税官员，而国库中缺少这样的官员。另一方面，为增加财政收入以应付不时发生的战争费用，国王迫切需要加强对国库的控制和改革，以提高王室财政的工作效率。为此，亨利一世开始组建新的财政机构。随着温切斯特的国库地位逐渐下降，财政署取而代之，成为英国的中央财政机关。

财政署分为两个部分：接收部和结算部。前者主管收入的接收，后者主管审计。接收部是财政署执行具体财政收支工作的机构，负责处理一些技术性的事务。该部由以下人员组成：第一，国库长的代表。他是接收部的主管官员，职责是给征收来的货币带加盖封印，记录税款的数额、项目和纳税人姓名。第二，代表司宫的两个骑士。他们的职责是负责保管钱币箱、称量收来的货币并保管和支出。第三，执事人员，包括银匠、衡员、化验工、计算工、警卫等。他们的职责是帮助以上两类人，为他们征收税款提供技术支持。结算部是财政署的中枢神经，决定着整个英国财政制度的制定和执行。它由国库长、司宫、王廷的重要组成人员及从事操作性事务的低级工作人员组成，有时国王也会参加会议。其中王廷的重要组成人员包括宰相、中书令等，被称为“在财政署的男爵”。

财政署建立后，其组成部分各司其职，充分发挥了中央财政机构的职能，为保持王室财政来源、扩大财政收入，发挥了巨大的作用。如到了亨利二世时期，随着财政署的高效运作，王室的财政收入提高到35000镑，比威廉一世时几乎增加了一倍。可以说，英国的财政署在整个中世纪欧洲，都可算是最富有成效的中央财政机构。

（2）颁布《自由宪章》。到威廉二世时，领主们的税收负担远远超过了威廉一世时期。威廉二世通过扩大王室森林、滥用婚姻税、攫取教会圣职权收入三种方式进行盘剥，对封建领主和教会的经济权益造成极大损害，致使一些贵族领主处于负债的地步。封建领主们出于对自身经济利益的考虑，纷纷选择与威廉二世对抗。1100年，亨利一世加冕为英国国王，为笼络贵族领主，他颁布《自由宪章》，宣称要革除威廉二世的弊政，废除所有一直不公正压迫英国的邪恶习惯，恢复爱德华和威廉一世时期的法律秩序。

亨利一世颁布了《自由宪章》，根据税收契约原则，他许诺：①国王的封臣去世后，其继承人只需缴纳“公正与合法”数额的继承金就可继承其封地。②国王封臣的女儿或女性亲属出嫁，必须征求国王的意见。只要不与国王的敌人结婚，将会获得允许，不需要缴纳任何税费。封臣死后，其长女可以为继承人，其婚姻根据贵族给国王的建议安排。封臣的遗孀若无子嗣，可享有其嫁妆的所有权，还可带走丈夫的遗产，婚姻自由。③国王的封臣被罚没土地时，必须上交全部财产，但反叛者不在此列。④免除骑士采邑领地所有的税收、杂役，以保证其能有效地装备并服役。

亨利一世的上述规定带有明显的笼络人心的色彩，其本身也带有相当大的弹性，如“公正与合法”数额的继承金，对于具体的数额标准没有涉及，而只能在具体征收时通过协商决定。这些弹性条款为以后的超额征收提供了便利空间。但是，这些规定对税收契约原则的重申确实具有深远的意义，也可看做贵族领主反抗斗争的第一个成果。

三、金雀花王朝（1154—1399年）

金雀花王朝是12—14世纪统治英国的封建王朝。王朝名称的由来，一说亨利二世的父亲安茹伯爵杰弗里经常在帽子上饰以金雀花枝，故有此名。这一时期，最重要的财政事件是约翰王时期《大宪章》的签订，《大宪章》首次将“非赞同毋纳税”和“无代表权不纳税”等预算原则以法律形式确立下来，从而标志着英国政府预算制度早期形成阶段的开始。

1. 亨利二世时期——免服兵役税的改革

免服兵役税最初起源于封建领主由于获得分封土地而向国王承担的封建义务。作为占有土地和收取租金的条件，领主有义务提供一定数量的骑士，当国王号召的时候，为国王的利益而战。每个领主应当提供的骑士数量在土地授予之初就已经确定。这种领主向国王服军役的义务逐渐被缴纳一定的税收所替代，其主要原因在于：第一，领主们有时因为年老、疾病等原因无法跟随国王出战，这就使得他们宁愿以支付货币的方式免除出征义务；第二，教会法禁止教会人员参与战争，他们也乐意通过缴纳货币以替代服军役义务；第三，随着战争的频繁发生，领主们的40天军役对在苏格兰和北方服役的军队来说是远远不够的，国王需要通过征税筹集款项，以招募能长期为其服务的雇佣兵，因而其也乐于此种变通方法。免服兵役税的征收依据是领主所有的骑士采邑领地。

为保证免服兵役税源的稳定，以增加王室税收收益，亨利二世于1166年在全国范围内就骑士采邑领地的数量进行了彻底调查，并编撰了《骑士采邑名录》。此后，服兵役税的征收均以此为依据。该税的征收程序相对来说比较简单，由王室官员和大领主根据骑士采邑数量，协商在当地征收的总数，国王根据这个数额征收。而关于该税的税率，是不固定的。

2. 理查一世时期——恢复征收土地税

1194年，为筹集巨额赎金以赎回英王理查，英国开始恢复对全国土地征税，税种名称为“卡鲁卡奇”。但是，这次土地税的征收仍然沿用丹麦金的估税方法，以海德土地为计征单位。直至1198年第二次征收卡鲁卡奇时，计税依据才变成卡鲁卡奇（约合100英亩），而当时的税率则为每卡鲁卡奇5先令。1200年，当第三次征收卡鲁卡奇时，又变成以犁队为征收对象，税率为每犁队3先令。此后，犁头税的计税依据被固定为上述两种，国王根据需要选择使用，如1217的征收依据为卡鲁卡奇，而1202年则又变成犁队。

犁头税的征税程序是相当复杂的。第一，犁头税的征收应当召开大会议讨论，以征得它的同意。这也是该税区别于以前的丹麦金的一个主要特征。第二，国王向各郡派出专门委员会，以便更好地了解情况并及时收缴税款。该委员会由四名官员组成，国王和郡法院各任命两名。第三，国王向每个百户任命两名骑士，负责调查辖区内的领主土地。这一调查必须在城镇官员代表和四个证人的帮助下才能完成。领主如对证人的证词有疑问，可以向骑士提出质证。第四，骑士将调查结果提交给各郡专门委员会，并由其制作详细的账簿上报郡守。最后，根据郡守制作的账簿，所有人负有纳税义务。他们应将税款直接上缴百户长和估税的骑士，并由他们汇集后上缴郡守，而郡守在仔细核对后解缴财政署。

3. 约翰王统治时期——《大宪章》的签订

（1）约翰暴行。当约翰继位成为英国国王时，他面临着极为严峻的经济和军事形势，严重的通货膨胀、持续的战争、迅速膨胀的政府机构都增加了王室财政开支，依据税收契约所得的财政收入已远远无法维持一个国家的正常运转，更无法应付各种耗资巨大的军事行动。处于财政困境中的约翰，不得不突破税收契约的限制，向封建领主们征收高额税收。

首先，约翰加大免服兵役税的征收频率和税率。约翰在16年的统治时间内总共征收了11次免服兵役税，几乎相当于亨利二世和理查一世两个时期的总和（45年间共12次）。在加大征收频率的同时，约翰还大幅提高了该税的税率。理查一世时的税率为20先令，到约翰时期，税率增加为2.5马克，有时甚至3马克。更为严重的是，约翰征收免服兵役税的依据——对外战争违反了封建习惯，这也使得该税种的征收失去了正当性基础。因为国王在征税之后并没有发生战争。另外，约翰还利用拖延发放免服兵役税令状的方式重复征收。

其次，约翰还一再扩大财产税的征收。在他统治期间，分别于1201、1203、1204和1207年总共征收了4次动产税。1201年征税的税率是1/40，主要是为了满足教皇为收回圣地而提出的财政帮助请求。国王自己也要将自己财产，包括领地、收回的土地、监护区的1/40缴纳，他也要求他的伯爵、男爵、骑士和自由民按照相同的税率缴纳。但是，此后税率则不断攀升，从1/30到1/17，再到1/14。并且，为了防止逃税，征税官会制作一个账簿，按照村子排列，记载每个纳税者的姓名和缴纳的数额，拒绝缴纳者的名字将会报告给国王，并处以监禁和没收土地的惩罚。

再次，约翰还肆意滥用权力，征收罚金。罚金是当封建领主有违法行为时国王给予的经济惩罚，但是约翰却将之视为生财之道，经常滥用这一权利来聚敛钱财。另外，为扩大罚金收入的数额，约翰还对拒绝服兵役的骑士课征3到10个马克税收，他还将这一罚金制度推广于整个封建体系，直到服务于伯爵、男爵的下层骑士。通过这一办法，财政署征收了大量的罚金，而领主们则始终生活在恐惧之中，因为任何人都有可能因为各种各样的原因而被处以巨额罚金。除此之外，约翰还通过其他手段搜刮封建领主的钱财，包括出售王室森林开垦权，出售郡守职务，低价强制购买宫廷使用物品等。

综上所述，约翰国王为应对王室财政的紧张，竭尽所能地征收各种税收，以增加财政收入。而这些征税方式本身却是违反业已深入人心的税收契约原则的，征收数额之巨大，征收方式之残暴，是历代英国国王所不及的。

（2）《大宪章》的签订。在国王违反税收契约的征税和榨取下，封建领主们负债已经成为一个普遍现象。据此时的《国库卷档》记载，甚至到了1230年，在对国王负债的80多位领主中，有些人的债务是在约翰时期拖欠下来的。约翰超额征税的行为，不仅使税收契约原则陷入严重的危机，更直接迫使封建领主陷入经济窘境，引发了封建领主们的极大反感。随着封建领主阶层不满情绪的增加，一场对抗势在难免。1215年5月，反叛者攻入伦敦城。在兵临城下的紧迫形势下，约翰国王最终屈服，与反叛者开始谈判，并于6月19日在《大宪章》上签字。至此，英国贵族领主们为维护税收契约原则所进行的抗争取得胜利，在《大宪章》中，税收契约原则得到重申。

《大宪章》由引言和63个条文组成，内容极其庞杂，但主要是围绕自由和封建习惯两个方面展开。从内容上来看，《大宪章》中涉及财政税收的条款共有19条，按照具体内容可分为以下方面：①兵役免除税和协助金的规定；②领地继承税的规定；③婚姻税的规定；④王室实物征收的限制；⑤通行税的免除；⑥动产税的限制；⑦罚金的限制；⑧法律的执行。

《大宪章》的出现，为英国宪政之后的发展提供了契机，它所确定的原则经过后世修正，为议会的产生和发展提供了理论依据。这是《大宪章》之于英国宪政的发展最为重要的贡献。

首先，《大宪章》对国王征税起到一定的限制作用。最为核心的两个内容包含在第12、14条中。其一，除封建习惯所规定的税收外，非经贵族和僧侣代表会议同意，不得征收任何免服兵役税或协助金；其二，为获得全国的同意，国王应当发起召集大主教、主教、男爵等开会，讨论研究征税的问题。这两项内容在当时的情况下，实质内涵是国王超出封建习惯额外征税，必须在大会议中得到封建领主的同意，而且这种同意最初采用一对一的协商方式，任何人的同意不得约束其他人，这些内容都是对封建契约关系的重申。

更重要的是，后世之人从中引发出议会征税权和国民对国王事务的参与权，并逐渐制度化，成为后世议会监督、限制王权的有力武器，为议会的产生与发展奠定了基础。

4. 亨利三世时期

在亨利三世统治初期，君主与贵族的斗争连绵不断。1237年，亨利三世为自己和妹妹的结婚费用开征新税，受到市民阶层的反对，他被迫召开威斯敏斯特大会议，重申确认《大宪章》给予男爵们的权利，即开征新税必须得到男爵们的同意。1258年大贵族们同亨利三世发生冲突，并导致1258年《牛津条约》的签订。《牛津条约》中涉及财政制度演变的内容是：国家的一切税收均交付度支部而不是王家金库。这样就在王室收支和国家财政收支之间划分了界线。不过从后来的实践看，这个制度并未得到几个国王的严格执行。

5. 爱德华一世时期

爱德华一世（1272—1307年）早期，英格兰诸王收入的1/2来自司法、大领主的捐助和封建赋税，以及在都会职位空缺时国王代征的收入，只有13%来自以丹麦金为主的对一般公民的征税。来自土地、封建领主、司法活动的收入保证了国王在政治上和经济上的独立性，这类征收无需举行重大会议以请求批准。然而到13世纪末，情况发生了变化，爱德华进行国务活动和维持王室活动的绝大多数收入已来自税收了，并且这类税收必须由英王召集会议，充分陈述征收缘由才能开征。国王岁入得自税收的比例愈高，愈是需要通过政治途径来获得同意，由此就产生了代议制成长的过程。在整个13世纪，以《大宪章》为标志的，封臣与王室之间在财权上的制约关系，为后来英国的宪政制度奠定了基础。“权在议会”，“无代表权不纳税”的原则起到了两方面的作用：一方面它对王室的浪费资源、诛求无度起到了约束作用，因而对封建经济的发展起到了积极作用；另一方面，它为不同时期议会中占统治地位的阶级提供了把财权控制在自己手中的机制。正是在这种机制下面，在商业资本兴旺时期，保护主义关税制度、国债制度和现代税收制度才得以畅行无阻，而在工业资产阶级上升到统治地位，并在议会中占有多数之后，反谷物法等政策才能被废除，为工业资本的大发展扫清道路。

（1）模范国会的召开和《宪章确认书》的签订。1295年，由于连年的战争引发严重的财政危机，英王爱德华一世召开了由世俗贵族、教会贵族和平民三个等级代表参加的会议，向各个阶层提出了不同数量的税款要求，各方代表经过激烈的讨价还价决定了各自应出的数额，最终与国王达成了一致，会议取得成功。这次会议被称为“模范国会”，标志着英国议会的诞生。1297年，国王因对外战争国库空虚而急需征税又遭到了议会的强烈反对，议会还强迫爱德华一世签订了《宪章确认书》，征税须由议会同意即成定例，议会初步取得了对国王征税的批准权。

与《大宪章》相比，《宪章确认书》有三点值得注意：一是征收范围不仅有了扩大而且更为具体。大宪章中仅涉及协助金、免役税，这里另外涉及特别税。尤其指出了谷物、羊毛、皮革等特别税金，而这些物品都是征收对象中的大宗。二是征求意见的范围有了显著扩大。大宪章中除宗教人士外，仅涉及伯爵、男爵，确认书则及于骑士、市民甚至所有的自由人。三是协助金、免役税的征收问题。如上所述，大宪章中已涉及这一问题，但效果不显。正因为如此，这里将它们与特别税金相提并论，强调它们都具有国税性质。它们的征收不仅必须征得中上层贵族许可，而且须征得自由民同意。这便不仅表明国王的征税权受到了严重限制，而且意味着动产税征收的次数大打折扣。显然，这三项内容中任何一项的实施，都必然造成动产税征收额的下降。而综合作用的结果，则将大大改变动产税在赋税结构中的地位。

（2）《商业宪章》的颁布。关税的历史，最早可以追溯至8世纪的“通行税”，是因为国王对商人实施了保护而征收的。1266年，亨利三世恢复了对外国商人征税的做法。亨利三世任命王位继承人，即爱德华一世负责管理在英国境内的外国商人，措施是发放或收缴他们在英国的贸易许可证及对他们的进出口商品征收关税。进入 14 世纪，随着商品经济的发展和对外贸易的活跃，关税制度得到极大发展，其地位也日益上升，发展成为王室财政收入的主要来源之一。1303 年 2 月，爱德华一世颁布《商业宪章》，在对 1275 年关税制度进行改革的基础上，确立了新关税体系。为方便辨识，1303 年的关税称之为“新关税”，而 1275 年的则称为“旧关税”。作为回报，爱德华一世通过《商业宪章》规定了外贸商人的诸多权利，并作为习惯为以后历代国王所遵循。此后，英国的对外贸易进入稳定增长期，其关税制度也在《商业宪章》的基础上进一步完善。

6. 爱德华二世——四次财政署改革

14 世纪初期，财政署走向衰落，其财政权力被锦衣库所取代，逐渐沦落为管理王室日常开支的事务性机构。而锦衣库一般由国王的亲信组成，在其掌握财政大权之后，王室财政收支即脱离了议会的监督和约束，直接威胁到刚刚建立起来的议会课税权。为此，议会着手实施财政署改革，以图恢复其公共财政机关的地位，并以此控制王室财政。

（1）1311 年法令。1311 年，议会迫使登基仅 3 年、统治基础尚未稳固的爱德华二世签署“新法令”，以图巩固此前斗争所取得的成果。在涉及财政署职能方面，该法令重申了《牛津条例》的精神，要求所有的王室收入都直接上缴财政署。该法令第 4 条和第 8 条对此作出了相同的规定：第一，除外国人外，英王国所有臣民都应当接受和遵守王国的习惯；第二，基于习惯所征收的利益和收入，应当与基于其他对象征收的利益和收入一样，全部上缴财政署，而不是司库或王室管家；第三，此做法的目的，在于禁止国王在习惯和古老义务的之外征收其他收入，迫使其遵守“国王靠自己的收入生活”原则。

（2）1323 年《考威克法令》。1311 年法令要求将所有王室收入上缴于财政署的规定，在实践中并没有得到有效执行，财政署官员在议会的支持下，发动了持续的财政署改革运动。而 1323 年法令则是这一努力的最早结果。在财政署财政功能逐渐被取代后，其本身的账簿管理制度也陷入混乱。直接导致议会无法从中判断出国王的财政收支状况，也就为控制王室收支带来困难和障碍。正因如此，1323 年的《考威克法令》对账簿管理体制作出规定：王室在国外的账户收入和负债情况，应当另行造册登记，不得与其在英国的收入混淆；国王债权应当从《财政署档案》中移出，另行登记在

《未获清偿档案》中，并且，该档案应当每年编制一次，当年未获清偿的债务自动进入下一年度的档案；财政署男爵们负有职责检查上述王室债务人的账簿，以促使他们归还债务，保证王室收支的正常进行。

（3）1323 年《约克法令》。1323 年，为推动财政署的改革，议会再次颁布《约克法令》，规定：锦衣库必须每季度编撰账簿，并在每年汇总后上缴财政署；违反规定没有达到的锦衣库官员，将受到严格的罚款处罚。该项改革的目的，是严格管理和控制财政署支付给锦衣库的财政收入。因为，此前的锦衣库从财政署得到收入后，并没有严格地执行账簿登记制度，致使财政署无法获知其财政收支状况，也必然导致财政署对其活动管理和控制缺乏力度，并进而造成其财政功能膨胀。

（4）1326 年《威斯敏斯特法令》。经过上述改革，财政署作为中央财政机构的地位得到某种程度的恢复。1326 年，议会以《威斯敏斯特法令》的形式，肯定了上述改革的成果，重申了上述法令的精神和要求。同时，该法令还为提高财政署行政效率作出规定：财政署首席大臣应当和国王私人玉玺保管员一起，对财政署根据令状支付的款项进行登记。由此，《财政署档案》更为清晰，为提高效率奠定基础。

经过上述改革，财政署公共财政管理机构的法律地位再次得到确认。财政署作为公共财政机构在财政管理体制的中心地位一直持续到 17 世纪。

7. 爱德华三世——议会取得财政监督权

爱德华三世在位期间，1339 年和 1344 年，议会两次拒绝支付国王所需要的款项，迫使国王做出让步，使其同意任命一个委员会，监督国王的财政支出，审查国王的账目，防止浪费和挪用。同时，议会在通过征税法案时，明确规定所征税款的使用范围，并任命财政督察员监督税款的征收与使用。从征税权到财政监督权，议会的财政权不断扩大并逐渐走到了国王的对立面。

8. 理查二世——下院逐控征税权

在议会成立的初期，财政权主要受贵族掌握的上院控制，而下院后来居上，逐渐控制了征税权。其标志是 1380 年上院首先准备同意国王征收 16 万磅补助金，下院以数额过大为由反对并减去了 6 万磅。在这之后，议会通过的征税案上已不再有“经上、下院批准”的提法，而是改为“征得上院同意，由下院批准”。下院已经初步控制了国家的征税批准权。

四、兰开斯特王朝（1399—1461 年）和约克王朝（1461—1485 年）

兰开斯特王朝和约克王朝都是金雀花王朝的旁支，两王朝于 15 世纪后半叶因争夺王位而引发了著名的玫瑰战争。兰开斯特王朝统治历经祖孙三代三个亨利，即亨利四世、亨利五世、亨利六世；约克王朝历经爱德华四世、爱德华五世、理查三世。这一时期正值英法百年战争中后期。

1337—1453 年间的英法百年战争成为英格兰宪政发展、社会变化和民族意识成长的催化剂，为议会权力的增强创造了客观条件。虽然战争有助于国王威望的提高，从而使王权产生专制倾向，但另一方面，百年战争带来的额外开支使英国君主不得不在政治上和经济上更加依赖于议会的支持。君主们急剧膨胀的军费需求，迫使他们频繁地要求议会给予其财政授权。约克王朝的爱德华四世采取的内敛的财税政策取得了很好的效果。

议会对王权的限制主要是通过手中的课税权来完成的。议会通过手中的“钱包权力”成功地迫使国王在其设定的范围内实施统治。为避免在财政上受制于议会，以加强王权的统治，从爱德华四世开始，英国的国王开始实行内敛的财税政策。爱德华四世登基后，充分吸取历代英国国王的经验教训，通过多种手段增加王室财政收入，以改变因财政空虚受制于议会的局面。爱德华四世增加财政收入的措施主要包括以下几种方式：

首先，通过没收或转让的方式，将兰卡斯特公爵的领地变为王室领地，以此增加王室的土地收入。加上国王自身继承的土地，爱德华四世时期的王室土地收入得到极大提高。

其次，爱德华四世还说服议会授予其终身享用关税的权力，而关税的范围包括对羊毛、皮革和尼布的出口税，以及对一般商品征收的“磅税”和“吨税”。而从 15 世纪开始，关税已经成为王室财政收入的主要基础。

再次，爱德华四世还开创了一种称为“自由捐赠”的筹款办法，通过游说教俗贵族、伦敦市长和富有市民，获得临时性捐款。这是一种变相的钱财勒索，但为王室财政带来了可观的收入。

最后，爱德华四世本人还积极参与商务活动，他通过代理人将上等羊毛、呢布、锡等商品输入意大利和希腊以获取巨额利润。

此外，1427 年爱德华四世在所得税方面进行了尝试。当年，国王以组织 31000 名弓箭手参加对法战争为由，要求议会同意以 10% 的税率开征所得税。但是在纳税人的抵制下，财政署大臣被迫在议会面前承认该税种的失败。由此，所得税的尝试以失败而告终，被取消的所得税直至 18 世纪才重新在英国出现。

在尽量开源的同时，爱德华四世还很善于节流。而这主要体现为尽量减少对外征战，以节约军费开支。尽管迫于英国国内的压力，爱德华四世没有宣布放弃对法国王位和领土的要求，但他却通过与布列塔尼和苏格兰结盟方式，成功避免了与法国的直接军事冲突。虽然在 1475 年他发动了对法国的征讨战争，但很快就与法王路易十一签署《皮基尼条约》，不但迅速结束了战争，还从法王那里获得 75000 金克朗的赔款和每年 5000 金克朗的年金。

通过上述增加王室收入和压缩开支的方法，爱德华四世时期的财政状况与之前历代国王相比得到较大改观，他也成为中世纪英国历史上罕见的较为富裕的国王，实现了“国王靠自己的收入生活”的目标。

第二节 封建经济解体和资本主义财政发展

一、都铎王朝（1485—1603 年）

1485 年，玫瑰战争结束，都铎王朝的亨利七世登上王位，英国进入了都铎王朝时代。都铎时期是英国社会从封建社会向资本主义社会发展的过渡时期。玫瑰战争大大削弱了封建大贵族们的势力，英国的传统社会秩序受到了严重的冲击，为社会经济新秩序的出现提供了有利条件。这样的情况下，英国的财政建设也有很大的发展。

1. “靠自己过活”的亨利七世财政

（1）扩大王领面积，改革王领管理制度。王领是指国土没有根据封君封臣制度分封给封建贵族的土地。亨利七世十分注意扩大王领收入，巩固其政权的财政基础。亨利七世恢复并改进了约克王朝的宫室财政管理体系，加强王领的管理和剥削。扩大王领收入前提之一就是扩大王领面积。通过颁布法令恢复被贵族侵占的王领土地，通过继承和没收等手段，国王极大地扩大了自己的王领面积，亨利七世的王领面积比约克王朝增加了三分之一以上。亨利七世的王领收入大约每年 1 万英镑，到 1509 年增加到 4 万英镑，占正常收入的四分之一，成为亨利七世财政稳定的重要基础。

（2）促进对外贸易、加强关税征管、扩大关税收入。亨利七世统治期间通过加强关税管理，打击国内外商人走私活动等手段来提高关税收入。中世纪英国养羊业发达，羊毛是英国出口的大宗产品，因此羊毛及其产品呢绒的出口关税就成为国王财政收入的重要组成部分。英国对进口的葡萄酒征收吨税，对其他进出口产品征收磅税。此外，都铎王朝海外贸易大增，所以，亨利七世的关税收入也大大增加，年均超过四万英镑。

（3）财政封建主义——利用封建权利谋取收入。封建权利带来的收入也是国王正常收入的一部分，它包括封建协助金、强买权、监护权等，故亨利七世比较重视利用它来增加财政收入。虽然封君封臣制度作为军事义务已经过时了，但是国王把这些军事义务转化为财政义务加以利用，这些措施被称为“财政封建主义”。

根据封君封臣制度，在三种情况下，封君享有向封臣征收协助金的权利：封君的长子被封为骑士，封君的长女出嫁，为被俘的封君交纳赎金。作为全国最高的封君，国王也享有这三种权利，而且13世纪的《大宪章》明确承认它，只是中古后期英国国王很少征收三大封建协助金，但亨利七世没有放弃它。1504年，亨利七世两次向总佃户，即直接从国王那里占有土地的大封建主征收协助金。

在国王的封建收入中，利润最大的是监护权。根据封君封臣制度，国王的总佃户死后，他的继承人年满21岁前，其土地应该由国王监护，被监护的土地被出售或由国王任命官吏直接管理，收入全部归国王。1503年，亨利七世设立监护土地总管，负责全国监护土地的管理和租税征收，他把监护收入都直接交到宫室，并通过提高监护土地出售价格来剥削监护土地。针对英国封建主经常在生前把土地交给他人“托管”，以逃避国王的监护，亨利七世采取了相应的措施予以打击。

（4）“司法获大利”——司法收入。中世纪英国，臣民利用国王的法庭不是他们的权利，而是国王给予他们的恩惠，所以，上诉人必须购买上诉令，如果诉讼失败还要交纳一笔罚金。亨利七世深知司法利润的可观，所以无论官员、贵族还是商人，只要触犯了法律，就课以沉重的罚款，无论对普通的刑事犯罪还是叛国罪，都采用经济惩罚手段。亨利七世还向贵族榨取效忠保证金，并通过赦免贵族的罪行获得大量司法收入。

（5）战争税收——直接税。中世纪英国只有在紧急情况下国王才能向臣民征税，紧急情况常常指战争或与战争有关的防御。自12世纪起，英国就开始对臣民的财产征税，起初没有固定的税率。14世纪中期，英国议会获得了个人财产税的批准权利，国王每次都必须经过议会的批准才能征税，这会造成王权对议会的依赖，所以爱德华四世和亨利七世都不太愿意征收它。

(6) 榨取教会财富。教会是英国的首富。15世纪有人说，“基督教世界最富有的40个教区中，英国占7个”。15世纪后期国王向教会榨取收入的手段主要包括教士收入税、空缺教职土地、教士首年俸和出卖教职等。从理论上说，国王向教士征税必须先经过教皇的同意，但中世纪英国历代国王都不经过教皇的同意而向教士征税。

(7) 非法敛财手段。虽然亨利七世后来都拥有充足的财源，但在财政政策未见效果之前，他面临着财政拮据的困难，因此他不得不依靠借款、强迫借款、捐款等手段来满足财政需求。亨利七世用大玉玺签署命令，派遣许多巡回法官到各地，要求臣民借款，虽然这次借款数量不大，但他是都铎王朝强迫借款之开端。

2.“竭泽而渔”的亨利八世财政

在整个过渡时期，亨利八世的财政政策最有特点，而且也对后来英国历史的发展产生了比较重要的影响。尽管他想方设法扩大财政收入，但是他仍然没有摆脱财政困难的局面。亨利八世的财政困难主要由三个原因造成：16世纪30年代起，英国因受西欧“价格革命”影响和亨利八世采取货币贬值手段敛财而使物价不断上涨；亨利八世追求奢侈的生活；最主要的还是他连年对外发动战争，物价上涨使他固定收入的价值严重下降。随着关税收入的下降和王领收入的减少，财政面临巨大的压力。为了应付巨大的财政开支，亨利八世采取了许多极端措施来扩大财政收入，其中最突出的是扩大直接税收入和大肆榨取教会财富、出售修道院土地。

(1) 扩大直接税收入。从亨利八世统治起，国王的直接税收入增加了，这与亨利八世追求对外战争政策有关，同时也与英国税收原则的变化密切相关。税收原则包括征税原因、税收的用途等。亨利八世常以战争或防御等借口扩大税收，并增加直接税的税种——补助金。但是税收在满足特别需要的同时，还用于满足政府的正常需要。英国的税收原则逐渐突破中世纪传统的束缚，向着现代国家税收原则——税收用于满足正常需要的原则过渡。

扩大征税理由。除了传统的战争和防御外，亨利八世还把政府的正常开支作为特别开支，以此作为征税理由。首先，把国王维持国内秩序的行政管理作为征税的理由；其次，延伸防御的具体含义，把它等同于国王政府的职责，从而把国王的正常开支也作为征税的理由；第三，把维护王权的尊严和偿还国王的债务作为特别开支，从而作为征税的理由。

把税收用于正常开支，过渡时期历代英王不仅扩大征税理由，而且经常把大量的税款用于正常开支。特别是从都铎王朝起，税收就不限于防御或其他特别开支，到16世纪中期，大部分税款都被用于政府日常开支，实际上，如果没有税收，国家机构无法运转。

（2）掠夺教会财富。英国教会和修道院都拥有大量的土地和财富，根据英国史学家估计，教会土地占全国土地的三分之一，修道院的财产价值达13.5万英镑。亨利八世对英国教会财富的掠夺是在宗教改革中进行的，虽然他发动英国宗教改革的原因是多方面的，但是掠夺教会财富的财政动机是根本原因，亨利八世的竭泽而渔财政政策也集中体现在这里。

亨利八世力图把来自教会的不稳定收入固定化、制度化，从而扩大来自教会的收入。亨利八世从教会获得的收入包括以下几种：教士首年俸、教士十分之一税、教士补助金、修道院解散后的土地和财产、强迫借款等。这些收入都是议会通过和批准的。

（3）亨利八世非法敛财手段。这里所说的非法敛财手段，是指亨利八世不经过议会批准而对全国世俗臣民的人头税、强迫借款、名目繁多的捐款等。人头税是亨利八世第一次对法战争中被迫征收的，先后征收过2次，其征收率是公爵交6.66英镑，侯爵交4英镑，伯爵交4英镑，男爵交2英镑，骑士交30先令等。强迫借款就是国王不经过议会批准而向国内臣民借款，虽然从理论上说强迫借款要偿还，但实际上它更像税收。为了支付巨额的战争费用，亨利八世还采取货币贬值的手段聚敛搜刮臣民。1526年进行币制改革，货币大贬值开始于1544年，目的是解决国王的财政危机。亨利八世还有一笔“飞来横财”，即法国国王每年交来的“贡金”，用来换取英国国王放弃对法国王位的继承要求。

亨利八世竭泽而渔的财政政策对英国财政史产生了重要影响。正是在16世纪30年代奠定了未来英国君主制的财政结构：君主自己收入的相对贫穷，没有税收就不能发动对外战争，只有通过征税和出售王领土地才能达到收支平衡。君主的这种财政结构一直维持到17世纪20年代，然后经过10年战争，1660年之后国家财政才得以重建。

3. 盛世掩盖的阴影——伊丽莎白一世财政

亨利八世遗留给爱德华六世的是拮据的财政，爱德华六世不仅继承了亨利八世的债务，而且继承了他的敛财手段。爱德华六世时期，关税收入和封建收入的大宗监护权都在减少，战争开支进一步加大了财政困难。他继续采取货币贬值，出售修道院和王领的土地，以及诉诸直接税和强迫借款等敛财手段。所以，爱德华六世的财政政策进一步毁坏了国王财政的基础。此后的玛丽一世虽然采取了重建财政署和提高关税税率等改革措施，但并没有立即给她的财政状况带来好转。在亨利八世之后的伊丽莎白女王展现了卓越的统治技巧，重拾了内敛的财政，成为当时欧洲唯一没有破产的国王。

（1）厉行节俭。伊丽莎白时期，英国发动了持久的对外争霸战争，王室财政开支急剧膨胀，仅1558—1603年间，王室财政的开支就达到400万镑。但是，面对高额的政府开支，伊丽莎白女王并没有一味地向议会要求开征税收，而是更多地依靠增长的关税收入、战争掠夺收入和出售王室土地收入。当然，在获得收入的同时，她还厉行节俭，以压缩政府开支。伊丽莎白始终坚守着这样的信条："我需要被爱戴，因而不能让我的人民负担税收，我将会接受所有人们愿意缴纳的税款，并根据税款的使用方向调整自己的统治。"在她统治末期，当议会准备向其提供协助金，她也断然拒绝了，并说："我宁愿财富留在我的人民的口袋里，而不愿放到我的国库里。"在整个16世纪，英国的国王们继续着内敛型财税政策。面对日益增长的政府开支，他们没有过多地转向议会要求税收支持，以避免受到议会更多的制约和限制，而是通过继续增加王室收入和节俭的政府开支管理，维持着王室财政的正常运行。

（2）新的商业财富。也许正是由于女王热爱子民，伊丽莎白的议会从一开始就批准她终身享有征收关税的权利，由于玛丽一世末年关税率的提高，且伊丽莎白的枢密院成员把关税扩及所有酒类，并不断提高关税率，所以关税收入在伊丽莎白时代有比较重要的地位。在战争财政的压力下，一方面她继续利用并扩大传统收入，另一方面她根据英国财富形式的变化——商业财富逐渐超过土地财富，不断扩大征收新的商业财富。

（3）直接税的征收。伊丽莎白一世是都铎王朝历代国王中征收直接税最为成功的国王，她总能够以战争、战争威胁或其他理由说服议会批准她征收传统的十分之一和十五分之一税及俗人补助金，要求教士大会批准教士补助金，而且议会和教士大会往往一次会议就批准她连续几年征收。据统计，

1558—1601 年，她断断续续地征收十分之一和十五分之一税达 37 次，俗人补助金达 20 次，教士补助金达 22 次，总的征税量达 315 万英镑。

（4）非法手段。伊丽莎白还采取许多非法手段聚敛钱财。首先，采取货币贬值的手段来弥补财政收支的不足；其次，卖官鬻爵；再次，出售垄断权和专利权；当各种收入还不够应付战争开支时，伊丽莎白到安特卫普货币市场以高额利息借贷。

总起来看，伊丽莎白的财政政策是比较成功的，特别是在获得议会批准的直接税方面，更表现了她卓越的统治技巧。但是由于在位期间战争不断，所以尽管其统治的 45 年中，财政收入的总和为 1050 万英镑，而总开支为 1500 万英镑，其中战争开支达到了惊人的程度，达 463.6 万英镑，将近总开支的三分之一。财政始终面临巨大的压力。尽管如此，她在位近半个世纪的统治，使英格兰成为欧洲最强大的国家之一，英国在北美的殖民地亦开始确立，被称作英国历史上的“黄金时代”。

二、斯图亚特王朝（1603—1714 年）

1603 年，英格兰国王詹姆士登上英国王位，并由此开启了斯图亚特王朝的统治，斯图亚特王朝是英国历史上议会和国王斗争最为复杂和激烈的时期，并引发英国内战及其后的光荣革命，直至最后君主立宪政体的确立。而国王与议会的斗争主要是围绕税收问题展开的，斯图亚特的国王们试图冲破议会的限制开征新税以维持王室的开支，而议会则以古老的普通法传统为基础对抗国王征税权的扩张。直至 1689 年《权利法案》颁布，议会终于完成了对政府预算权力的初步控制。

1. 危机时代——斯图亚特王朝早期财政

当詹姆士一世从苏格兰来到英国后，其继承的实际上是一个问题成堆的国家，众多社会问题被伊丽莎白时代的光环而掩盖起来，到此时则集体爆发。财政收入方面，英国的王室收入此时已经大大减少。一方面，从伊丽莎白时代开始，王室的土地被大量出售，仅 1558 年出售的土地就价值 12.6 万镑，而 1599—1601 年间出售的土地价值也达到 21.6 万镑。到詹姆士继位时，王室被出售的土地占总数的 1/4。另一方面，由于通货膨胀，从亨利八世以后的 100 年内，英国主要消费品的平均指数上涨了 488%，这也使得王室的实际收入不断下降。王室负债方面，詹姆士面临着巨额的王室债务。税款征收方面，伊丽莎白时代的税款征收方式是相对平和的，她取消了纳税宣誓，纳税人根据自身财产价值进行纳税申报，没有其他措施来对其进行评估和强制征收。也正是这样平和的征收方式，导致英国偷税和逃税成风。所以，詹姆士一世面临的庞大债务，加之个人生活奢侈，赏赐慷慨，物价飞涨，不仅使开支增加而且降低了收入的实际价值。由于议会的屡次反对，詹姆士一世改变税收结构的企图失败了，于是詹姆士一世决定采取各种非法手段增加财政收入。

首先，出售王室土地。为增加王室财政收入，詹姆士一世继承了都铎王朝出售王室土地以增加收入的做法，并且其出售的土地数量远远超出都铎王朝时期。作为全国最大的地主，土地不仅是英国王室获得封建特权收入的基础，更重要的是它还是国王行使封建统治权的载体，是国王统治全国的合法性基础。当王室土地被大量出售后，虽然国王可以暂时性地获得巨额财政收入，但也使国王逐渐失去了对整个社会的控制，并越来越多地受制于议会。

其次，出售爵位。为获得财政收入，传统的封建爵位也成为詹姆士一世的买卖对象。虽然在都铎王朝后期，伊丽莎白也曾以出售骑士爵位的方法增加财政收入，但当时的买卖数量是极其微小的，每年分封的骑士数量不超过100人。而詹姆士一世登基的前4个月，就分封了906个骑士。除此之外，神圣的男爵爵位也被放入市场进行买卖。大量爵位的出售，使得王室的财政收入大为增加，1603—1629年间，国王通过这一方式获得的财政收入大约为62万镑。但是，出售爵位在为詹姆士一世带来高额收入的同时，不仅打破了原先国王和封建贵族在臣民心目中的神圣形象，也使得在资本主义经济发展过程中形成的乡绅阶层的实力和信心大增，对王权形成更为有力的限制。

除此之外，詹姆士一世还继续出售王室监护权，以获取高额利润。根据封建理论，直属封臣的土地由国王分封而获得，其死后如果继承人尚未成年，应当由英王对继承人的人身和土地行使监护权，并获得收入。但是，国王经常将此种监护权出售，获得一笔固定的价款。詹姆士一世时期，王室监护权被疯狂地出售，仅此一项收入，就从1607年的17000镑增加到其统治后期的40000镑。

综上所述，为走出财政危机，平衡王室财政赤字，詹姆士一世采取了多种非常规的措施，并取得一定效果，在王室财政获得增长的同时，负债也相应降低。但是我们也可以看出，詹姆士一世所采取的各项措施，具有临时性和应急性的特点，其所出售的土地、爵位及监护权，并不能为其带来稳定的收入来源，因为王室土地、爵位和监护权的数量是有限的，随着上述资源的枯竭，王室财政亦会陷入窘境。尤其是当发生诸如战争等紧急情况时，上述财政收入是远远无法满足经费需求的。

2. 查理一世时期

1625年，查理一世登上英国王位。查理一世在继承王位的同时，也将其父君权神授的理论全盘接受下来，并在实践中强力推行。财政来源枯竭的查理一世，被迫于1625年、1628年两次召开议会，以期获得议会征税授权，议会拒绝按惯例授权国王征税，并迫使国王签署《权利请愿书》，规定：没有议会的同意，国王不得征税。希望以《权利请愿书》来限制王权的议会，很快发现他们的想法是错误的。查理一世在获得议会提供的动产税后，又与议会在关税征税权问题上发生冲突。此时的国王和议会已经发展至水火不容的地步。查理一世解散议会后，开始了长达11年的无议会专制统治。中世纪以来所形成的王在法下的宪政传统遭到彻底的破坏。他的财政政策使他与议会的关系日趋紧张，最终导致资产阶级革命的爆发，也把自己送上了断头台。

剥削封建收入是查理一世财政政策的一大特点，他甚至不惜恢复早已过时的封建特权来榨取封建收入。监护土地收入到查理一世统治后期，每年可以获得3.5万英镑，到1641年高达8.3万英镑。查理一世一直征收未获议会授权的关税。为获得更多财政收入，关税税率被大幅提高，针对外国人征收的关税，税率则提高了一倍。强买权继续被查理一世折合成钱财予以征收，他还利用中世纪的国王森林法和强封骑士来谋取利益。在征收直接税方面，查理一世相当不成功。1625年，查理一世第一次议会反对国王征收十分之一和十五分之一税，从此这种税收在英国历史上消失，国王现在可以征收的直接税只有俗人补助金和教会补助金。

查理一世还利用其他非法手段筹集收入。1626年，他在遭到议会拒绝批准补助金之后，决定采取强迫借款，获得26.7万英镑。1614年查理一世还征收人头税，根据爵位、官职、地产等确定每个人应该缴纳的数量。查理一世还出售垄断权和专利权。为了满足商人冒险家公司的需求，国库长煽动议会废除1634年的反对垄断法，国王重新把专卖权授予商人冒险家公司，如明矾、煤炭、食盐、砖块等。到17世纪30年代末，查理一世每年从专卖权中获得近10万英镑，成为国王收入中的重要组成部分。1634年，查理一世宣布国家处于紧急状态，沿海城市征收船税。其适用范围不再局限于港口城市，而是延伸至包括内陆城市在内的全国各郡和城市。

通过剥削封建收入、关税、船税等，查理一世的收入提高了50%左右，每年达到90万英镑，基本上能够维持收支平衡。同时，查理一世还组建了大量新征税机构，以防止税款的流失。

依靠上述专制财税措施，在长达11年的无议会时期，查理一世勉强维持着财政收支的平衡，但这种财政平衡状态在1639年被打破。当年夏天，查理一世发动了“第一次主教战争”，但脆弱的王室财政根本难以维持，查理被迫与议会协商。议会亦利用这一难得的机会，通过了大量限制王权的法律，对王权实行了有效的对抗和限制，两者间的矛盾已经无法和解。1642年8月，查理一世逃往北方，在诺丁汉城建立起大本营，开始组织军队。英国内战由此爆发。

3. 克伦威尔执政时期

内战以议会的胜利而告终，查理一世于1649年被推上了断头台，英国由此进入短暂的共和国时代，并由克伦威尔实施独裁统治。年轻的共和国政府一方面要应付忠于查理一世的王党们随时可能发生的叛乱，另一方面又发动对爱尔兰、苏格兰及西班牙的战争，这使得政府财政始终处于短缺的困境中。在共和国成立的最初几年间，议会颁布法令宣布没收王室、王党及教会的土地，为获得财政收入，这些土地都被拍卖掉了。土地收入，再加上议会偶尔授予的协助金和关税，克伦威尔的政府不仅维持着正常的运转，还凭此镇压了爱尔兰和苏格兰的叛乱。

但从1653年开始，克伦威尔的财政局势日益恶化。一方面，没收的土地已经几乎售完，无法再提供充足的财政资金。更为重要的是，由于军队和议会的矛盾，残缺议会也遭到解散，政府无法再获得议会授权的协助金和关税。而议会遭到解散的原因，也正是财税纠纷。因为军队的领导者要求议会制定常规的税则以使自己能够有固定的收入，这样就可以合法地存在，但是残缺议会并不愿意这样做。日益增长的财政支出和逐步缩小的财政收入，使克伦威尔的政府陷入空前的财政危机中。为克服上述危机，政府开始采取各种超出法律允许范围的手段征税。使克伦威尔时期的税收体制中，出现了大量的新税种，如消费税、人头税及财产税等。这些税种直接针对个人的财产征收，具有税基广和税量大的特点，对个人财产和生活带有极强的攻击性。上述税种的出现，彻底取代了协助金和十五分之一税及十分之一税，构成日后英国税收的基础。

首先，消费税的开征。消费税在欧洲大陆受到人们的广泛憎恨，而内战前的英国是没有这一税种的。欧洲大陆的人们曾羡慕地声称：在英格兰，没有消费税等同于获得自由，就像古希腊将自由等同于没有人头税和土地税一样。但是为应付战争，长期议会最终决定授权克伦威尔对酒类产品征收消费税，但是授权法律也明确规定，该税种仅适用于战争时期，战争结束后应当废止。但是，英国的战争持续进行着，消费税也逐渐膨胀，征税对象也很快延伸至日常生活的所有领域——服装、面包、肉类及其他食物。即使在1653年议会解散后，该税种亦继续存在。

其次，人头税的开征。议会早在14世纪就进行过开征人头税的尝试，但都因由此激起的人民起义而告终。但是内战爆发后，为筹集战争经费，议会开征人头税。人头税按照个人的社会地位，根据不同的税率征收。具有公爵爵位的人每年缴纳100镑税款，其他等级的爵位在此基础上逐级递减，最低爵位的乡绅每年缴纳10镑。可以想象的是，在古代遭受激烈抵抗的这一专制税种，在此时的英格兰当然遭到人们的一致谴责和抵制。

再次，农村土地税。该税种的纳税人为农村土地的持有者，征税的客体为纳税人所持有的地产数量。土地税在内战期间被广泛使用，根据协助金账目中的土地数量，评估财产价值并以此作为征税依据。但与协助金不同的是，土地税每月都要征收，而协助金每两年征收一次。这一税种遭到了人们的反对，议会本身对此亦不抱乐观希望。

最后，克伦威尔的政府还针对王党征收惩罚性税收，这在当时的财政账目中称为“勒索”。法律规定，凡是没有回心转意的王党，年收入超过100镑，或者拥有的财产价值超过1500镑，均应抽取其价值的1/10。这一压迫性税收以其征收过程中的大屠杀而闻名，克伦威尔的军队代替征税官行使征收权，对拒绝缴纳者处以极刑。由此，全英国人民被暴露在此种“勒索”中，当然，该税收也受到全国人民的谴责和憎恨。

为应付财政危机而实施的上述税制，使得取得革命胜利的英国人的税收负担非但没有减少，反而比以前更为沉重。正如结果所表明的，造反者赢得了战争，但纳税人却失去了税收。这是税收发展史上的一个奇怪的规律。此时，要求改革税收制度，恢复议会课税权传统的呼声越来越高。这一要求集中体现在1657年国王再次召开议会时签署的《谦恭请愿与建议书》中，重点涉及的依然是议会课税权问题。但遗憾的是，由于军官们的反对，克伦威尔最后拒绝了《谦恭请愿与建议书》，并解散了议会。克伦威尔去世后，财政困难的军人政府只得继续召开议会，而议会则继续着反对军事专制统治的斗争，议会也在解散与复会中徘徊。直至1660年4月，新的“国民会议”召开，并最初决定迎接查理二世回归英国。由此，斯图亚特王朝复辟。

4. 斯图亚特王朝复辟

（1）查理二世。由于查理二世是议会请回来继承王位的，所以其统治初期对议会言听计从，议会成为唯一掌握征税权力的机构。议会趁机遣散了军政府并对国王的权利进行了限制。王位复辟后在财税方面的第一项法律就规定，议会在一年内授予国王10万镑资金，以遣散军队。其次，废除国王的封建习惯和特权征收，取消国王的船税、土地监护权和王室食物征发权收入。但作为回报，议会在大概估算了王室开支的总数后，向查理二世每年提供120万镑的年金，以维持政府机构的一般运转。然而，被取消封建习惯和特权征收之后的国王，单纯依靠议会每年自愿授予的年金，显然是无法满足其全部财政需要的。首先，清理革命遗留问题，需要耗费大量资金。查理二世复辟后，革命政府没收的所有财产全部返还给原所有权人。上述财产的归还，使查理二世政府背上沉重的负担。其次，查理二世还面对着沉重的债务。作为复辟王位的条件，克伦威尔时期的债务，也由查理二世继承下来。上述债务总共达到92.5万镑，而10年后则达到300万镑。财政窘境中的政府，不得不请求议会继续授予征税权，以获得更多的财政收入。而议会也不得不在年金之外，授权国王开征其他税收。

首先，关税和消费税。议会在查理二世登基的时候，就按照古代惯例授权其征收关税，并且这一权力沿用至终身。关税的预期年收入为40万镑。同时查理二世复辟后，革命时期开征的消费税继续被议会授权征收，并且进一步扩大其征收范围，包括啤酒、酒、肥皂、盐、铁、石墨以及其他奢侈品等多种消费品。而其征收时间也不再限于战争时期，和平时间也允许少量征收。消费税在英国一直沿用至今。

其次，土地财产税。就财产税的征收而言，议会最先授权查理二世的仍然是协助金。但是随着财产评估办法日益落后，社会上层逃税成风，征收到的协助金数额也逐年下降。因此，在1663年最后一次协助金后，该税种被彻底取消。作为替代，议会复活了内战时期的农村土地税，即当遇到紧急情况和特别财政需要的时候，国王可以每个月对土地进行估价征税，连续征收11个月，总共能够取得70万镑的收入。该税在1688年后成为常规税种，由地方土地委员会对地方乡绅进行土地调查，并以此调查为依据征税。

再次，炉税。1662年，议会授权查理二世开征炉税，规定所有家庭的火炉都要纳税，每个火炉征收2先令，这就是这一时期最著名的炉税。炉税的征收工作是承包给私人的，这些人被称为“烟囱人”。他们在征税时会仔细搜查房屋的每个角落，因为仅在房间外观察无法得到精确的火炉数字。而纳税人则往往会隐藏自己的火炉以逃避税收。该税种自开征之日起，就受到英国人的强烈反对。究其原因，并不在于每个火炉2先令的税收负担，而在于强行进入私人房屋进行搜查的征收方式。正如议会废除该税种的文件所提到的，炉税是束缚人民的证明，因为强行打开国民的房屋大门以便进入和搜索，是对人民自由的侵犯和束缚。

最后，人头税。上述炉税被取消后，取而代之的便是一直以来不为议会重视的人头税。但相比内战时期，议会对该税种作出了改革。修改后的人头税按照两套独立的规则征收：一方面，具有公爵爵位的人每年缴纳100镑税款，其他等级的爵位在此基础上逐级递减，最低爵位的乡绅每年缴纳10镑；另一方面，没有爵位的平民，则按照年收入的5%征收。这一规定将没有爵位的平民也划入纳税的范围中，进一步扩大了该税的税基及税款收入。

复辟初期，国王和议会处于平衡状态之中，议会通过授予国王征税权来维持政府运转，而刚复辟王位的国王也因实力弱小而无法实行专制统治。但是随着王权的逐渐恢复，查理二世的专制本性逐渐暴露出来，并与议会发生激烈冲突，而这场冲突就是从财税制度开始的。因为复辟后的王权仍保留着许多特权，比如国王可以随意命令议会休会或解散；国王有权否决议会法律议案，国王从议会获得税收授权后，并不负有向议会汇报其财政支出的义务。这说明国王实质上仍凌驾于议会之上。

1668年，查理二世在外交和宗教问题上的专制独裁，激起了议会的不满，议会进行了反击和对抗。首先，针对国王从事耗资巨大的战争，使政府财政陷入严重财政赤字的情况，议会开始谋求财政支出的审批权。议会于1665年通过《审查法》，规定：只有在确信协助金的开支符合其政策目标时，议会才能兑现之前承诺的协助金数额。而在两年后，议会更是建立了公共开支审查委员会，对查理二世的协助金使用进行审查，以确信其执行授予的财政政策。面临财政破产危险的查理二世，不得不屈服于议会，接受了这两项法律。其次，针对国王试图改变英国传统国教的行为，议会则行使财政授予权进行对抗。在查理二世于1673年发布《信仰自由宣言》后，议会立即提出撤回该宣言的要求，否则，将不再授权国王征收任何税收。议会更进一步颁布《宣誓法》，要求所有公职人员，必须作出服从国教最高地位、遵守国教仪式的宣誓。该项法律彻底瓦解了国王企图通过与法国的宗教结盟限制议会权力的图谋。同样的原因，为获得议会的财政支持，查理二世最终也不得不在这一问题上作出让步。

通过这场冲突和斗争，议会在限制王权的问题上又一次获得胜利，并为光荣革命后君主立宪体制的建立奠定了思想和制度两方面的基础。而这场冲突议会之所以获得胜利，主要原因依然在于议会所控制的财税权，一方面通过财政使用正当性审查以限制国王的专制统治；另一方面，又通过决定是否授予征税权以迫使陷入财政危机的国王作出权力让步和妥协。

（2）詹姆士二世。1685 年，詹姆士二世接替查理二世登上英国王位。尽管他是一位天主教徒，英国议会依然按照惯例授予其每年 190 万镑的年金，这一数额大大高于查理二世获得的 120 万镑年金，而议会这样做的目的是维持议会和国王之间的良好关系。詹姆士二世的专制本质很快就暴露出来，并与议会发生了激烈冲突，并最终导致光荣革命的爆发。

首先，詹姆士二世和议会在财税政策上产生巨大分歧。詹姆士二世在获得 190 万镑的年金后，并不愿意完全听命于议会行使财政权力，他很快就提出了废除《审查法》的要求，但遭到议会的坚决反对。更为重要的是，为维护自己的专制统治，詹姆士二世希望建立和保持一支正规的常备军。因为他认为英国王权之所以不如法国和西班牙那样强大，主要原因就是国王没有自己的军队。他的这一请求同样遭到议会的否决，拒绝给予军费支持。其次，詹姆士二世与议会之间的宗教政策之争，直接导致光荣革命的爆发。

光荣革命以威廉和玛丽登上英国王位而结束，但是，新国王登基是有条件的，即承认和签署议会通过的《权利法案》。其主要内容有以下方面：首先，再次确认了“王在法下”的原则，并对此作出更为明确的规定。《权利法案》第 1 和第 2 条规定，未经议会同意，以国王权威停止法律或停止法律的实施之僭越权力，为非法权，近来以国王权威擅自废除法律或法律实施之僭越权力，为非法权力。其次，再次确认议会课税权威。《权利法案》第 3 条规定，凡未经议会准许，借口国王特权，为国王而征收或供国王使用而征收金钱，超出议会准许之时限或方法者，皆为非法。最后，赋予英国人民以自由和权利。《权利法案》第 5—11 条明确规定了英国人民应当拥有的权利和自由，包括：臣民有向国王请愿的权利；议员在议会有自由发表言论而不受议会以外任何机关讯问的权利；臣民有未经审判不得限制人身和剥夺财产的权利等等。在宪政发展史上，光荣革命及一系列宪法性文件的制定，在英国建立了君主立宪制政体，使英国成为全世界第一个宪政国家。

光荣革命之于英国财税制度的作用和影响，主要表现在恢复议会课税权及树立议会课税权威两个方面。一方面，光荣革命的胜利，结束了复辟的斯图亚特王朝的专制统治，使得议会得以恢复固有的权利和自由，其中就包括议会课税权，亦即未经议会同意，国王不得随意征税。另一方面，更为重要的是，光荣革命的胜利，使得上述恢复的议会课税权，具有了更高的权威性。因为光荣革命所确立的君主立宪政体中，国王是议会创造出来的，而威廉和玛丽也确实是根据议会决议登上英国王位的。既然国王是议会创造出来的，则整个英国的主权应当由议会拥有而非国王。这一政体设计，在解决了困扰英国近100年，并引发大规模动荡和内乱的国王与议会的关系问题的基础上，确立了议会的最高权威地位。而具体到财税制度，议会课税权也当然具有最高的权威。

（3）玛丽二世、威廉三世共同执政。玛丽二世、威廉三世共同执政最重要的成就是英格兰银行的成立。1693年，英国政府与国会首次确立了采用政府长期借贷的原则。英格兰银行贷给政府120万，使用的是面值100镑的票据，而不是当时通用的铸币形式，这在事实上创造出一种以见票即付为特色的流动现金票据。用银行发行的纸币代替金属货币，事实上将货币的控制权转移到市场之外，并将货币政策引入政治领域，这是现代国家的特征。1694年4月，政府以8%的利率发行120万英镑的公债，并将认购者组成了一个被称为“英格兰银行董事公司”即英格兰银行的股份公司。结果大获成功，在11天内公债就全部被认购一空。它的第一份认股人名单是由国王和王后领衔。尽管当时英国社会对此仍存在一定的怀疑甚至反对意见，但是这个事件在英国历史上的重要性，实不亚于1688年事件，因为它使公共借贷有可能稳妥而经常地进行，从而给政府奠定了一种新的财政基础。不仅如此，政府在英格兰银行建立之初向其所借的公债，曾约定以未来的税收收入作为偿还保障。为此政府特别给予英格兰银行管理税款的权利。这一管理行为，后来反映在1787年议会通过的《统一基金法》中，议会因此借由英格兰银行的帮助，获得对政府财政权的有效控制。

第三节
英国工业革命时期的财政状况

18 世纪 60 年代开始的工业革命使得英国由传统农业社会发展成为世界上第一个工业化国家。伴随着内阁制度、政党制度和选举制度的形成和发展，英国政府预算制度也随之发展完善，此时期为英国政府预算制度发展的中期阶段。同时，现代税制结构基本形成，议会的税收控制权逐步加强。随着英国由传统农业社会向工业化社会的转型，英国的税制也经历了一个从自然经济税制属性的单一税制向基本适应近现代市场经济需要的税收体系的复杂转变过程。在短短的一个世纪当中，从简单直接税——土地税到间接税——货物税和关税，再到现代直接税——所得税，英国的现代税制结构基本定型。此后，1787 年，议会通过《统一基金法》，建立起“统一基金”。自 1787 年开始，政府所有的收入均应纳入统一基金，所有的支出均应由统一基金支付。统一基金的建立极大地增强了议会的预算控制权。

一、工业革命前期——沃波尔统治时期

“光荣革命”后英国王权衰落，君主立宪制建立并逐步走向成熟。内阁成立，沃波尔在内阁中起首相作用，并形成传统。议会权力增强。沃波尔当政时期，英国的经济稳步增长。从 1720 年到 1740 年，国内经济总水平提高了 6.5%。国内经济的增长，是和沃波尔所采取的财政经济政策分不开的。

为了鼓励农业和工商业，他改革关税制度，鼓励谷物和农产品出口，并对许多出口商品免税，对英国手工工场所需要的一些原料产品则免除或降低进口税。沃波尔的财政改革，内容具体明确，它并非仅仅是财政上的一种权宜之计，而是英国长时期以来所追求的财政政策的继续。早在 17 世纪末，英国为了刺激本国商品出口已减免了一些商品，如布匹、肉类、谷物、面包等的出口税。经过 1721 年沃波尔的财政改革，这一过程有了进一步发展。不过，对煤的出口不但未减免出口税，而且到 1714 年后出口税还大大增加，这是因为国外市场需要英国的煤，增加出口税可以提高煤价，获取更大利润。对那些可能与本国工场产品竞争的商品，则禁止进口。

为了防止走私，从1723年起对茶叶、咖啡、可可等征收消费税，实行货栈制。所谓货栈制，就是商人在输入商品时，可将商品暂时存到国家设立的货栈，如果这些商品不运往国内市场销售而是直接转运到国外的市场，则无需交纳关税，如果运到国内市场销售才交关税。实行货栈制后，上述几种商品可以在进口后再顺利出口，这就减轻了商人的负担，同时也提高了商品运转的效率。

沃波尔除对上述几种货物征收消费税外，还考虑从其他地方开辟财源。但他不愿增加土地税，而且还设法使原来的土地税稍稍降低，因为下院政府和宫廷的许多官员都是地主，这样做在政治上对他有利。不过，当他提出征收盐税时，却由于遭到议会反对而未通过。1727年，他设立减税基金来应付政府日益增长的开支。减税基金是通过发行国债来筹集的，为了偿付国债，反过来又需要增加税收。1733年，沃波尔制订了一个消费税法案，目的是向烟、酒开征消费税。消息传出后，引起全国各阶层人民的一致反对，有人声称这将增加他们的负担，普通百姓则担心这可能会成为一个先例，以后如全面对其他消费品都征税将会使他们的生活受到影响，一时群情激奋，各地纷纷向下院递交请愿书，表示抗议。沃波尔见众怒难犯，只得急流勇退，将消费税法案撤回。

二、工业革命时期（1760—1830年）

18世纪60年代开始的工业革命，为新生的资本主义制度奠定了坚实的物质基础，英国利用工业化先发优势，确立了“世界工厂”的地位，这一时期重大财税事件是所得税开征、预算制度常规化、近代税制的形成。

1. 收入方面——所得税及其他税种的开征

工业革命初期，政府并没有打算凭借税收去影响收入的分配。直至1793年，反法兰西联盟战争开始，从1793年到1815年间除了亚眠和平协议的短暂插曲，不列颠与法国的革命政府以及拿破仑政府始终处于交战状态。1793—1802年的战争初期，财政状况处于不佳或者完全不能适应形势需要的状态，大量增发的国债收入已不能满足战争的需要。从战争开始到结束，在附加的年平均战争经费中，税收收入占了35%，其来源就是从1799年开征的所得税。1802年当亚眠和平协议达成时，所得税被取消了，但当战端重开时，又立即开征所得税。所得税的税率为每英镑2先令，从1806年4月开始，所得税以完整的税制出现，截至1816年4月，纳税人向国家缴纳了将近1.42亿英镑的所得税。

2. 支出方面——“伯克郡或斯必汉姆兰制度”

在长达22年的英法系列战争中，不列颠的财力、物力都处于异常紧张的状态，虽然工业革命所创造的新型经济运行体系使经济的承受力大大提高，但物价的猛烈上涨给农民和工人的生活带来了极大压力。1795年又值灾荒年，因此，1795年伯克郡的治安官决定，根据家庭的大小和面包的价格对当地的农业工人增加工作补贴，这就是“伯克郡生活补助”或“斯必汉姆兰制度”。实质是一种变相的“最低工资政策”。在战争期间，整个英格兰南部地区普遍采用了这一补助形式，以保障农业劳动者摆脱战时物价的影响。战争结束后这一制度继续维持了下去，结果在下一代人的历史时期形成了一个主要的经济政策问题。

3. 预算制度的常规化

在18世纪，英国因为连年战争，人民的赋税负担极为沉重。在没有年度预算约束的情况下，国王仍在很大程度上事实上具有单方面强征赋税的权力。议会通过预算的制度化，通过财政大臣每年必须就来年的开支预先向议会报告预算，申请批准，终于对国王的权力形成实质性的制约。预算制度的引入，把征税权统一于议会管理之下。就此而言，预算成为一个保护纳税人不被过度征税的工具，构成英国政治走向民主化的重要一步。

英国于18世纪中叶开始采用预算制度的第二个原因是借此控制政府官员而非仅仅国王的公共开支。自光荣革命以来，随着英国军事力量的扩张，财政能力的提高，英国形成了一支以当时的标准而言非常庞大的文官队伍。其中，又以财政部势力最大，该部直接或间接管辖的雇员数目高达6000人。对文官的行为控制，防止他们利用手中财权、或者经手国家财政收支的机会牟取私利，成为18世纪英国年度预算制度常规化的主要目的之一。

从1760年起，财政大臣必须于每个财政年度开始之前，向议会提交国家预算，以此寻求议会拨款，开始成为惯例。这个预算是财政大臣做的国家财政报告，它包括如下三个方面的主要内容：（1）对政府上年开支状况的财务总结报告；（2）以会计语言的形式，预估来年的开支；（3）就为支付预估的来年开支所需资金的租税、借款方法提出建议。在财政大臣发表了预算演说后，议会就他的财务总结、来年开支预估和融资方法进行辩论，就财务大臣的预算报告进行立法审议。唯有在议会就预算立法之后，赋税才可以征缴，预算拨款成为来年开支的限界。

4. 财政管理的高效运行

在财政领域，英国面临司法与行政相分离的问题。但英国不存在一个庞大的由买官者所构成的司法系统来阻碍政府的行政改革，因此变革的阻力要小得多。作为英国最古老的财政机构之一，财政署便兼有行政和司法职能。后来，主持该机构工作的司库从其中渐渐独立出来，并且从 17 世纪开始，该职位经常由几个人联合担任，形成了所谓的财政委员会。1714 年后，这个做法被永久固定了下来。随着 1694 年英格兰银行的成立，18 世纪英国财政管理体制的轮廓便大致显现出来。在该体系中，位于权力顶端的是议会，它是一切财政事务的最终仲裁者和规则制定者。在议会的领导下，财政委员会负责管理与财政相关的一切事务，是名副其实的行政中心，相当于现代机构设置中的财政部，事实上，英国后来的财政部正发源于此。原来财政署的职能在很大程度上被保留，负责接收、保存国家收入，同时依照命令将所需款项拨付给各政府部门，并将各项收支情况记录在册，所以它基本上等同于国库。此外，它还继续保有司法权力，负责解决与财政税收相关的纠纷。至于英格兰银行，它正在逐步蚕食财政署的权力，先是在 18 世纪中叶从后者手中夺得国债管理权，然后在 18 世纪末开始侵占后者的国库职能。尽管如此，在整个 18 世纪，财政署这个带有一定封建残余且办事效率不高的机构不仅继续存在，而且一直发挥着积极作用，它和其他几个部门既相互配合，又彼此制约，共同维护着国家财政机器的高速、有序运转。综上所述，英国建立起了以财政委员会为核心的行政体系，再配以英格兰银行的辅助，最终实现了高效率的财政管理，并且各财政机构之间的相互制衡有效地防止了专权和营私舞弊行为的发生。

5. 近代税制的建立

18 世纪时英国政府的财政收入体系——一个初具规模的近代税收制度也相应地形成了。从某种意义上说，沉重的债务压力是近代英国税制诞生的直接推动力。资料显示，在 1756—1763 年的英法七年战争结束时，英国欠下了 24600000 英镑的债务，嗣后的北美独立战争又给其雪上加霜，达到了 231000000 英镑。18 世纪末 19 世纪初的反法同盟则耗资更巨，在滑铁卢战后，英国的债务总额高达 820000000 英镑。因此，偿还不断增长的巨额债务成了 18 世纪历届英国政府的一件大事，从沃波尔到小皮特诸人，无不为开辟财源、清偿债务而绞尽脑汁，而近代英国的税收体系也因此逐步建立起来。

英国近代税制的第一块奠基石是土地税。英国的土地税，不仅包括对土地征收的税，而且包括对房屋、窗户、仆人、马车，甚至化妆扑粉、纸牌等征的税，其税率一般为10%，战时上升到20%。然而，纵观18世纪，土地税在国家财政收入中所占的比例是逐渐下降的。由于经济的发展，尤其是18世纪下半叶开始的工业革命，使英国的社会财富不断增长，因而税额固定的土地税就相应地减少了，到1793年时，土地税的收入只占全国财政收入的五分之一左右。

土地税的相对减少，使政府开始寻找新的税收来源。另一项直接税——所得税是到18世纪末才出现的新概念。1798—1799年，小皮特引进了所得税的概念。由于18世纪后半期经济的快速增长，资本主义取得了极大的发展，而与此同时，社会财富的分配愈加不公，贫富分化更加严重，所以一项渐进的所得税将是向商人和工业家们收税的合理的逻辑发展。所得税草创之时，效果并不理想。1799年预计可征收1000万英镑的所得税，结果只征收到了一半左右。只有到了小皮特的后继者亨利·阿丁顿手中，所得税才逐步成型。亨利·阿丁顿在1803—1804年的财政预算中，修改和调整了所得税的有关规定，他的所得税后来以财产税而知名。他认为，增加财政收入的根本之点，不在于提高税率，而在于保障对财产的准确估价，从而有效地征收税收。他的最高税率，是收入在150镑以上者纳1先令，较小皮特的税率少了一半；而收入介于60到150镑者纳3便士。这样温和的税率很容易为大众所接受。

不过，在18世纪末以前，政府的目标是开征间接税，其中最重要的是货物税、关税和印花税。

18世纪是英国人口增长较快的时期。18世纪初，英国约有500万人口，而仅仅在18世纪的头40年中，其人口就净增了57万，向日益增长着的消费大众征税无疑是个好主意，所以政府在货物税上下工夫。1723年，沃波尔下令对茶叶、咖啡、可可征收货物税。由于饮茶和咖啡在英国日益普及，因而此税数量颇为可观。

在货物税中，给英国政府带来最大收益的是酒类消费税。据统计，在18世纪30年代的450万英镑年税收中，有三分之一来源于酒类消费税，而到1760—1765年间，在480万英镑年税中，300万英镑来源于啤酒与麦芽酒的消费税。在高筑的关税壁垒中，对进口酒类也是征收重税的。如1800年，酒类进口税占总关税收入的60%以上。

此外，英国大众还为砖头、淀粉、玻璃、盐、纸张、肥皂、蜡烛、皮革、煤、糖、烟草、木材、丝绸、铁条乃至于粮食等生活资料和生产资料纳税。

小皮特是自由贸易的忠实信徒，他认为高筑的关税壁垒不利于经济发展，因而对付英吉利海峡走私贸易的有效办法，是大大降低关税，使走私者无利可图，这个貌似奇怪的做法却取得了意想不到的成功。仅仅 1790 年，英国海关收取的葡萄酒关税就增加了 29%，烈性酒关税增加 63%，烟草关税则增加了 89%，因而，到 1792 年，小皮特骄傲地宣称，海关给英国带来了 100 万英镑的关税收入。

从沃波尔到小皮特，几乎无一例外地采取措施鼓励生产。沃波尔一方面提高谷物和其他各种农产品的出售奖金，另一方面降低甚至取消了某些商品（如原棉）的入口税，同时奖励输出，重商主义思想被不折不扣地运用于实践。至于小皮特，则为自由贸易的实现不断努力，1786 年签订《英法通商条约》，为英国工业品打开了法国市场。不过，他也广辟财源，征收了名目繁多的税，比如 1792 年他宣称征收到了 100 万英镑的新税税款；另从家庭日用消费品上征到了 200 万英镑。总而言之，该年的总税收收入比 1783 年整整多了 47%，归结起来，小皮特的税收，绝大部分仍然来自货物税。

第四节

19 世纪英国自由资本主义时期的财政

19 世纪 50—70 年代，是英国自由贸易资本主义发展的鼎盛时期。其时正值维多利亚女王在位，有“维多利亚时代”之称。这个时期，英国率先完成工业革命，成为“世界工厂”，其钢铁产量占世界总产量一半以上，进出口贸易占世界总额的 1/3 以上，伦敦成为国际金融、贸易中心。

自由资本主义时期的英国财政有两个特点：一是削弱封建势力和金融贵族的财政特权。当资产阶级随着经济力量的增强逐步在国家生活中取得统治地位以后，通过限制挂名领高薪的职位，使依附于金融资本家的贵族受到损失。实行所得税使金融贵族和土地所有者丧失不纳税的自由。废除谷物税使英国的土地所有者作了工业家的牺牲品。二是主张国家不过多干预经济生活，减少政府支出和税收。

一、维多利亚女王时代早期（1837—1880 年）

1. 收入方面——税收制度的逐渐演变

（1）所得税。在整个 19 世纪中期，所得税的征收记录表明，政府在当时的政治条件下认为向人民征收这种税没有什么必要。1842 年罗伯特·皮尔爵士临时恢复所得税，每镑收 7 便士，目的是为了弥补当时长期积累的财政赤字。此后所得税时征时停，直到 19 世纪 80 年代和 90 年代政府开支上升，使所得税变得无可撼动。但不论哪位财政大臣都未明确地把它作为税收制度的永久性部分，直到阿斯奎斯任财政大臣时期修订所得税基础，才把它固定下来。1907—1908 年开始区分劳动所得税和非劳动所得税，要求收入较多者支付较高税率的累进税制直到 1909—1910 年方才施行。

（2）遗产税。由于当时实行的税制是非累进的，为调节收入分配，也就是使收入较高的阶层缴纳较多的税，威廉·哈考特爵士于 1894 年提出了修正遗产税案，这成为 52 年前皮尔提出开征所得税之后关于直接税的又一重大事件。

（3）间接税。关税和货物税在 1816—1842 年间占英国政府国家收入的 1/3 至 2/3。这种以间接税为主的税收结构表明在社会不同阶层间的收入调节并没有成为当时政府关注的重点。

2. 支出方面——新的支出项目

（1）济贫法的改革（1834 年）。以宪章运动为代表的中产阶级和工人阶级发起的大量运动导致了英国政治权力的变化。1832 年政治权力转移后出现的第一批变革之一就是对济贫法的改革。新法律的目标是改革英格兰南部农业工人的工资与政府补助之间的关系。由于英格兰南部的经济发展较慢，农业工人的生活中入不敷出的现象较为普遍，因此有对政府补助的需要。新的法律规定，农业工人以工资补助方式得到救济，而不是以单纯的救济形式。新的法律在英格兰和威尔士通行。对于不能挣钱养活自己的群体，新的法律并没有改变救济形式，他们或在家中接受救济，或在新济贫院中以旧的方式接受救济。新的法律也改变了救济制度的管理办法，中央政府从此开始集中地对救济进行管理，对地方救济实施国家和中央监督。

（2）教育法的通过（1870 年）。对教育的关注开始于新兴制造业地区的需要。新兴制造业地区对教育的需要来自两方面：第一，这些地区人口集中且对儿童的照顾疏忽，这些情况使得有组织的初等教育成为必要；第二，随着工业的进步和外国竞争的加剧，人们越来越意识到需要技术培训。早年的工厂法和济贫法提出国民教育的观念，要求工厂儿童和由济贫法救济家庭的儿童必须接受教育。1870 年通过的教育法规定资金来源主要是地方税收。

（3）公共卫生法的通过（1848 年）。1848 年公共卫生法获得通过，这个法律的重要目的要通过中央机构卫生总署的劝告和监督，强制地方当局和个人实行公共卫生标准。与济贫法不同的是，该委员会在国会中没有相应的负责首脑。这个委员会只能根据地方税纳税人的申请或在死亡率超过一定数字的地方采取行动，在这些情况下可以建立一个地方公共卫生领导机关，该领导机关是各自治市、市议会，是卫生工作的最高机关，它可以任命一个管卫生工作的医务官员，虽然这不是硬性规定的。

二、维多利亚女王时代后期及其后福利国家兴起时期（1880—1939 年）

1. 收入方面

为支持新的社会福利支出和战争与防务所需，1914 年之前完成了对税收体系的一系列改革。维多利亚时代坚持直接税——所得税和财产税不应累进征收，间接税仍然是政府的重要岁入来源，这种做法使工人阶层支付了相当大比例的税款，远大于其从政府社会支出中所获得的好处，而与此同时，高收入阶层则获得了巨大利益。因此，它受到了来自 19 世纪中期起支付直接税的各阶级中许多人的批评。于是，1894 年哈考特遗产税改革获得实施，不但提高了遗产税率，而且使用累进税制，使遗产越大付税越多。1907 年所得税开始区分劳动收入所得和非劳动收入所得。1909 年特别重视社会改革的劳埃德·乔治政府的预算对高收入征收超额累进税，开始实行累进所得税制。1914 年的预算——第一次世界大战前的最后一个预算——所得税、超额累进所得税和遗产税的收入都有所增加。直接税的扩大不仅为 1914—1918 年的战时财政而且也为战后的预算提供了强有力的财力支持。

2. 支出方面

（1）对低收入群体的关注——老人年金（1908 年）。19 世纪 80 年代和 90 年代严重的经济波动，尤其是 1885—1886 年和 1890—1895 年的萧条年份，严重的失业问题使人们的不满达到了非常尖锐的地步。1889—1901 年间由查尔斯·布思和西博姆·朗特里组织的对英国主要城市的社会调查，让人们认识到了城市中所存在的贫困和匮乏程度。布思关于老年年金的建议在 1908 年最后成为法律，规定 70 岁以上的老年人都可获取年金。

（2）失业工人法的通过（1905 年）和济贫法的改革（1929 年）。由于民主思想的广泛传播，地方政府的治理获得了极大改善。由地方政府雇佣临时无工作者付给工资的做法早在 19 世纪以前已经存在。1885 年以后这种做法受地方自治委员会的鼓励，这个机构的领导人逐渐认识到需要改善济贫法，于是 1905 年在南非战事后的萧条时期失业工人法获得通过。这项法律的目的是实行市办公共工程制度，雇佣周期性失业者，以工代赈。与此同时，政府也积极创造条件促进劳动市场的良好运转。1909 年就业介绍所开始系统地建立，1916 年劳动部成立后由劳动部负责所有劳动就业相关问题。1929 年通过的地方自治法把无劳动能力人员的救济责任划归地方政府，从而中央政府只负责失业问题的处理。

（3）国民保险法（1911 年）。1911 年通过的国民保险法是由雇员、雇主和政府三方共同出资，该保险计划最初只覆盖就业波动较大的行业如建筑、工程、造船、铸铁等，1916—1920 年间扩大至包括全体工资劳动者——除农业、家务和某些永久性职业的人员外——总数约 1100 万人。

（4）社会福利的扩展。20 世纪工业发展使社会福利有了相当大的扩充。1934 年的社会福利支出约占同年财政开支的 1/4 到 1/3。

第五节
两次大战时期的英国财政

一、第一次世界大战时期英国财政

在第一次世界大战前夕，英国本土和殖民地一起占世界陆地面积的四分之一，人口也占全世界的四分之一。在 1914 年，就经济实力而言，英国占有优越地位。虽然英国作战出力不多，但它在 1914—1918 年这段时间的军事支出，按当时的货币计算也达 85 亿英镑。一战期间，英国统治集团能够为所欲为地盗窃国库，利用战时状况改变预算制度，使议会不能对战时财政进行任何监督。

1. 筹措战费的国内来源

英国政府是利用捐税、公债和纸币发行，来弥补自己的庞大军事支出的。

（1）税收。1914 年，茶叶和啤酒的消费税提高了。1915 年，茶叶、咖啡、可可、烟草和干果的消费税增加了百分之五十，食糖的进口税率提高了四倍多。1916 年，食糖消费税率提高了百分之五十，咖啡和咖啡代用品的税率增加了一倍。出现了苹果酒、矿泉水、火柴和打火机的新的消费税，戏剧、娱乐和体育比赛也都课税。1917 年，烟草税率进一步提高，戏剧娱乐税也增加了。1918 年，食糖和烟草税又有新的增加，烈性酒的课税增加了一倍。

所得税税率在战时从应税收入每一英镑课征 1 先令 2 便士增加到 6 先令，即占应税收入的百分之三十；此外，起征点也从 160 英镑降到 120 英镑。结果，所得税纳税人的人数大大地增加了，主要是工人、城市小资产阶级和小职员。在 1918 和 1919 年度，所得税纳税人共计有 354.7 万人，而在 1914 和 1915 年度则仅为 114 万人。

由于提高税率和开征新税，对劳动者课征的捐税从 1914 年到 1917 年增加了将近四倍，即从 16300 万英镑增加到 78400 万英镑。

（2）公债、纸币等的发行。英国的国家债务，在 1914 年 3 月 31 日为 70620 万英镑，到 1920 年 3 月 31 日增加到 787560 万英镑。公债年年发行，公债条件也是一年比一年更有利。譬如说，第一期长期战时公债是按年息百分之三点五发行的，第二期提高为年息百分之四点五，第三期提高为年息百分之五。债券发行价格总是要低于票面价格。就第四期战时公债的例子来说，每 100 美元的债券是按 80 美元的价格出售的。因此，国库的公债销售收入下降了。银行家和交易所则靠票面价格折扣以及从这种折扣所引起的交易所债券行市的急剧涨跌，获得额外收入。

战时公债的绝大部分是由银行认购的，这就导致不兑换的银行券（即纸币）的额外发行，也导致银行存款的增加。在战争年代里，英格兰银行在国家有价证券的投资从 1320 万英镑增加到 7110 万英镑。英国“五大”存款银行在同时期对国家有价证券的投资从 2920 万英镑增加到 23600 万英镑。此外，英国的“五大”银行在 1918 年末共持有现金和抵押票据达 69320 万英镑，而其中三分之二是国库短期债券。国库期票和库券的发行，对战费筹措起到了重大作用。

2. 筹措战费的国外来源

筹措战费的国外来源，在英国军费的弥补上起了重大作用。

英国统治集团协助资本主义垄断组织靠牺牲劳动大众利益发财致富，同时还体贴入微地使垄断组织免于巨额捐税的课征。因此，他们竭力把很大部分的战费负担转嫁给殖民地和附属国。将近有一百万印度军队被派遣到国外，为英国帝国主义的利益而作战，而这些军队是靠印度纳税人来维持的。印度在第一次世界大战期间的军事支出达36.4亿卢比。此外，印度也对英国供应战略原料及粮食。在战争时期，印度对英供应的总额达2.17亿英镑。英国政府还从印度取得为数达1亿英镑的借款。沉重的负担也压在埃及及其他殖民地、附属国的身上。在整个战争的过程中，英国军队和官吏以最无耻的方式掠夺埃及。英国当局不止一次地征用粮食、饲料和役畜，迫使埃及工人和农民进行艰苦的强制军事劳动。

在第一次世界大战期间，美国是英国的主要债权国。从1914年下半年到1917年4月即美国参战时为止，英国政府在美国金融市场上先后发行了7次公债，总额达10.65亿美元，这些资金用来买武器、粮食和原料。在美国参战后，美国政府自己来扮演放债人的角色。从1917年4月到1920年，美国政府对英国提供的军事贷款已达41亿美元，折合成1913年购买力的货币，达22亿美元。

3. 战争结果

英国因第一次世界大战而被削弱，这不是一个偶然的现象，而是帝国主义时期资本主义国家经济、政治发展不平衡规律的必然结果，也是英国垄断资本主义的寄生性和腐朽性愈加严重的结果。

英国在战争年代里经历了严重的经济困难——它的工业生产、特别是输出贸易显著地减少了。在战争结束后，英国用了11年工夫，才靠加紧剥削英国工人和殖民地人民恢复到战前的工业生产水平。英国在金融及信用领域中的地位也受到严重破坏；在战争结束时，英镑紊乱而且已经贬值，英国负有大量国家债务，包括内债和外债，信用体系已被削弱，国际收支平衡大大恶化。英国在战争年代里已经出手了很大一部分的海外投资。经过12年左右，英国才把海外投资恢复到战前水平。

二、第二次世界大战时期英国财政

1. 战时英国的经济管理体制

大体上来说，在整个战争期间，英国中央管理机构的经济政策可分为三个时期：①财政部时期——1939 年 9 月至 1940 年 5 月；②委员会时期——1940 年 5 月至 1940 年 12 月；③枢密院委员会时期——1941 年 1 月至 1945 年 8 月。正是从第二个时期开始，英国建立了一种不同于以往的管理体制。首相丘吉尔将传统的各个部（包括财政部）置于几个超级委员会的掌控之下。这些委员会包括国内政策委员会、粮食政策委员会、生产委员会、经济政策委员会和枢密院委员会。这几个委员会各司其职，又相互协作：生产委员会的职权是为了战争的目的而对生产进行组织和优先选择一事加以指导；经济政策委员会则是指导协调一般的经济政策；粮食政策委员会主要负责粮食问题，包括粮食生产；国内政策委员会处理后方和社会服务上相关的问题，并负责规章的制定和立法草案的规划；枢密院委员会则协调和指导上述四个委员会和国防委员会的工作，其目的在于确保五个部长级委员会的工作妥善协调，而不使任何一个委员会被遗忘。到 1941 年底，枢密院委员会最终掌控了国内和经济政策的所有领域。

2. 战时财政收入的主要来源——税收

税收是构成战时英国财政收入的主要来源。据统计，从 1940 年至 1945 年，政府用税收方法筹集了 54% 的战费。英国的税收简单地分为两大类：直接税和间接税。直接税是不转嫁的，是战时一种理想的分配国家战争负担给个人的工具。间接税是转嫁的，是一种较不透明的公共财政的措施。

直接税的第一大收入来源是所得税。在战争时期税收收入之快速增加，所得税的功劳很大。一方面，所得税率标准在战争期间上涨幅度很大，在战前的 1937—1938 课税年度的正常税率标准为每英镑 5 先令，到 1941—1942 年度则增加到了每英镑 10 先令（税率为 50%）。另一方面，英国减少了税收宽免额，原来不缴纳所得税的人现在也要纳税，而且还要按高税率缴纳，这样就扩大了纳税人数。1938—1939 年度所得税纳税人仅为 400 万人，到 1943—1944 年度增加到 1200 万人。与此同时，人们的收入较战前有了较大的增长，这也是在正常税率标准固定后，所得税收入增加的一个原因。从数据中我们可以看到，1938 年的所得税收入为 3. 12 亿英镑，1941 年为 6. 54 亿英镑，比 1938 年上涨约 110%。从 1939 年至 1945 年，平均每年所得税收入上涨幅度分别约为：11%、40%、40%、15%、30%、14%、5%。总体来看，战争期间，英国所得税收入增长速度比较快。

直接税的第二大收入来源是超额利润税。超额利润税是一种向超过规定的“正常”收入标准之外的利润进行课征的税收。这种税收最早是在一战时期引进的，战后不久即废止。但是，二战爆发后不久，财政大臣约翰·西蒙在1939年9月的第一份战时财政预算案中重新引进超额利润税。超额利润税的引入一方面是为了增加政府的收入，另一方面也是防止战时“暴利”，以实现经济之稳定。在这份预算案中，超额利润税率被确定为60%。随着战争支出的扩大，政府需要增加收入，于是超额利润税率被提高。1940年5月，政府就已经把超额利润税率增加到100%。这一税率的变化，事实上使政府在这一项税收的收入上，从1940年的4400万英镑急剧增加到1944年超额利润税收入达到48200万英镑，为二战期间最高。

此外，战争期间，以关税和消费税为代表的间接税也发挥了重要的作用。

3. 战时英国的借贷政策

随着战争的进行，政府开支逐渐增加。1940年，政府支出占国民收入的54%，到1941年则达到了66%。在整个政府支出中，税收收入在战争期间所占比例至少维持在35%以上，1945年最高，为59%。然而，庞大的政府开支完全依靠税收来提供既不可能也是一种自杀性的做法。虽然借贷在二战中的重要性大不如前，但借贷对于一个合理的战时财政来说是必不可少的。事实上，战争前期，政府支出最主要的来源是借贷而不是税收。据统计，1941年政府借贷占整个政府支出的57%，1942年为52%，直到1943年才低于50%，为48%。1943年，借贷达到高潮，借贷额为290800万英镑，此后两年则呈下降趋势。战时借贷主要包括国内借贷和国外举债。国外借贷的规模比较小，在整个战争期间，英国的外债规模大约为31亿—37亿英镑，主要是来自英镑区的债务。其余借贷则是由内债来提供，在1939—1945年间，国内借贷额为1523700万英镑。

借贷对于英国的战时财政来说，最大的好处在于它能够快速地征集到足够多的资金，以应付战争初期迅速膨胀的政府支出。然而，政府试图完全通过借贷来为战争提供资金的做法显然是鼠目寸光的。对于借贷来说，其缺点是很明显的。借贷容易造成不公平，因为政府债券的持有者多数是富有的阶层及诸如银行这样的一些机构组织。二战中，虽然爱国热情使民众积极购买国家各种债券，但最终大部分借款主要来自各种机构。另一方面，当政府过度依赖借贷，甚至滥用借贷时，就很容易引发通货膨胀，而这种情况正是政府所要规避的。因此，随着税收征收力度的加大，借贷在整个战争支出中所占的比例逐渐下跌。参见表 1－1。

表 1－1　英国中央政府支出、收入和借贷　单位：百万英镑

年份	支　出	收　入	借　贷	收入占支出百分比（%）
1938	1040	893	147	86
1941	5052	2172	2880	43
1942	5457	2635	2822	48
1943	6047	3139	2908	52
1944	6078	3328	2750	55
1945	5583	3293	2290	59

资料来源：W. K. Hancock，M. M. Gowing，British War Economy，London：Her Majesty's Stationery Office And Longmans，Green And Co，Ltd. 1949，P348.

4. 英国战时财政支出

战争的物资消耗，同时表现为资金的耗费。资金的耗费，一个表现形式就是战时财政支出。在英国，二战时的财政支出规模相当庞大，从 1940 年到 1945 年间共计 194 亿英镑，政府支出占国民收入的比例在 1940 年为 54%，1941 年上升到 61%。政府平均每周战争支出在 1939 年 9 月为 1960 万英镑，1944 年 12 月则达到了 9110 万英镑。

（1）英国军事支出。战争爆发后，英国经济迅速转入了战时经济。为了争取战争的胜利，国家把主要的人力、物力和财力投入到战争努力中，因而国家利用来自各方面资源的战争努力在国民收入中的比例有了很快地增长。以军事支出为例，1939 年它在国民收入中的比例仅为 15%，但到 1940 年则攀升到 44%，1943 年达到高峰，为 55%。在 1941—1944 年之间，其比重均在 52% 以上。从政府支出的角度来看，政府在 1938 年，购买的商品和服务为 93900 万英镑，其中与战争相关的项为 35800 万英镑，占 1/3 强；战争爆发的 1939 年，政府购买的商品和服务为 136000 万英镑，用于战争的商品和服务就已经超过了 1/2，达到 79500 万英镑；在战争最高峰的 1944 年，这两项的花费分别为 517900 万英镑和 467800 万英镑，后者占前者的 90% 之多。

英国军事支出从实物来看，也是非常惊人的。战争首先意味着军需品的

大量消耗，这就要求政府加大军需品的生产力度，从而生产出先进的装备来武装士兵。为了满足这个需要，1936—1945 年间，政府在服务于军需品生产的（按广义理解）工业中的固定资产投资大约接近 10.3 亿英镑，其中大约 80% 是在 1938 年后投资的。事实上，政府不但投资军工厂，还劝说一些民用工厂投入到军需品的生产中。在 1939 年至 1945 年间，整个英国工业体系开动最大马力运转起来，进行军需品的生产。

战争努力也表现在人力资源的动员上。战争的紧迫性使得军需部和军队急需人手。政府要考虑的是在基本满足民用工业生产的人力之后，尽可能多地将人力分配到军需部门和军队中去。因此，政府主要通过人力预算安排和军需部门的高工资来吸引劳动力向军需部门转移。士兵的问题则依靠征兵来解决。整个战争期间，军队人数有了很大的增加，包括全职民防人员在内，1939 年年中，军队人数为 60 万人，1941 年年中则迅速扩充到 380 万人，1944 年这一数目增加到 520 万人。如此庞大的军队数量，对于政府来说，意味着一笔巨大的开支，那就是军人及军事部门服务人员的工资和津贴（包括现金和实物）。这样一笔开支在 1938 年仅为 7800 万英镑，1939 年战争爆发后，随着军队人数（包括军事部门服务人员）迅速增加，军人及军事部门服务人员的工资和津贴迅速膨胀，从 1940 年到 1945 年分别为 38600 万英镑、62200 万英镑、84000 万英镑、103700 万英镑、120700 万英镑、125500 万英镑。

（2）各项转移性支出。

①国债利息支出。战时，英国国债的中长期债券利息，一般在 2.5 分以上，短期债券利息则以 1 分为主，尽管利息不是很高，但发行量大，政府支付的国债利息仍然较大。从 1939 年至 1945 年间，政府支付的国债利息逐年增长。1945 年支付的利息是 1939 年的 2 倍多，达到了 2395 百万英镑。

②“贝弗里奇报告”和社会保障支出。二战爆发后，德国的空袭使大量房屋被毁，成千上万的军民在战斗中伤亡，这些都造成了大批寡妇、孤儿、无家可归的老人和伤残者。这样，广泛的社会贫困使政府意识到了社会福利事业重建的必要性。1942 年 12 月，“贝弗里奇报告”出台。该报告呼吁在全社会建立一个综合性的社会保障体系。联合政府接受了报告。然而，政府在战争期间用于社会福利方面的支出并不多。表 1-2 中的“社会保险支付”，主要包括以下一些项目：养老金、缴费养老金、补助养老金和家庭津贴（这一项于 1946 年开始实施）；在国家牛奶计划及学

校牛奶和维生素计划下的粮食部津贴；在国民健康保险计划下的现金福利；失业保险金；地方政府的失业津贴和对不住在贫民院里的贫民的救济。1938 年，政府的社会保险支付为 22900 万英镑，1939 年时则下降为 21500 万英镑，1941 年达到战争时期的最低值，为 19700 万英镑，直到 1944 年社会保险支付才超过 1938 年，为 24600 万英镑。社会保险支付的这种现象主要是因为就业人数增加所造成的。在整个战争期间，失业保险金、失业津贴及对不住在贫民院里的贫民的救济呈直线下降的趋势。政府对失业保险金的发放额从 1938 年的 3500 万英镑下降到 1940 年的 1700 万英镑。其他的项目则呈增加的趋势。

表 1－2　　战时英国转移支付　　单位：百万英镑

年　　份	1938	1939	1940	1941	1942	1943	1944	1945	1946
1. 国债利息	223	231	242	271	328	386	445	492	530
2. 战争损害赔偿	—	—	37	245	208	183	113	167	131
3. 社会保险支付	229	215	206	197	210	225	246	259	333
4. 补贴	36	46	95	161	187	200	237	272	360
5. 给地方当局的补助	169	208	257	313	299	276	259	251	233
6. 国库捐助的国民保险金	47	49	51	51	57	58	59	62	60
7. 其他转移支付	41	46	57	79	84	92	98	196	404

资料来源：National Income and Expenditure of the United Kingdom, 1938 to 1946, presented to Parliament by the Financial Secretary to the Treasury by Command of His Majesty, April, 1947, P20、22、23、33、35、60.

③政府的财政补贴。战时的经济补贴，主要包括甜菜补贴、小麦补贴、牛奶补贴、肥料和饲料补贴、农田水利设施补贴以及按每英亩进行的支付；还包括“效用”衣服补贴、能源部支付的煤炭方面的补贴；某些食品如蛋类和肉类的补贴也可视为经济补贴，等等。政府补贴农民的数目比较大，主要用于降低农民的饲料和肥料价格，促进农民生产和开垦的积极性，同时引导农民进行结构调整。在农业方面最重要的直接补贴是，对开垦草地按每英亩给予 2 英镑的补贴。虽然具体估量每一项财政补贴有一定的难度，但是包括房屋津贴在内，总的财政补贴可以参见表 1－2。从表中可以看出，战争初期，中央政府用于财政补贴的支出增长迅速。1940 年的财政补贴支出就比 1939 年增加一倍多，1941 年比 1940 年增长约 70%。从 1942 年起，政府的财政补贴支出有减缓的趋势，到 1945 年达到最高，为 27200 万英镑，比

1939年增加490%之多。政府财政补贴的增加，实际上对于促进英国生活必需品的生产起了很大的促进作用。

除了以上两项转移支付以外，比较重要的还有战争损害赔偿和中央财政给地方财政的转移支付。战争损害赔偿是依据1939年的商品和海洋战争风险保险计划以及1941年的战争破坏法案来进行支付的。这一项支付是从1940年开始的，这一年总共支付给私人资本账户达3700万英镑。中央财政给地方财政的转移支付是地方政府财政开支的最重要来源。地方政府提供的服务主要包括住房、教育和社会服务等等。在战时，中央财政给地方财政的转移支付趋势基本上和战争损害赔偿的趋势类似。在1941年，这种转移支付达到战时最高水平，为31300万英镑，此后逐渐减少，1945年这一数目甚至比1940年还要低。

总的来说，英国战时财政转移支付在整个政府财政开支中所占比重并不是很高，但它却是实现政府职能的重要手段，是政府实现社会公平，提高人们福利的重要措施。

本章参考文献：

［1］于民：《论中世纪和近代早期英国中央财政管理机构的改革》，《史学月刊》2007（6）。

［2］于民：《从财政收入构成分析都铎王朝和斯图亚特王朝早期英国财政体制的性质》，《潍坊学院学报》2006（9）。

［3］于民，刘淑清：《论英国都铎王朝中央财政机构的过渡性特征》，《泰山学院学报》2003（7）。

［4］王晋新：《近代早期英国财政体制散论》，《史学集刊》2003（1）。

［5］顾銮斋：《由所有制形态看中英中古赋税基本理论的差异》，《文史哲》2005（5）。

［6］顾銮斋：《中西中古社会赋税结构演变的比较研究》《世界历史》2003（4）。

［7］施诚：《英国都铎王朝的税收与财政》，《首都师范大学学报》2002（3）。

［8］施诚：《中世纪英国国王的财政特权》，《史学论坛》2006（2）。

［9］周均：《英国都铎王朝的财政结构及王权和议会的关系》，《江苏大

学学报》2004（7）。

[10] 魏建国：《代议制、公共财政、宪政内在关系检视——以近代英国公共财政建构为检索》，《甘肃政法学院学报》2006（7）。

[11] 张殿清：《国王财政自理原则与英国基本赋税理论》，《华东师范大学学报》2007（1）。

[12] 李邦富，王国清：《英国财政权的演变及其对宪政传统的影响》，《安庆师范学院学报》2007（3）。

[13] 韩玲慧：《英国财政税收制度的演变——1597年至今》，《经济研究参考》2009（40）。

[14] 陈宝森：《英国财政制度对社会经济影响的历史考察》，中国财政学会财政史专业委员会2005年年会论文。

[15] 彭健：《英国政府预算制度的演进及特征》，《东北财经大学学报》2008（2）。

[16] 王君：《论英国资产阶级革命时期的税收变革》，《首都师范大学学报》2007增刊。

[17] 王君：《论英国17世纪的税收变革》，首都师范大学硕士论文，2008年。

[18] 任超：《英国财税法史研究——从诺曼征服到光荣革命》，华东政法大学博士论文，2006年。

[19] 徐红：《机构整合与程序简化：20世纪后期英国议会财政权的改革措施》，《国际问题研究》2006（11）。

[20] 龚敏：《1560—1640年英国财政状况与贵族和官员的腐败》，《历史教学问题》2005（4）。

[21] 刘雪梅，张歌：《1660—1799年英国财政革命所带来的划时代变化》，《现代财经》2010（7）。

[22] 陈连宝：《近代英国公共财政的建构及其宪政意义》，黑龙江大学硕士论文，2008年。

[23] 李永斌：《论二战时期英国的战时财政政策》，湖南师范大学硕士论文，2009年。

[24] 杨懿：《一战时英国财政状况研究》，湖南师范大学硕士论文，2010年。

[25]（日）石滨知行等，樊仲云译：《各国经济史》，新生命书局，

1936 年。

［26］吴学成：《战后英国经济》，中国对外经济贸易出版社，1990 年。

［27］（苏）包德列夫：《资本主义国家财政》，中国财政经济出版社，1986 年。

［28］陈曦文，王乃耀：《英国社会转型时期经济发展研究：16 世纪至 18 世纪中叶》，首都师范大学出版社，2002 年。

［29］赵晓雷：《外国经济史简编》，华东师范大学出版社，1994 年。

［30］韩毅：《外国近现代经济史》，高等教育出版社，2011 年。

［31］高德步：《世界经济史》，人民大学出版社，2005 年。

第二章 法国财政史

在欧洲大陆的腹地矗立着这样一个国家。它地势平坦、人口繁茂，并凭借其55万平方公里的幅员成为欧洲天然的大国；它酷似一个巨大的六边形，三面环海，却以传统的陆地国家自居，并一度封航禁海与英国一争高下；它是欧洲交通的咽喉要道，将整个伊比利亚半岛与西欧东部截然分开，更是连接北海和地中海的陆地桥梁。这里曾涌现出推动人类文明进程的卓越思想，也曾激荡起充斥着火与血的社会变革，优良而独特的自然环境更在这片土地上孕育了一个追求卓越和浪漫的法兰西民族。它就是法国，一个用思想和热血引领世界风潮的国家，一个充满理想主义、浪漫气息、永不低头的高卢雄鸡。

每一次历史大幕拉开的时候，我们总能看到舞台中央法兰西的优雅身影。它曾扮演过欧洲的第一主角，“太阳王”权杖上的明珠照耀四方令八方来朝，拿破仑的铁骑在近代纵横欧洲踏破万里山河；它也曾以自己的鲜血点缀胜利者的花环，惠灵顿公爵的大军亲手粉碎了它称雄欧洲的梦想，希特勒的装甲部队也蛮横地践踏过这片土地。但它无论处于何种境况，总是毫不犹豫地力争第一，尽管往往却屈居第二；然而当昔日耀武扬威、强极一时的大国纷纷谢幕时，它却依旧以世界强国的身份活跃在世界的大舞台上。让我们走进法国财政史，走进这个充满诗意的国度，以今天的崭新视角重新审视这个国家得以长盛不衰的秘诀吧！

第一节 中世纪法国社会财政概况

中世纪时期（5—18 世纪）是封建制度在法国形成、发展和衰落的时期。中世纪时的经济主要是封建制的庄园式自然经济，出现了一批商业城市，形成了一个以地中海为中心的贸易区。法国中世纪分为初期、中期和末期。中世纪初期（5—10 世纪）：该时期包括墨洛温王朝和加洛林王朝两个王朝。墨洛温王朝是法兰克王国的第一个王朝。中世纪中期（10—15 世纪）：法国农业、手工业、商业有所发展。中世纪晚期（16—18 世纪）：16—18 世纪是法国从封建社会向资本主义社会过渡的重要时期。

一、中世纪初期财政

1. 西罗马的解体及法兰克帝国墨洛温王朝（5 世纪末叶—8 世纪中叶）

476 年，西罗马帝国解体，481 年，法兰克人克洛维确立王权，建立墨洛温王朝。规定：哥特人、法兰克人，即罗马先前众多同盟者的核心部分，因被视作帝国军队的士兵而被正式豁免纳税。而罗马的公民都因其身份被要求承担纳税义务，只有教士除外，在义务法规定的大铲税收部分则用来保证税收的灵活性。事实上，高卢的日耳曼国王们为了自身利益，纷纷采取措施，组织和保存强制征收的土地税和人口税。他们保留了“税官”——官职以组织征税。在墨洛温人统治下的高卢，税收登记簿每 15 年到期时也不重新测定。总之，几乎各处都有抗税起义，纳税人逃亡或遗弃土地。后来，税收比例标准化，税收事实上逐年递减。在民众和牧师们的强烈反抗下，罗马国家的财政税收体制逐渐在高卢地区逐渐消失。财政税收的下降和包税人的兴起对军队和国家都产生了不利的影响，发生了一些变化。在此背景下，土地所有制却依然如故。沉重的税收压力导致大量土地财产被遗弃。

2. 加洛林王朝（8 世纪中叶—10 世纪末叶）

此王朝包括法兰克王国、查理曼帝国和西法兰克王国。公元 779 年，查理曼大帝明确规定，缴纳什一税是每一个法兰克王国居民的义务［什一税（tithe），欧洲基督教会向居民征收的一种宗教捐税，教会利用《圣经》中有农牧产品十分之一属于上帝的说法，开始鼓吹征收什一税］。根据这种制度，平信徒要按照教会当局的规定或法律的要求，捐纳本人收入的十分之一供宗教事业之用，主要用于神职人员薪俸、教堂日常经费以及赈济。什一税分为大什一税（粮食）、小什一税（水果、蔬菜）和血什一税（牲畜）等，其税额往往超过纳税人收入的十分之一，大部分负担主要由农民承担。铸币收入是国王的另一大收入。随钱币铸造的工厂增多，货币经济也广泛传播，在高卢，几乎每个行政首府都有自己的造币厂，乡村、修道院和一些大地产都经历了王室铸币垄断权从墨洛温王朝手中失落到私人铸币者手中。除了皇室财产之外，位居榜首的国库收入、开垦荒芜的公共土地等方式都能通过军事政府或是通过对叛国者没收财产及司法审判等得到增加。查理曼拥有 200 座宫殿、600 处王室财产和 200 座寺庙。他的其余收入来自所有合法罚金以及逃兵的罚款，还有其他非直接的税收以及行税，如过桥税、车轮税、市场税或过山税，按承载物的 10% 收取。除收税者工资外，所有收入归王室国库。战争和充实的国库掩盖了本应修改的旧罗马税制，原有的土地税和人头税等罗马税项不但没有消失，反而更加不可动摇，因为缴纳惯例赋税已成为劳役的一种标志。

公元 715 年，查理马特尔成为宫相，在其统治地区内推行“采邑制”，即把土地当作一种有条件的赠与，分赠给他的臣属，是一种封建契约关系。之前的墨洛温王朝时期，土地都是无条件分赠的，而采邑制则将土地及其上面的农民一起作为采邑分封给有功劳的人，以服骑兵役为条件，供其终身享用，但是不能世袭。拥有采邑的封建主在自己的土地内享有完全的行政、司法、军事和财政权，称为“特恩权”。此后，国王下面的大封建主也把自己的土地作为采邑分封给下属，而这些下属又把自己的土地作为采邑分封给自己的下属，从而形成了一个以土地为纽带的领主与下属之间的关系。这样领主既需要负起保护下属土地的责任，而下属也有义务效劳，为领主作战。采邑制这种形式对于提高国家的战斗力很有帮助，而且通过采邑制逐渐形成了一种封建等级制度：国王—公爵—侯爵—伯爵—子爵—男爵—骑士。查理大帝时期，采邑制更加普遍。9 世纪以后，采邑逐渐变成了世袭领地，到了 11

世纪采邑制基本上已经废弛了。

二、中世纪中期财政

987年，法兰西统治人卡佩在世俗与教会封建主的推戴下，被加冕为法兰西国王，建立卡佩王朝。卡佩王朝初期，法国封建王权衰弱。11世纪全国到处城堡林立，各地封建小贵族占堡称雄，不受节制，如布列塔尼公国、诺曼底公国、安茹伯国、香槟波国、土鲁斯伯国。在王室领地以外的贵族，有的仅仅承认卡佩国王是他们名义上的宗主，而实际上对自己领地保持着独立的统治。封建领主各自为政，谁也不听国王的命令。王室财政收入主要是来自王室领地和所辖教会的收入。对于王室的这部分财产，传统教科书上一直宣称十分有限。然而事实上，国王的私有地产比大多数封臣的地产要优良得多，因为王室地产多位于王国富饶且人口稠密地区以及税收，警卫队遍布的地区。法国的农奴称为"塞尔夫"，被束缚在土地上，随土地转让。农奴领种份地，对领地负担劳役租和其他杂役，交纳各种捐税。封建主把公有的森林、牧地等据为己有，农奴必须承担义务。农奴对教会缴纳什一税。

当时的财政支出除了常规的皇室开支、军事开支、俸禄开支之外，值得一提的是拦海造田运动。将平原改造成耕地的运动于11世纪已经出现，但各地进度并不一致。直到1260年圣·路易斯执政期间，垦荒才得以成功进行，直到1300年左右，当所有的地区都结束垦荒之后，西南部地区又持续了很长时间的垦荒。而垦荒所需花费的人力物力就成为财政支出比较重要的一项。在垦荒之后，开始在新的平原上建立教堂、房屋、王室庄园、牧场、种植园等，这些资金一部分由贵族自己出，另一部分从皇室财政中出。

卡佩王朝初期，国家既没有系统的行政管理机构，也没有固定的首都，更没有固定的税收制度。而1224年至1239年之后，卡佩王朝的干预加强了，特别是在公共秩序、酒的出售和商业法规的复合方面。并开始联合城市和教会的力量加强王权，打击封建主。路易十九时期，国王实行司法、货币和军事改革，进一步增强了中央国家机器。比如一个家族一旦出现欺骗行为，所享受的豁免权也就减少。到了13世纪末，王室领地已经包括法国的大部分领地。

三、中世纪晚期财政

从16世纪起法国资本主义生产关系开始萌芽和发展。冶金、玻璃、首饰、丝织、毛织、地毯、花边等行业的手工工场迅速增长，开辟了新航路，扩张殖民地范围。但绝大部分农村仍十分落后，资本主义性质的农场到18世纪才在少数地区出现。路易十四亲政时期，法国专制王权进入极盛时期。路易十四加强封建中央集权统治，大力削弱地方贵族的权力。财政大臣J. B. 柯尔贝尔实施重商主义政策，鼓励商品出口，实行保护关税，建立庞大的舰队和商船队，成立贸易公司，促进资本主义工商业的发展。同时，路易十四与哈布斯堡家族的长期战争，使法国东部边疆延伸到斯特拉斯堡。但军费开支浩繁，加上对新教徒的镇压，宫廷的奢靡浪费，以及1693年、1709年两次歉收，引起人民的广泛不满。1774年路易十六即位，到1787年财政赤字达1.12亿锂。资产阶级日益感到政治地位与经济实力愈来愈不相称，他们对关卡制度、行会条例和不公平的征税制度极为不满，特别反对贵族和教士的特权。代表资产阶级利益的启蒙运动蓬勃发展起来，他们抨击天主教会和专制王权，传播科学知识，宣扬民主、自由、平等、理性。法国封建制度陷于严重的危机。

第二节 封建财政解体和资本主义的发展

一、旧制度（16世纪至大革命前期）时期财政

“旧制度”就是指大革命爆发以前法国社会各个方面的变迁的历史。16世纪前期的法国，封建经济仍然占统治地位。然而资本原始积累的过程已经开始，封建社会内部已经出现资本主义因素的萌芽。呢绒、印刷、玻璃、陶瓷行业中，开始形成资本主义手工工场。对外贸易也很活跃，但是与英国相比，法国经济的发展还是缓慢的。人口的90%从事农业，封建关系仍占优势。除巴黎是拥有30万人口的大城市外，其他城市虽有发展，但规模不大。法兰西斯一世（1515—1547年）时，专制制度进一步加强。他采取符合新兴资本主义利益的工商业政策。曾下令禁止弗兰德尔和西班牙输入毛织品，扶助国内毛纺织业；与土耳其缔结商约，为商人取得商业优惠的权利等。

1. 财政收入

（1）税收。旧制度的税制分为直接税和间接税。

直接税由中央政府控制征收，如军役税、人头税以及廿一税，均直接由中央政府的官员确定征收，或在他们无与伦比的监督下进行。为了获得足够的财政收入，王国政府极力加大直接税的征收力度，税额每年都在增加，而且由于缺乏制度的制约，纳税人事先毫不知情。军役税在摊派上是任意的，在征收时是连带责任的，在法国绝大部分地区都是对人不对物的。另一些捐税，如人头税等，政府独行其是，由总监、总督和御前会议确定每项纳税额的数额，也不受纳税人的任何干扰。

1695 年 1 月奥格斯堡同盟战争期间，国王发布宣言，宣布开征战时人头税，并承诺战争结束 3 个月后取消该税。在第一次人头税期间（1695—1698 年），法国教会每年为此向国家缴纳 400 万利弗尔，作为回报，教会仍保持自己的财税自治权。1701 年人头税再次开征时，法国教会以每年 400 万利弗尔的价格进行赎买，1710 年，它一次性向国家缴纳 2400 万利弗尔。1715 年，政府和教会在人头税免税权问题上发生纠纷，后者被告知它的免税权将被废除。但教会提出以 1200 万利弗尔的“捐献”为筹码同政府交易，后者欣然同意。此后教会没有因为人头税向国家交过钱。另外，在某些地区，只要贵族自已经营 4 犁地，也可以免于缴纳。后来，人口税就并入军役税，转向平民征收了。

廿一税。1710 年，为了应付西班牙王位继承战争的巨大开支，政府决定开征新的直接税廿一税。按规定，该税向所有财产所有人征收，包括教士和贵族。但法国教会再次以“自愿捐献”的方式换得该税的豁免权。1711 年，它决定向国王提供 800 万利弗尔，后者则声明教会“永远免除”该税。“对四种主要谷物（小麦、黑麦、大麦、燕麦）征收的税，称大廿一税；对其他作物（如蔬菜、水果、大麻等）征收的税称小廿一税。除了这些对农作物征收的大小廿一税，还有家禽（如羊、猪）、家禽及家畜家禽繁殖征收的活口廿一税，对已开垦土地征收的原有地廿一税和对新辟地征收的新开垦地廿一税等。廿一税数额因地而异，必须以实物缴付。廿一税对于农民尤其是小佃农和农村无产者是一项沉重的负担。到旧制度末期，就全国而言，征收廿一税的平均税率是 1/13，早已不是 1/10 了。”教会的廿一税自 1791 年 1 月 1 日起停止征收。

间接税就是主要通过包税商征收的，“由御前会议同金融公司洽谈，商定契约的各项条款，并规定征收的方式”。包税商在征收的同时也为自己谋取私利，进入国库的税款比纳税人实际交的税款少得多，形成“代价高而效率低”的格局。间接税主要有以下几种：盐税，对货物的销售和运输征收的捐税。

盐税，对国家垄断的专卖盐征收的皇家税。政府规定年满7岁的公民每年必须按规定的价格向官商购买食盐四斤半。因为教士享有“盐税豁免权”，即一定数量以下的盐渍食品可以免税，盐税的负担既不平衡，几乎全部转嫁到穷苦人身上。盐税在1632年为国王提供的税收约为665万利弗尔，1641年上升到1407.6万利弗尔，17世纪下半叶仍在继续攀升。

货物进出关税，后来演变为现在的关税。这种关税具有双重性质，既保护本地产品，又含有税收本身因素，除在边境征收外，少数内省也存在这种关税。关税地区差异较大，法国在18世纪大致可以分成以下三个地区：第一是“étendue”，这是由12个连续的省组成的关税共同体，对内实行自由贸易，对外则统一征收多种关税，征税地点便设在该共同体的边境线上。第二是由21个不同关税区所组成的一个集合。它们不仅在和“étendue”贸易时要缴纳关税，其彼此之间的贸易也同样如此；第三是由那些被法国兼并不久的省所构成的，如阿尔萨斯和洛林。这些省就像外国一样，它们与法国以外的其他国家自由贸易，而与法国其他地区交易时却需要征收关税。

农民还须向领主缴纳名目繁多的杂税。如，农民继承或买卖土地永佃权须缴纳土地转移税，数额各地不同，平均为土地本身价格的1/12；农民使用领主的磨坊、面包炉、葡萄压榨机等公共设备，也必须纳税；在领主的葡萄收获、酝酿后30或40天内必须向领主购买，否则须缴纳罚金；农民路经领主领地须缴纳入港、过桥税，在领主领地上的市场出售商品须缴纳设摊税、市场税、磨损税等；农民从事狩猎、捕鱼等活动也得向领主缴纳狩猎税、捕鱼税等。此外，农民还得承担国家和领主的徭役，前者修整国道，公共工程等，后者如整治领主领地内的道路、桥梁、城堡，并耕种土地等，服役人数和施行期限都有规定。

（2）公债。国家财政还十分依靠借贷，包括私人（欧洲各大银行家族）和公共银行。最重要的借款来源是市民，通过巴黎的一个政府债券系统来提供年利息吸引民众。由于当时的征税能力十分有限，税收远不能满足新兴民族国家的财政需求，借贷便成了倚重的法宝。军费是当时两国财政的主要支出项目，所以国债和战争常常是如影随形的。由于战争非常频繁，国债规模十分庞大。到1789年，法国的国债总额约为42亿法郎，而法国这一年的税收总额才达到3亿锂，两者的差距如此之大。不仅国债增长迅速，利息也不断提高，在18世纪后期，仅参加北美独立战争就耗去军费20亿锂，只得大量举债，利息高达10%至20%。1784年，国债的年利率达到1亿2500万锂，到1789年这个数字又提高了大约2倍。

法国王室从16世纪起就建立了国债制度，但是它在该世纪始终没能建立起一个有效、统一的体制来实现大规模、低利率的借贷。事实上，法国君主的信用已经支离破碎，除非给出极高的利率，否则很难直接从资本拥有者的手里借到现金。为了应付这种糟糕的局面，法国国王利用中间机构或个人来借贷并降低贷款利率。这些机构和个人成分混杂，可以说，当时法国境内的任何利益集团均有可能被迫充当贷款工具。其中比较重要的有买官阶层、地方三级会议、教会，以及后期像内克尔这样的银行家。以各地方三级会议为例，信用一般较好，因此由它们出面借贷更为容易，利率也更低。一般情况下，国王会授予这些三级会议某种税收的征收管理权，后者便以该税的收入作其借贷的担保。其他的机构或集团也担负着同样的使命。

尽管如此，在当时法国的国债总量中，各地方三级会议所借的只占很小的份额，不足以改变法国借贷体制的性质。与法国政府债券高利率相对应的是法国屡屡发生针对国家债权人的违约行为。法国曾多次推迟甚至拒绝国债利息的支付，或者强行降低债券利息水平，这些行为都在一定程度上损害了法国的国家信用。当时财政支出出现巨额赤字，而这些大多是靠举债来维持的，因此，为了支付到期的债款和利息，王国政府不得不举借新债，从而使国家财政状况陷入恶性循环。

（3）其他收入。另一个国家资金的主要来源是通过收取国家职位费，包括大部分议会议员、地方法官和财务人员等。

2. 财政支出

军费是当时财政的主要支出项目。近代早期法国的内外战争连绵不断，1562—1598年的宗教战争使得军费开支大幅上升，随后法国又卷入欧洲三十年战争（1618—1648年）以及被称为“投石党之乱”的五年内战（1648—1653年）中。17世纪下半叶，路易十四为炫耀国威，更是将法国拖入到长期的战乱中。由于战争的需要，军费开支在王室财政中所占的比重越来越大。

除军费开支外，庞大的官僚体系以及王室的奢侈浪费也使得国家赋税不断攀升。

3. 财政管理和政策

从中世纪起，法国的财政、赋税工作是由一系列机构管理的，市政府、教会、地主和包税商等，非常分散。他们负责收税，同时监督国王的垄断事业，并收取利息，借此分得一份收入。

包税制是法国税收征收的特色，包税制是包税商与政府以短期合同的形式，运用一种固定租金模式来分享税收收入。

包税人主要是由第三等级中金融资产阶级的部分成员组成，他们在此阶级中也最有经济实力。国家按协议的定额向包税人预先支取一个时期（如一年）的全部税金，包税人就以受国家委托的名义向应该缴税的个人和部门收税，本金和利息都归己有。包税总会是由40名包税人自行组成的经常性保税机构，它从172年开始成为固定组织，税金每六年裁定一次，这40名包税人财势熏天，伏尔泰称之为“40个平民国王”。

二、波旁王朝

胡格诺战争后，波旁家族的亨利继承法国王位，成为亨利四世(1589—1610年)，开始了波旁王朝的统治。亨利四世即位之初，法国正在为宗教战争苦恼，他为使双方和解，于1598年颁布《南方赦令》。战争结束后，他立即把工作转移到国内建设上来，首先是平衡财政收支，其次是加紧生产活动。路易十五（1715—1774年）时期，法国的封建专制制度很快没落。路易十五本来就是一个缺乏意志的人，朝臣也多为贪佞之徒，王室不受尊重。对外不断从事战事，宫廷挥霍奢侈，财政赤字无法弥补。到路易十六，国家面临着严重的财政危机。

1. 财政收入

亨利四世时，他的王业很得力于他的财政总长舒利的辅佐。舒利的理财从缩减开支入手，减轻了向农业征收的直接税（兵役税），而另外加重间接税以增加国库收入。

为了增加收入、应付战争和债务开支，从路易十四时代开始，政府便开始向一直免纳军役税（taille）的特权者开征直接税。并取消一部分国内关卡，降低税率。当时国债的利率极高，一般为20%（英国只有4%）。国债的不断增加，资产阶级便通过大量向国家贷款和承包税收的办法赚取巨额利息。但是，法国积累起来的资本很大一部分转化为高利贷资本。高利贷资本比较发展，金融资产阶级有着较大实力，这对以后法国资本主义的发展有着很大的影响。

路易十六（1774—1792 年）时，整顿财政，一方面开源：让公众开发财富以增加税源，给工农商活动以自由，同时减轻苛捐杂税，特别是妨碍工商业发展的间接税。另一方面节流：裁员减俸，节省行政开支。财政大臣杜尔哥于 1775 年将修路劳役改为征收以产业额为计税依据的道路税，并规定所有等级一律照章纳税。1776 年初，废止酒类专卖制，允许自由买卖。他还准备进一步规范财政、税收秩序，内容包括节约行政开支、成立贴现银行以便在政府财政危机之时提供应急资金等。然而，由于在关键时刻路易十六又废除了这一系列措施，导致刚刚启动的、明显有利于资本主义经济发展的财政改革泡汤。接替杜尔哥的是内克（Necker），他削减了军役税和盐税。内克的继任者，于 1783 年任职的卡隆（Calonne，1783—1787 年）是由王后玛丽·安托瓦内特推荐的。他也寄希望于通过开挖运河、建筑港口、修建道路来刺激经济发展，增加财政收入，但收效并不明显。1786 年，政府的财政赤字达到了 400 万到 500 万法郎，采取极端补救措施的时候显然快到了。8 月，迫于日益严峻的财政压力，卡隆向路易十六提交了一份财政改革方案。但是遭到显贵的强烈反对，最后没有执行这份计划。

另外，卖官鬻爵收入构成王国中央政府的重要财源。旧制度下实行鬻官制，其特点是，它不像包税制那样，可以规定包税人权利的固定年限，而是官职一旦被售出，如果政府不付还当初买官的捐款，就无权将之收回，所以这是一次性的交易。如果就此罢休，鬻官的财源将被切断，如果继续实行，政府就必须炮制出无数个新的职位来，其直接后果就是官僚机构空前的臃肿庞大，冗官冗职充斥全国，形成庞大无比的、无限发展的政府。1600—1654 年卖官鬻爵收入为 710 万锂，占中央财政正常收入（包括包税收入、军役税收入、杂税收入和鬻官收入）8.7%，此后逐渐上升。以后这个比重有所下降，但一直在中央财政中占有举足轻重的地位。16 世纪前期，法国中央政府的财政、行政、司法和军队官员的总数 2.5 万人，到 17 世纪达到 5 万人；地方政府，以勃艮第省为例，16 世纪初官员总数为 600 余名，到该世纪末达到 1200 人。这些买官者与旧贵族享有同等的免税特权，政府在所征税额不断增加的同时，承担这些赋税的人却在不断下降，成为政府日后无法摆脱的财政负担。

2. 财政支出

路易十三时，黎赛留在执政期间，财政支出浩繁，租税不断增加，因为负担主要在人民群众身上，故引起多处农民起义。自17世纪中叶军事革命以来，军事费用猛增，这也成为财政支出的一个重要方面。路易十六时，在大陆及海外进行的旷日持久的战争、向特权阶层提供的名目繁多的年金、凡尔赛宫的奢华无度以及超庞大的政府机构支出以及对北美独立战争的支持，导致王国政府财政出现巨额赤字。更严重的是，王国政府的这些巨大支出是依靠大量借债来维持的，债务利息高达8.5%—10%，比英国政府借款利息高出一倍。为了支付到期的债款和利息，王国政府又不得不举借新债，从而使国家财政状况陷入恶性循环。迫使当时的财政改革家内克（Necker）取消了宫廷中的一些高俸而清闲的职位，压缩了王室的财政开支，但收效甚微。

3. 财政管理与政策

（1）亨利四世。为挽救财政，他多方鼓励农业，兴办新工业，把丝绸和丝绒工业引进法国，给某些新工业以补助。1599年实行保护关税，禁止羊毛、蚕丝的出口。1604年，开始在印度成立商业公司，在加拿大成立诺曼底商人公司，发展殖民地贸易。为稳定农业的发展，亨利四世豁免农民欠税，降低部分税额，严禁强迫以耕畜农具抵税。允许农产品在国内自由运售。这些措施促进了农业的发展。还还清了许多政府债务，使财政收支平衡。财政总长舒利有着极强的重农思想，与亨利兼顾农工业的思想略有不同。他奖励农业与兴办公共工程；他大举筑路与开凿运河，构成水路运输网。

（2）路易十四。1665年，重商主义者柯尔贝出任路易十四的财政总监。他认为，一个国家所拥有的货币数量的多少，决定着一个国家的经济、政治、军事力量的大小；法国的富强，在于从其他国家获得货币，而外贸的顺差是把别国的货币吸引到法国来的唯一方法。要做到这一点，只有减少输入、增加输出。他为此做出了巨大的努力，把法国工业推向一个新的阶段。

柯尔伯上任以后，首先从事财政改革，取得相当的成果。他任用廉洁干练的官员，革除征税的积弊。对已经享有免税特权的贵族不便重新征收土地税，但是对贵族继续要求免税权的严加拒绝；他减少了佃农的年贡，代之以消费税，关税等间接税。财政行政方面施行中央集权制，加强国王的财权，对一切支出严加监督。

柯尔设法减少输入，甚至完全停止输入外国商品。为满足国内高消费者——特权等级、包税人之类的需要，柯尔柏把国外的工匠请到法国来，生产英国式的袜子、荷兰式的呢绒、威尼斯式的花边、德意志式的金属制品，还给从事此种生产的企业主以特权，包括授予贵族称号、其产品享有专利权等。

为发展外贸，柯尔柏修改了不许贵族经营工商业的禁令，规定外贸或与外贸有关的企事业为例外。在他的建议下，1669 年御前会议确认从事海外贸易不会失去贵族资格，1701 年又敕令贵族从事陆上的大型贸易。

他集中力量发展大企业，扶植行会，扶植新工业，增设王家手工工场，进行有计划的生产和销售。1665 年，他在阿布维尔创办的王家呢绒地毯厂有工人 1600 名。此外，常年在巴黎创办的专门制造家具和挂毯的王家工场、在庇卡底的圣戈班创办的专门制造威尼斯式玻璃的王家工场等，都具有相当的规模。仅在补助地毯工业、呢绒工业方面，他就花费了大约 750 万利弗尔。

在发展外贸的同时，为活跃国内市场，柯尔柏又取消国内的部分关卡，降低税率大力改进交通，修筑道路，鼓励开凿朗格多克运河川。为了使对外贸易免受西班牙人支配，柯尔柏又开辟航路，设立几家专利的享有特权的公司，如东印度公司、西印度公司、近东公司、北方公司等。并为拥有稳定的市场而加强建立海外殖民地，如印度的飞地、北美的路易斯安那、加拿大和加勒比海的安的列斯群岛等。

（3）路易十六。他先是任用重农学派的著名学者、《百科全书》撰稿人之一的财政大臣杜尔哥（Turgot）为财政总监进行财政制度改革（1774—1776 年）。杜尔哥上任后干了三件大事：整顿财政，开源节流；开放麦禁，任谷物自由买卖；限制行会和废止徭役。杜尔哥还准备进一步规范财政、税收秩序，节约行政开支、成立贴现银行以便在政府财政危机之时提供应急资金等。

然而，在改革的关键时刻，路易十六却恢复了 1771 年被路易十五解散了的巴黎高等法院以及外省的十余家高等法院，这些机构中云集着拥有特权的“穿袍贵族”，他们担心改革会触及其自身利益，因而极力抵制杜尔哥改革，迫使路易十六于 1776 年 5 月解除了他的职务，刚刚启动的、明显有利于资本主义经济发展的财政改革化为泡影。

接替杜尔哥的是一位名叫内克（Necker）的瑞士银行家（1777—1781 年）。由于身为外国人和新教徒，内克虽被授权主管财政，却没有“财政总监”的头衔。为了解救宫廷财政支出的燃眉之急，缓解国内日益严重的财政危机，他在上台之初利用其银行家的声望到处借款，成功地筹措到了几笔巨款，初步稳定了他的位置。但他深知，要真正解决问题，大刀阔斧的改革势在必行。不久，他取消了宫廷中的一些高俸而清闲的职位，压缩了王室的财政开支、削减了军役税和盐税。这些措施迅速引起宫廷贵族们的反弹，他们立即像当初对待杜尔哥一样，猛烈攻击内克。1781 年，内克公布了关于王国政府预算情况致国王的《财政报告书》，该报告向社会透露了国王赏赐钱和恩给金的巨大数额，使得王室和领取大量年金的显贵们再也无法容忍，内克被迫辞职。财政报告书披露的内容和内克因此被革职的事件震惊了社会公众，对宫廷的不满情绪开始上升。

内克的继任者是王后玛丽·安托瓦内特推荐的、于 1783 年任职的卡隆（Calonne，1783—1787 年）。卡隆为了笼络王公贵族，在上台初期一度采取了与内克完全相反的政策，曾为宫廷人员偿还赌债，增加他们的年金，企图以阔绰的假象抬高王室的威望。值得注意的是，在卡隆的改革方案中有许多内容与此后的“温和革命时期”的革命成果十分相近，即向富有者征税。8 月，迫于日益严峻的财政压力，卡隆向路易十六提交了一份财政改革方案。卡隆建议，以土地特征税代替人头税和什一税，一切土地所有者，包括特权等级一律依其收入多寡按比例缴纳，短期国债的偿还期由 10 年延长至 20 年，废除国内一切关卡，取消各领地的关税，延长对盐和烟草的专卖权等，同时政府将每年削减财政支出 2000 万锂。这些由国王指定的“显贵”们对这份财政改革方案发起了猛烈攻击，而且反对意见也各不相同，争执不下。迫于强大的政治压力，卡隆于 1787 年 4 月辞职，流亡英国。

路易十六的财政状况每况愈下，而改革又是如此的不顺，无奈之下，他又将希望寄托在图卢兹大主教布里埃纳（Brienne，1787—1788 年）身上。布里埃纳在一筹莫展之下转而又赞同起自己刚刚反对过的卡隆财政改革方案，执意增加新税，并要求特权等级也要纳税，“名人会议”拒绝了向特权者课税的方案，并声称：只有全国三级会议才有权决定财政改革政策和开征新税。要求召开三级会议的呼声越发强烈。

4. 财政重要机构

（1）三级会议。法国中世纪的等级代表会议。参加者有教士（第一等级）、贵族（第二等级）和市民（第三等级）三个等级的代表。通常是国家遇到困难时，国王为寻求援助而召集会议，因此会议是不定期的。它的主要职能之一是批准国王征收新税。1300 年，法国与佛兰德交战，财政支出增加。腓力四世向法国教会征税，遭到罗马教皇卜尼法斯八世拒绝，双方发生冲突。为了争取社会各阶层的支持，1302 年腓力四世召开第一次三级会议。英法百年战争时期，为了抵抗外敌，三级会议有权监督政府。1357 年，法国颁布《三月大赦令》，确认三级会议享有决定税额、监督赋税征收和使用的权力，从形式上看，当时的法国已承认治税权归属人民。

（2）法国教士大会。法国教士大会与教会的税收特权有密切关系。对法国教会征收的王家税收须经由选举产生的教士大会表决。这一特权在旧制度时代几乎是独一无二的，教会也一直捍卫这一权利。这个制度肇始于 1561 年 10 月的普瓦西契约。根据该契约，教会同意在 16 年内筹资赎回国王因发行年金公债而抵押给巴黎市政厅的王室产业及商品税和盐税。但 16 年后，当教会宣称它不再对此负责时，巴黎市政厅出现了支付困难，在国王、巴黎市和巴黎高等法院等多方压力之下，教会只得让步。1579 年的梅伦大会上，教会同意随后 10 年内继续付款，但条件是教士大会以后定期举行，更重要的是，只有它才有权对教会财产征税。教士大会每 10 年举行一次，在以 5 结尾的年份召开的会议被称为大型会议或者契约大会。不久又出现在以 0 结尾的年份召开的小型会议或审计会议，它最初是为审核教会收税人的账目而召开的，但后来也能够表决所谓的“自愿捐献”，此外教会在紧急情况下还可召开特别大会。由于后来教会为市政厅公债支付的数额越来越少，因此表决自愿捐献逐渐成为教士大会的主要事宜之一。在 18 世纪，这种捐献是法国教会对国家最主要的负担。因此可以看出，当时的法国教会是一个拥有独立财政体制的法人团体。它可以在内部自行征税，以单独形式向国王缴纳“自愿捐献”，而不是由教士个人直接向国家纳税（这关系到荣誉和原则问题），它还可以向其他个人或团体贷款。但是，18 世纪后期的历史表明，教会在财政上的独立地位越来越受到各方面的挑战，首先是来自政府的挑战。

总之，旧制度时代税制改革最深刻的矛盾之处：为了增加收入，政府总希望特权者能够多交钱，实现税收制度的合理化和平等化，但国王长期的财政饥渴总是需要特权团体能为它提供贷款，其代价又是特权制度的稳定化。这是旧制度时代享有税收特权的中间团体（除了法国教会，还有地方三级会议、市政机构和广为人知的职位所有人团体）长期存在的根本原因之一。因此，政府在税收和特权问题上的政策目标混乱。一方面，王权试图摧毁免税权，实现税制的合理化，另一方面又依赖中间团体的借款和其他形式的资助。因此，这些团体从财政的观点来看成了政府的负担，它们在贷款时有权同政府讨价还价，保持它们的各种特权，包括免税权和独立的行政系统，结果王权只得维持封闭的等级和政治上半自治的团体机构及其社会地位。这一不可解决的矛盾——以特权换取贷款和更大程度上的税收平等之间的矛盾——使得税制改革在结构上是不可能的。

第三节

法国工业革命时期的财政

19 世纪 20—60 年代，法国工业生产中以机器为主体的工厂制度代替以手工技术为基础的手工工场的一场变革，亦称法国工业革命。法国产业革命的发生，是法国资本主义经济发展的必然结果，它既是工业生产技术上的革命，又是社会生产关系的巨大变革。法国的产业革命，从波旁王朝复辟时期（1815—1830 年）的后半期开始，到路易·波拿巴（1778—1846 年）当权的第二帝国（1852—1870 年）末期基本完成，前后大约经历了半个世纪。

一、法国大革命

大革命前夕的经济发展，主要原因在于人口增长，消费需求扩大，物价上涨，使人们不得不设法改变生产结构和生产方法，以增加生产，满足社会生活需要，从而扩大了消费市场，也开拓了劳动市场。但是这个发展的势头由于经济危机而遭到遏止，逐渐趋于衰退。这就是所谓的“路易十六的衰退”。对此路易十六进行了对此财政改革。然而由于历史的和阶级的局限，未能进行包括政治制度在内的全方位改革，而是把财政看做纯技术问题，进行的只是一种低层次的改革。当英法通商条约的生效导致大批法国企业倒闭，工人大量失业，1788 年又出现严重的自然灾害，法国农业出现灾难性的歉收，城乡下层居民大都处于饥寒交迫之中。经济危机、财政危机愈演愈烈，终导致了法国大革命。

1. 财政收入

1789 年，税制改革全面展开。税收项目继承并全面调整了制宪会议时期开征的直接税，增设了奢侈税和门窗税，还部分恢复了间接税。

（1）新直接税。制宪会议相继创设了地产税、属人动产税、专利权税，督政府设立了门窗税，这就是所谓的“老四税”，这四种税作为国家税收持续了近一个世纪。新设的直接税有：

土地税。土地税于1790年12月23日正式确定。这是新税制中最重要的一种。1791年3月7日，制宪会议颁布法令，详细规定了该税的数额、缴纳方式和征收方法。会议规定，1791年计划征收的土地税数额为2.4亿利弗尔，规定不得以实物而只能用现金缴纳，个人纳税额按其地产收入的一定比例确定，一般不得超过总收入的1/6。

征收方式和状况：议会定下税收总额后，按各地经济实力和资源状况向各省分摊，各省又向县、市镇逐级分摊。地方税收可委托包税人负责，若找不到包税人，由市镇会议指定专人处理。对欠税者，须查封和没收其财产。县设收纳员，负责收集各市镇送交的所有税款。省则设总主计官，按1791年3月国王任命的由6人组成的财务署的命令，支付各有关开支。开征之前，地方政府要依不动产起草一份清单，并查明所有土地纳税人的姓名及其15年里的收入状况，然后据此分派税额。这项工作非常繁杂，而实施的工作人员文化程度低，地方主人又多方隐瞒，旧制度下的各项档案材料又残缺不全，致使工作难以继续下去，耽搁了土地税的征收。

动产税。1791年1月13日，制宪会议通过动产税法。动产税分为财产税。仆从税、骡马税、居住税和所得税5种，其中财产税也可向所有拥有不动产的人征收，税额为当地3个工作日的价值。缴纳此项税额者将获得积极公民的权利。议会决定1791年拟征收动产税5000万利弗尔。所得税是动产税中最主要的税项，根据核定的税额按纳税人的收入征收。

征收方式和状况：对动产税的统计和清查十分复杂。政府要求每一个纳税人每年填写一份表格，写明其租金或房租的实际收入数额，雇佣仆从和占有骡马的状况、家庭人数、职业，并缴纳土地税税收单，然后由地方官员审核。由于纳税人的情况往往于事实出入很大，政府也无法进行强制性检查，再加上缺乏专业统计人才，完整而精确的动产税总账目一直无法制定出来，动产税的征收也因此搁浅。

营业税。1791年3月2日制宪会议宣布征收营业税。君主立宪派的经济自由政策带来了工商业的繁荣，因此向工商业者按工商业利润征收营业税就比较容易。营业税按照商店、工场、杂货铺的租金分为3个等级。面包铺减半征收；饭馆、酒店、烟草店、烟草厂、纸牌店、纸牌厂须加倍缴付；无店铺的集市商人和小贩缴纳一种特别营业税。凡逃避此项捐税者将被处以重罚，或没收其商品予以拍卖。议会为1791年规定的营业税总额为120万利弗尔。

征收方式和状况：公社检查官专门负责调查偷税、漏税事件。制宪会议为征收营业税向各省派遣了一些税务检查员，他们深入到基层巡回核实营业税纳税人名册，并协助解决有关税收问题。不过，营业税的征收也只在城市较为顺利，在农村则遭到农民的抵制。农民认为他们偶尔出卖一些自制小商品，不应成为征收营业税的对象。

（2）间接税。新直接税税种并不能完全满足财政需要，国家必须寻求新的来源，人们的目光转向旧制度留下的间接税：关税、登记税、印花税，由此旧制度的税种以新的名义重新建立起来，相继开征的还有入市税、鱼税、烟草税、牌税、盐税，尽管设立了这么多小税种，在相当长一段时间老四税占了财政收入的60%以上。另外还有，注册税。1790年12月5日恢复征收。烟草税。1791年2月12日在废除烟草专卖的同时重征进口烟草税。

地方集体税。革命爆发后，旧制度下曾是地方政府主要财政来源的入市税，已被当作间接税废除。地方政府开支很大，如行政机关、法院和监狱、各项公共事业、官员薪给等都需要钱，又何况各种机构都有所增加或扩大，官员也随之增多，地方中国政府的财政负担随即加重。地方集体税就是为地方政府开辟财源而设立的。制宪会议规定，地方政府在征收土地税和地产税时，可以每利弗尔附征4苏作为地方集体税。可是由于1791年新税制迟迟难于实施，这项附属于土地税和动产税的小额税收也就夭折了。

（3）指券。指券，顾名思义，是指定的债券，是交付特种金库的汇票，是有确定收入为担保的债券。指券代表巨额极其贵重的财产，即王室、教会、修道院和移民的土地，其数量可能达到法国领土的一半。指券实际上就是上述大宗土地的定单或让与书。1789年8月初，法国国库空虚，举债又连连失败。社会动荡不安，导致消费畸形增长，使硬通货越来越短缺。发行一种新货币的迫切性被提上议事日程，君主立宪派开始对此进行可行性分析。8月7日起，制宪会议开始讨论纸币发放计划。内克于11月14日向议会报告称，国库已经枯竭，借债十分困难，而目前急需1.7亿利弗尔。他提出以3%的利息向贴现金库借款，并把贴现金库改为国家银行，把纸币发行额增加到2.4亿利弗尔，纸币上注明“国家担保”。指券在刚发行时，君主立宪派是谨慎和冷静的，起初他并不想发行那么多数额指券，但是到最后，由于他们一切财源都枯竭，又面临着庞大的国债和巨额财政赤字，不得不这样做。一开始的目的是为了偿还国债，不久后便成了弥补财政赤字和继续还债的手段。

指券是一个政治武器，同时也是一个财政工具。就政治武器而论，它是成功的，因为它确使教产出卖加速而且是不能挽回的，它使革命能征服国内国外的敌人。就财政工具而论，虽不免陷于反动派所预料的危险，但是它也并非一无所获。它一度促进了国有财产的出售，也在一定程度上缓和了严重的财政危机。到 1792 年 6 月 30 日止，君主立宪派已经偿还了包括北美独立战争时所欠外债在内的 7830 万利弗尔的债务，同时它也为财政制度的改革提供了较为有利的条件。

2. 财政管理和政策

1795 年宪法改变了赋税由地方行政机关分派和征收的惯例，保留了地方行政机关对赋税的分派和监督权，而将征收权授予新设的各省专职直接税税务员。

1791 年，督政府按照 1795 年宪法先后设置了直接税税务局。税务局直属财政部，负责与纳税人代表确定课税基数、制表造册，使纳税公正、公开。税收征收机构与行政机构分设后，工作效率明显提高。税收法令得以迅速地贯彻执行，拖欠税款的现象也基本得以杜绝。

整顿税制是解决财政困难的根本途径。1798 年，督政府决定在各州设立直接税局，课税基数及税册的编制由政府派往各地的特派员和纳税人代表共同商定，废除了 1789 年以来实行的只有民选机构才能编制税册并负责征收的做法。同时，督政府决定增设新税，恢复旧税。在直接税上新增门窗税，在间接税上新增交通税和烟税，恢复营业税、动产税、印花税、注册税及地产税。并进一步完善税法，1799 年初颁布关税法，取消了房产税的累进制，改行比例制。在整顿税制的过程中，为保持社会安定，督政府实行增加税种不增加税额的办法，征税额不但没有提高，有些税种的征收额反而有所下降，1791 年土地税和动产税总额分别为 2.4 亿法郎和 6000 万法郎，到 1799 年两者分别降至 2.1 亿法郎和 3000 万法郎。因此，新的税制没有遇到大的阻力，得以顺利实施。税收改革开辟了财源，以直接税为例：共和七年（1798 年 9 月—1799 年 9 月）地产税收入 2.1 亿锂，动产税收入 0.3 亿锂，门窗税收入 0.16 亿锂，财政形势进一步缓和，并为以后政府的财政改革奠定了基础。

二、波旁复辟王朝（1814—1830 年）

拿破仑的帝国在短短 15 年由极盛走向崩溃，随之而来的是复辟王朝时期。此时的法国仍是一个农业国。1862 年，全国 86 个省 3200 万人口，2200 万是农村人口。农村中基本上维持着自给自足的自然经济。大地主占有的土地面积有 1/2，实行三年制休耕，农民的土地大部分是小块土地。

政府以各种税（酒税、盐税等等）压榨农民，使农民苦不堪言，同时，贵族掌握着政权。当时，法律规定：年满 30 岁的，每年缴纳直接税 300 法郎才有选举权；年满 40 岁的，每年缴纳 1000 法郎才有被选举权。故在当时，3000 多万人口中，享有选举权的只有 8 万人，享有被选举权的只有 1.5 万人。

1816 年，法国的信托投资立法，赋予信托局信托投资的权力。信托局的负责人由行业推荐，总统任命，每届任期 5 年，其业务受法国经济财政部、审计法院、中央银行的指导和监督。该机构具有国家行政职能，以国会通过的法律中涉及信托投资的有关部分为指导，制订计划并执行相关业务。

在两次复辟与《第二次巴黎条约》的签订下，路易十八政府想方设法缴纳赔款。军火商乌佛拉儿被起用与各国银行家谈判贷款，第一批贷款年息 5 分 2 厘 5。为了支持波旁王朝复辟，巩固路易十八政府，欧洲各君主国，尤其是英国，都纷纷慷慨解囊。终于到 1818 年，国家预算宣布了法国的财政复兴。

路易十八死去，新王查理十世即位，采取了一系列的反动措施，使得同时面临着很严重的经济危机和政治危机。1825 年，英、法两国爆发了第一次资本主义生产过剩的危机，这次危机引起长期工业萧条，1829 粮食歉收，饥民骚动，成群结队要求政府开办慈善工厂，反对粮商囤积居奇；1825 年的经济危机波及法国的银行业，许多靠农业上的收入维持经营的企业陷入困境，各地破产企业数量增多，法国经济困难重重。

三、七月王朝（1830—1848 年）

七月王朝又称奥尔良王朝，1830 年七月革命推翻了波旁复辟王朝，宣布奥尔良公爵路易—菲利浦为国王，金融资产者掌握政权。1830 年 8 月颁布经过修改的宪法，限制国王权力，扩大了众议院权力。

七月王朝注重轻工业与进出口贸易的发展。19 世纪 40 年代末，法国为经济危机所袭击，农业危机从1846年持续到1848年，谷物歉收，马铃薯遭虫害，不得不从国外输入粮食，但是交易所中还在进行粮食投机。后来又并发工商业危机，许多企业破产倒闭，相对生产过剩。工商业危机还伴随着财政危机。路易·菲利浦时期，财政赤字很大，只得靠滥发货币来维持，人民普遍不满，引发法国二月革命，1848年2月24日菲利浦逊位。

四、法兰西第二共和国（1848—1852年）

二月革命打响后，取得了成功，推翻了七月王朝，废除了君主制，建立了临时政府。经济方面，临时政府积极采取措施，以求改变经济危机、农业歉收、商业低迷和工业停滞的局面。具体方法有以下几个方面：

（1）实行新的税收制度。宣布取消印花税、入市税和盐税，取消零售酒税。征收按比例的累进继承税等。征收45生丁税，即对于当年的土地税、动产税、营业税及门窗税的每个法郎，征收45生丁的附加税（1法郎为100生丁），即增加45%，但对于贫苦的纳税人，可以减少或免缴45生丁税。

（2）解决债务问题。法令废除旧日因无力偿还债务而产生的民事拘禁。同时，财政部提前支付了5分、4分5和4分国债的半年一次的债券息金。

（3）处理存款问题。法令规定，存款100法郎以下者，可全部支取硬币；存款101—1000法郎者可支取100法郎硬币。余额的50%变为4个月到期的国库券，另50%变为公债；超过1001法郎者，办法与第二类相同，但把四个月到期改为6个月到期。

（4）解决失业问题。建立国家工厂，接纳失业工人。

临时政府在其执政期，维护了二月革命的基本成果，政府是力图有所作为的。但随着共和国的建立，特别是共和国的增税使得政府丧失了声誉。数年的丰收导致谷物跌价，负债、高利贷与捐税使农民身负重担。最终，路易·波拿巴政变，建立了第二帝国。

五、法兰西第二帝国（1852—1870年）

第二帝国时期，法国完成了工业革命，工业、交通、财政经济都取得了巨大的发展，农业也有了相当的增长。第二帝国时期的财经政策主要有以下几点：

（1）促进股份公司发展。1867年颁布法令，完全取消政府对船板股份有限公司的一切限制。实行“商标”制度，1865年的法令保证此后银行支票在法国国内合法的自由流通。此外，政府对于正在创建的贴现银行实行官方贷款，给予财政帮助。

（2）减少税收。1853—1856 年间，先后减少了对于煤、铁、钢、机器与粗毛等产品的税收。1860 年和 1867 年，内航运河的税收先后两次削减。

（3）由过去的保护关税政策变为自由贸易政策。法国的工业品、化妆品、葡萄酒等产品在国际市场得到较佳的销售条件，外贸额增加了三倍。金融资本的发展尤为突出、巴黎成为世界金融中心之一。

（4）修建了大量的铁路，并解决失业问题。

第二帝国经历了由专制统治向自由主义、议会政治演变的过程。皇帝经立法团同意方可批准追加拨款，议会权力有所扩大。但自克里木战争后，国内工人运动重新高涨，国外外交接连失策，1870 年 7 月，法国以西班牙王位继承问题为借口对普鲁士宣战，法军战败，拿破仑三世投降，紧接着，巴黎发生革命，宣布推翻帝国，成立共和国。

六、法兰西第三共和国（1870—1940 年）

法兰西第三共和国历时 70 年，采用议会民主模式，尽管期间成立过许多短期政府，但第三共和国是法国社会稳定、工业化发展和专业民众服务设施建立的标志。

从普法战争结束到一战爆发，法国资本主义工业经历了两个不同的时期：一个是恢复重建时期，一个是继续发展时期。

1871 年到 1884 年是恢复重建时期。这一时期，法国资产阶级在医治自己在战争、革命与危机中所受的创伤，通过增税和举债，尽量将损失转嫁到一般人民身上，除了加重旧税外还开征新税，当时法国人民的担税之重超过欧洲任何一个国家。同时还尽量吸收民间的储蓄，对工商业实行低利贷款。同时，开始对动产收入征税，首先是登记税，但并未触动不动产所有人的根本利益。再次是所得税，1872 年的登记税开启了对所得征税的大门。

1885 年到 1914 年是继续发展或重新增长时期。在这一时期最终完成了产业革命的过程。1892 年制定《梅利奈税则》明确地恢复了保护关税政策，对于进出口工业品的税率大大提高，关税的最高额和最低额都提高，即使对于最惠国也只提供最低关税的保证。1892 年以后，法国对本国生产效率较低的货物进口继续提高税率。1910 年锁定的税则，原则上没有改变，只是加强了《梅利奈税则》的实施。期间自 1871 年至 1909 年，有两百项计划或议案提交给内阁，其中卡约计划经过长时间的争议于 1909 年被内阁采纳，但被上议院否决。尽管议会的反复争论，但税收公正的新概念已深入人心，最终新税制改革分两步展开，1914 年，首先创设了新税种，即综合所得税，在此期间 1907 年以新原则改革了旧直接税，以分类所得税取代了过去的老四税。

第四节 两次大战时期的法国财政

一、第一次世界大战和战后法国（1914—1929 年）

第一次世界大战中，法国是主要战场，而且东部十个省被德国占领，致使法国经济遭到严重破坏。据统计，战时法国的物质损失达 2000 亿法郎，工农业都遭到严重破坏。法国虽然赢得了第一次世界大战的胜利，却付出了惨痛的代价，带来了深重的灾难。战争中，除塞尔维亚外，法国是人员死亡和失踪人数最多的国家；许多工业基地沦为战场，财产遭到严重破坏。由于战争费用的扩大，财政也陷入危机中，由于预算支出无法满足需求，政府只好借助于增加捐税，增发货币和内外债款，结果是通货膨胀、法郎贬值、债台高筑。由于大量举债，法国债务累累。1919 年，永久性或期限性债务达 980 亿法郎。当时，法国主要是向美国和英国举债，战争结束时，法国欠美国的债务达 39. 91 亿美元，欠英国 30. 3 亿美元，其他国家债务总共 34. 63 亿美元。法国从债权国沦为债务国。

1. 财政收入

税收方面，1913 年计划导致了 1914 年 7 月 15 日对综合所得税立法。所得税的创设标志着一个新税制的诞生。综合所得税与现有的税种相重叠，纳税人所得的税基（例如地产收入或动产收入）已经被某一税种所涵盖，还有的收入税基（如退休金或工资）完全没有被触及。综合所得税是以纳税人收入的实际情况为基数，通过自行申报来实现。这一税种最低的税率只有 1. 5%，但采用累进税率，一战开始后，到 1916 年才开始开征。同时，新的立法精神与“老四税”南辕北辙，综合所得税推动了直接税的改革。老的税种在国税方面渐渐离开历史舞台，老的税种作为附加税的原税额仍以虚拟方式存在，以便计算各省的地方税。老的税种只有地产税保留下来了，此外，1917 年的法令创设了“分类收入”的新概念，它与综合税具有相同主导思想，税基扩大到当时尚未征税甚至免税的领域，取代专利权税，而对工商收益、农业收益以及对退休金、工资、年金、非商业的职业收入进行征税。

2. 财政支出

战争后，法国财政连连出现赤字。1918 年财政赤字是 340 亿法郎，1919 年是 270 亿法郎，1920 年是 170 亿法郎，1921 年是 90 亿法郎，1922 年是 100 亿法郎，1923 年是 120 亿法郎。为弥补庞大赤字，国库只得求助于法兰西银行，扩大信用流通，增加货币发行量，1918 年信用流通量为 300 亿法郎，1919 年为 370 亿法郎，1920 年为 380 亿法郎，1921 年为 390 亿法郎。

3. 财政管理和政策

1919 年签订的凡尔赛条约为法国经济的恢复与发展提供了有利的条件，法国工业化亢进、对外贸易增长、农业复兴，法国在这一时期由农业—工业国转变成工业—农业国。法国面临战后重整的艰巨任务，为了解决财政问题，国民联合政府总理普恩加莱采取裁减国家机构人员、增加税收、为大资本家提供优惠等办法来稳定经济形势。从 1926 年到 1929 年，财政收支基本持平并略有盈余，国家预算未出现赤字。

1928 年，普恩加莱又实行一项大胆的措施——法郎贬值，从而使法郎成为一种稳定的货币，成为世界上最坚挺的货币之一。随着经济形势的好转，政府又陆续实施发放失业救济金、工人伤残补助金及养老金等多项社会福利措施。

由于法郎坚挺、国库充裕，国外黄金大量流入法国。1931—1932 年，法兰西银行拥有黄金 1700 吨。1932 年，法国拥有世界黄金的 27%，成为当时世界上“财富的安全岛”。

二、经济危机和第二次世界大战（1930—1945 年）

1929 年 10 月，美国纽约股票市场的“黑色星期五”引发了一场资本主义世界前所未有的、最深重、最持久的世界性经济大危机。当时美、英、德等主要资本主义国家都陷入此危机中，但法国尚能置身事外。因为在世界经济危机爆发之际，第一次担任政府总理的塔迪厄在议院大胆提出了为期5年的“国民装备计划”，要求国库拨款50亿法郎，开创了此后延续数十年国家经济计划的先河，为延续至今的法国经济模式打下了深深的烙印。此项耗资巨大的“繁荣政策”足见塔迪厄政府的乐观情绪。

但是法国也无法幸免于这一经济危机，并且陷入经济危机的时间要比其他国家更长些。危机使得1928年法郎大幅度贬值，一度稳定的法国财政状况再次处于混乱状态。仅在1931年就有118家银行破产。胡佛延债令、德国停止支付赔款、英镑贬值后对法郎的冲击、对外投资收入的减少、外贸逆差的不断扩大和经济萧条导致的旅游业的衰落，使得国家财政收支失去平衡。1931年的财政预算出现了50亿法郎的赤字，到1933年，财政赤字则猛增到110亿法郎。政府被迫抛售大量黄金应急，一度雄厚的国库再次空虚。而且，不但那些在世纪经济危机爆发前期和初期从国外流入法国的资金重新流出了法国，不少法国本土资金也流到了国外，造成法国财政的“大出血”。

战后初期，法国政府用了5年左右的时间对整个国民经济进行恢复和调整，政府采取了一系列紧急经济措施。

1. 财政收入

法国1956年发生了3540亿法郎的赤字，这是法国在战后所没有过的情况。为了弥补财政上的巨额赤字，法国政府只得用增加税收的办法，到1953年，各种税收名目之多，竟逾3250种。1956年法国实行的新税（包括汽车税），其总额将近1400亿法郎。

法国弥补赤字的另一部分资金是由于1956年5月和10月发行公债而获得的。5月份发行公债取得了810亿法郎，10月份发行公债是因为适值储蓄银行存款激增的优越条件，因此推销数额达3200亿法郎。这一年中，内债共增加了12%。

另外由于巨大贸易逆差的出现，法兰西银行的黄金和外汇储备大大减少，还有就是法国欠欧洲支付同盟的债款增加。1955年12月法国对欧洲支付同盟的债务为8700万美元，到1956年底则增加到212700万美元。戴高乐时期（1958—1969年），在经济放开政策方面，国家鼓励发展自由贸易，废除了对外币兑换的管制，将关税降低10%。

2. 财政支出

在所谓“第三种力量”执政时，法国的政局始终动荡不安。虽然经济取得了一定的发展，但是军费却也在不停地增长：1947 年为 2310 亿法郎，1948 年为 3320 亿法郎，1949 年又增加到 3770 亿法郎，1953 年高达 5380 亿法郎，1954 年和 1955 年两年的军费支出是比较稳定的，但是 1956 年全国军费支出总额增加到 12900 亿法郎，占国家预算全部支出的 31%。这导致了严重的预算赤字。

3. 财政管理和政策

（1）战后初期。法国政府在战后初期用了 5 年左右的时间对整个国民经济进行恢复和调整，政府采取了一系列紧急经济措施，如实行原材料配给制，恢复交通运输业，发行公债，更换纸币，实行物价管制，对外贸易统制等。1937 年，政府为对付财政赤字，对铁路实行国有化，成立法国铁路公司，为国有化奠定了基础。1944 年底到 1946 年间推行国有化，先后将控制国家经济命脉的能源、交通运输和金融等方面的重要企业收归国有，使政府增强了干预经济的能力。

1945 年法兰西银行先从美国借得 20 亿美元巨款，后从《马歇尔计划》援款中得到很大份额。1946 年法兰西银行收归国有，总裁由国家任命，贯彻执行政府的财政金融政策。

从 1945 年起，对社会福利事业更为重视，正式建立社会保障制度。工人凡遇失业、工伤事故可领保险金，年老者可领退休金，退休军人可领恩给金，贫病者可得免费治疗，国家设立专门机构办理其事。法国生育水平低，可补充劳动力少。战后法国积极鼓励生育，对产妇有特别津贴，产前产后保护周至，凡是生了三个孩子以上的人可给相当于薪资 1/3 的津贴，给孩子补养和补助。

法国是实施指导性计划最早的资本主义国家，二次大战后，法国政府开始全面连贯地推行国家宏观经济计划。1945 年起，法国就开始制定经济复兴计划，由政府中深通经济的莫纳设计起草，因而也称《莫纳计划》。该计划旨在实现法国工业和农业的现代化，想使法国在 1948 年时经济恢复到 1929 年的生产水平。

从战后到现在，已有 60 多年历史。战后 60 年来，前 30 年法国经济高速增长，被称为光辉的 30 年，法国指导性计划的成功引起世界瞩目；后 30 年法国经济走走停停，增长趋缓，计划化也陷入了危机。

（2）1948 年 12 月 9 日法令推行的新改革。由于无法通过议会立法来实现改革，第四共和国的立法者们改为通过规章立法来实现这一改革。在这种情况下出台了旨在进行税制改革的1948年12月9日的法令。这一法令比较侧重对所得税的改革。

1948年12月9日的法令体现了改革的两个目标，第一点是财政开支的合理分摊，第二点是税制改革的简明化。第一点意味着本次改革既非为扩大也非为减少纳税人的总体税收负担，而是为了寻求财政开支最佳的分担模式，使分担过度与分摊不足的纳税人在纳税负担上平衡协调一些。第二点意味着本次改革主要是寻求技术改进的简洁化发展。为了实现这双重目标，这次税制改革使法国税制焕然一新，此后将法国税制分为两个部分，即关税和捐税。

关于关税。本次改革于1948年12月8日颁布了一部新的关税法，于1949年1月1日起实施。由于关税在诸多方面与税收差异过大，它在朝着自己的独立方向发展，由此法国学者通常不再将关税作为税法一般化的内容而另行分类研究。

关于捐税。1948年12月9日的法令，改进了涉及法国税制总体的众多条款，而重点在所得税。1948年12月9日法令的第一条概括了所得税的改革。本法令废止了12个税种，包括过去分类和综合所得税、老的地产税以及作为典型间接税的流动资本收益税，取而代之的只有两种税，自然人的所得税和公司以及其他法人的收益或所得税。这两种税采纳了原已废止税种的几乎全部条款和技术，在此基础进行了简化，改进了税基、清算和征收方式。此外，本次改革只触及国税即中央税，而未触及地方税收。

本章参考文献：

［1］尔·谢洛娃，萧笙：《近代法国的财政》，《中国财政》1957（10）。

［2］楼均信：《法兰西第三共和国兴衰史》，人民出版社，1994年。

［3］张芝联：《法国通史》，北京大学出版社，2009年。

［4］（英）M. M. 波斯坦，H. J. 哈巴库克：《剑桥欧洲经济史》（第五卷），经济科学出版社，2002年。

［5］许平：《法国农村社会转型研究（19世纪—20世纪初）》，北京大学出版社，2001年。

［6］王养冲，王令愉：《法国大革命史》，东方出版中心，2007年。

［7］黄艳红：《试析法国旧制度末年的教会免税特权制度》，《世界历

史》2009（2）。

[8] Rosamond McKitterick, The New Cambridge Medieval History, Cambridge Univ Pr, 2006.

[9] 郭圣铭：《查理曼帝国和它的分裂——中世纪早期的西欧和法、德、意三国之由来》，《历史教学》1979（5）。

[10] 熊芳芳：《试析近代早期法国农民税负的经济效应》，《湖北社会科学》2010（9）。

[11]（英）阿克顿著，J. H. 菲吉斯、R. V. 劳伦斯编著，秋风译：《法国大革命讲稿》，贵州人民出版社，2004 年。

[12] 施京吾：《辩护与批判——法国的旧制度与大革命》，《书屋》2004（6）。

[13] 李炜光：《逃往瓦朗纳斯——法国大革命前夕财政改革启示录》，燕南网。

[14] 赵晓雷：《外国经济史简编》，华东师范大学出版社，1994 年。

[15] 韩毅：《外国近现代经济史》，高等教育出版社，2011 年。

[16] 高德步：《世界经济史》，人民大学出版社，2005 年。

第三章
德国财政史

德国，当今欧洲大陆中部最大的国家，然而在风起云涌的18世纪，地图上却仍然找不到它的身影。直到19世纪中期，它才以惊人的速度挣脱长达数百年的割据分裂局面并迅速走向统一。

但自统一之日起，德国就以其深邃的文化底蕴、不断膨胀的综合国力令世人为之侧目。

这是一个崇尚理性的国度，马克思、黑格尔、康德等一大批震古烁今的大思想家从这里横空出世；这是一个热爱科学的国家，近代科学成果群星璀璨，第二次工业革命从这里扬帆起航；这是一个文艺复兴的圣殿，古典艺术在这里竞相绽放。

然而，就是这样一个看似文质彬彬，仿佛与硝烟和战火永不相交的国家，骨子里却也有着极为狂热的一面。随着国力因次次战争胜利而飞速提升，理性被贪欲渐渐蒙蔽，科学成为杀戮的工具，它也如一个疯狂的赌徒沉迷在一个不能自拔的巨大赌局，最终在两次世界大战中倾家荡产、血本无归，更被胜者残酷地一分为二。然而，短短几十年后，它又一次聚焦了全世界的目光，这个历经沧桑的国家不费一兵一卒重新合二为一，强大的德意志民族再度强势崛起！

温文尔雅却又精诚尚武，沉稳理性却又不乏狂热，经受漫长分裂考验却又能迅速走向统一。面对这个性格复杂而又坚韧无比的国家，我们不禁久久深思。苦思其强盛之奥妙而久不得解的我们，不妨循德国财政史的足迹，走进这个谜一样的传奇国度吧！

第一节

中世纪德意志社会财政概况

作为今天的德意志在中世纪的前身，神圣罗马帝国其实名不副实，它的内部争斗不断，各级诸侯充当着领地内的实权封建主，而绝大多数皇帝都处于无权的虚设之位。帝国没有统一的国内市场，没有巨大影响力的经济中心，中央并没有强大的保证统一税收的能力。正如伏尔泰所说，神圣罗马帝国“既非神圣、又非罗马、更非帝国”。本节将主要以帝国整体的财政格局为中心，从神圣罗马帝国建立后开始，按照发生重大变化的时间顺序，来阐述德意志中世纪的财政概况。

一、10—11 世纪的财政概况

神圣罗马帝国建立以后，奥托及其后继者，为了将德意志的教会完全变成国王手中的强大政治工具，借以发挥空前的政治作用和其他社会职能，他们采取了一系列政策，向教会授予利益和特权。其结果，不但使教会机构拥有了大量土地，大幅度增强了教会的经济实力，还使教会免于地方司法、行政管理并逐渐拥有了地方世俗管理权。这样，德意志建立了“教会隶属王权并全面参与国家事务的帝国教会体制”。[①]

这一体制建立之后，教会经济就同王室经济紧密联系在一起，有着不同寻常的意义。在中世纪初期，德意志国王的财政收入主要来源于王室的领

① 侯树栋：《论 10—11 世纪德意志的帝国教会体制》，《史学月刊》2005（12）。

地，虽然萨克森王朝[①]对公国战争的胜利，赢得了一部分领地，但王廷的开支很大程度上仍受领地收入的限制。在王权的支持下，世俗的和教会的领主开始肆意地夺取农村土地。从法兰克帝国沿袭下来的采邑制，在神圣罗马帝国时期已经发展成为封地。受封的土地成为世袭领地，封地大到一个公国，小到一个庄园，大大小小的领地主存在从属关系，并由此构成了封建等级制度。领主在其庄园内拥有领地裁判权，可以裁决有关份地、劳役、赋税和耕种的一切问题。

在以后的时期里农民更加依附于封建领主。庄园土地分为不同等级的田地，有“自由人田”、“半自由人田”和“农奴田”。每种田地持用者的处境和负担不同。自由农的份地可终身使用和继承，他们与领主的依附关系较为松散，只需缴纳固定的实物地租。为数众多的半自由农依附性较强，他们不能随便离开份地，领主也不能把他们逐出庄园，只有把他们连同土地一起转让。半自由农除缴纳实物地租外，还要从事劳役，每周一天到三天。农奴占有很少土地，或者根本就没有土地，完全处于依附状态。农奴必须定期在领主土地上耕种，把份地上的部分产品以实物或货币形式交给领主，还要服许多杂役和交纳贡税。随着经济的发展和农民对封建剥削的反抗，不少地方劳役地租逐渐为实物地租和货币地租所代替，税率没有完全统一的标准。这些来自土地的贡税构成了德意志王室的主要财政来源。

自奥托一世以后，教会经济在很大程度上变成王室经济，王室的修道院和主教区成为国王收入的一大源泉。王室修道院多半为国王修建，按照“私有教会制”，它们为国王所有。所以这些修道院实际上就是王室领土的一部分。至于主教区是否可以像王室修道院一样可以视为王领的组成部分，这一点尚存在争议。但毋庸置疑的是，主教区要服从国王大量的物质需求，尤其是要承担徭役，其土地征收的财税同样沉重。由此可见，教会一定程度上增强了王室的经济实力。教会地产的经济收入以各种形式用于王廷所需，当国王巡游到教会所辖的土地时，教会还必须为国王以及同行人员提供一切费用。而当时德意志的王权是所谓的巡游王权，国家并无固定的政治中心，王廷经常在全国巡视。作为王室一项相当重要的财政开支，教会承担了很大的一部分。这一事实充分说明了教会对于王室财政的重要价值。

---

① 德意志封建王朝，又称利乌多尔芬格王朝。919 年由萨克森公爵亨利一世建立，其子即为奥托一世。

另外政府在莱茵河上征集通行税，这是中世纪的一种措施，罗马首次征收时仅仅为财政目的。从8世纪起，通行税是为了经济的理由而征收的，目的在于改进和维护航运。发给市场执照和控制商业的权利，原是属于帝国的一种特权。萨克森皇帝依据这项“关税通则”，设立了莱茵河沿岸的通行税站。这些收税处一般位于河流上难以通过的地方，在那里船舶必须徐行或停驶。像其他的职位一样，收税的职务也是作为采邑恩赐的。通行税一般是以实物缴付的，即以船货的几分之几来缴付的。最普通的征费是一斐特葡萄酒，因为葡萄酒是货运中的最普通的东西。在萨克森时期，这种税收是有利于莱茵河商业的，因为那些进款是用在维持莱茵河的航运；在亨利四世以年幼而未执政的长久时期中，这些通行税站有很多曾被主教们及其他领主占夺，后来，亨利四世追回这些税站，并着力限制教会权力。

当时德意志王室的主要财政支出，无疑是军费开支和对教会的支持。德意志王国常年征战，军费开销很大。教会和王室之间一直保持着微妙的合作关系。11世纪中叶以后，教会势力进一步增强，有许多教堂通过放贷的手段吞并了大量的领地、孤立的土地及其产生的收入，如什一税。其后爆发了皇帝与教皇之间的主教叙任权（授予主教和修道院长以封地和职权的权利）之争，争斗长达百年，最终在亨利五世时双方达成和解。在这一场争斗中，诸侯渔翁得利，地方财政收入增加，势力开始膨胀，威胁着德意志皇权，为后来的诸侯邦国分立埋下了伏笔。

二、13—16世纪的财政概况

德意志皇权与追求独立的封建贵族结成联盟的政治体制，导致了诸侯独立力量的加强和中央皇权的不断衰弱，最终走向崩溃。与西欧一些国家不同，德意志的经济状况未能形成这种联结在一起的全国性经济利益，而是按地区组成的利益集团。各地区牢固存在的自然经济正好是各邦君主专制的经济条件。从13世纪中期开始，帝国皇帝已经不再是世袭，而由当时最有权势的诸侯选举产生。

1386年，帝国皇帝查理四世颁布一项帝国立法（因立法用金制的印章盖印，史称“金玺诏书”）从法律上承认选帝侯的政治特权地位。从而在法律上确认了诸侯邦国分立的体制，加剧了德意志的分裂。由此不难想到，当时的德意志王室已经是诸侯手中的傀儡，各诸侯都按自己的意愿选举皇帝，彼此争斗不已，致使有时同时出现几个皇帝，而有时又没有皇帝，皇位空缺，被称为“没有皇帝的恐怖时期”。

在这样诸侯分裂割据的时期里，中央几乎丧失了对地方的财政税收权，诸侯邦国则尽力增强自己的权利，这其中包括建立对其他领主的最高司法权、设立行政机构、任命官吏等。连年战争和皇权衰落，直接影响了帝国的经济发展，加上黑死病流行，大量人口丧失，到 14—15 世纪帝国出现了农耕荒芜、村落衰败的景象。封建领主为弥补工农业产品价格剪刀差的损失，又加重对农民的榨取。农民境况明显恶化。在西部和西南部还形成了新的农奴制。领主集产权、法权、政权于一身，将农民牢牢控制在自己的领地上，进行超经济剥削。残酷的压迫致使农民愤然反馈，许多地区爆发大规模的农民起义，要求公平合理的服劳役，废除世袭租税。

各诸侯为了与皇帝和其他诸侯对抗，同时一定程度上抑制农民的反抗，采取了一系列积极措施。“这些诸侯即领邦领主，为了确立自己的权利，采取了努力地整顿其所辖土地的经营和财政税制，保护商业、交通和手工业、优待开垦自由农民等措施。”① 他们提供优惠条件，吸引逃亡农奴，另一方面他们极其注重经济的发展，在采矿业、制造业上大获成功。恩格斯指出：15 世纪末“在经济方面，德意志完全处于当时各国水平之上”。政治上的分解并未造成德意志经济衰退，相反，这种政治上的极端分裂局面却使当时的经济和社会生活更趋于活跃。

然而，到了 16 世纪，尤其是在地理大发现之后，德意志曾经拥有的经济优势逐渐丧失。这时邦国制的滞后性日益凸显。与英、法等率先步入资本主义发展的国家相比，邦国制使德意志城镇的居民失去了权利，农奴不能成为国家人民的角色，平民阶级迟迟不能登上政治舞台，使得资本主义很难进一步渗透。“经济的发展已经触及到了邦国制（政治结构）的根基，因此当德意志欲实现社会转型时却被邦国制束缚住了。邦国在面对新的国际形势、面对着周围日益崛起的统一君主制国家时，开始无能为力。”②

货币的不统一，无国家支持下远程贸易的乏力，邦国体制对新兴的资本主义企业的抑制，都使帝国的商业失去了往昔的活力。统一的货币是商业发展的重要因素，在中世纪，铸币权是中世纪封建领主的一项重要的经济特权。随着统一运动的兴起，各国的铸币所日益减少。而在德意志，13 世纪

① 早川武夫，村上淳一：《外国法》，吉林人民出版社，1984 年，第 13 页。
② 王金兄：《论 13—17 世纪德意志的邦国制》，东北师范大学出版社，2004 年。

之前有16处铸币所，邦国制确立以后，铸币权愈加分散，包括教俗诸侯、自治城市都有铸币权，币制的混乱阻碍了经济的进一步发展。直到16世纪在德意志帝国内始终没有确立统一的货币。

同时，德意志农业社会出现分化：在西部和西北部领主制逐渐为租佃制所取代；在东部则大领地制更加稳固，自由农民原有的政治权利被剥夺，再次负担上沉重的劳役，这就是阻碍德意志资本主义发展一大原因——“二期农奴制”。“二期农奴制”与以前的农奴制有所不同，它是在邦国专制的政治条件下产生的。15世纪末期，德意志虽然在政治上仍然是分裂割据的，但是各个邦国中却建立了专制集权，即邦国专制制度。邦国有明确的疆域界限，有邦国议会，有自己的最高法院，有立法权和执法权，有关税权、铸币权。邦国的君主是立法者、执法者，是当权者。他们取消了自由城市的自治权，确立了农民依附者的身份，皇帝的最高司法权在邦国境内失去了效力。在德意志的邦国专制政体中，不仅诸侯的权势压倒了一切政治势力，而且在经济上他们也掌握着主动权。他们占有大量的土地，控制着农产品的贸易，控制着邦国的税收。在德意志，特别是易北河以东地区，由于封建法权的加强，大领地制更加巩固，农业为市场生产反而刺激了农奴制的发展，农村中的剩余劳动力丧失了自由发挥作用的可能，农民的徭役加重了，从而导致“二期农奴制”的产生。其他方面，分裂割据的局面和帝国产销脱节的经济模式又严重妨碍了手工业的发展，无法出现成形的资本主义手工业。这些都使德意志在各方面的资本主义发展都严重的滞后，此时西欧的其他国家如英、法等国的资本主义转型已经开始。直到17世纪初，经过三十年战争，德国遭到极大的破坏，人口锐减，农业衰落、工业降到15世纪以前的水平，德国的封建财政体制才开始真正地解体，才开始迈开中世纪沉重的步伐，向新型的社会制度——资本主义过渡。

第二节

封建财政的解体和资本主义的发展

直至18世纪末，德意志仍处在资本主义工场手工业的初级阶段，资本主义关系的发展非常微弱和缓慢。由于反法干涉的战争节节失利，使德意志国内封建割据势力和封建制度不断削弱。1806年7月12日和16日签署的莱茵联邦议定书正式宣布：自1806年8月1日起，放弃德意志帝国爵位，脱离帝国，组成莱茵联邦，设两院制的议会于法兰克福。拿破仑支配着联邦的外交和军事。这样，存在800年的德意志民族的神圣罗马帝国寿终正寝了。

一、拿破仑改革

拿破仑在德意志掌权后，以其强大的军事优势迫使支离破碎和被肢解的普鲁士王国和奥地利帝国充当反英反俄的附庸。他在对德意志实行军事占领、政治统治和外交操作的同时，按照法国的模式，强力推行了资产阶级革命。拿破仑政府实行的具体财经措施有：

（1）打击教会势力，取消教会特权，打破政教合一的传统观念，使教会失去作为与国家并列的公共权威的地位。在很多地方，赶走教会贵族和主教，解散修道院；废除什一税，没收教会财产；取消教会法庭；法律保护信仰自由，天主教徒、新教徒、犹太教徒和不信仰宗教者，同享公民权。

（2）摒弃贵族的封建特权，建立个人在法律上的平等权利。封建等级被清除了，社会由僧侣、贵族和庶民等等级构成的理论让位于社会由法律上平等的个人构成的理论；剥夺贵族免于纳税、占据官职和控制军队的特权，各种职业和职位向有才能的人开放。

（3）取消行会法规，普遍宣告人人享有劳动权，可以随意学习并加入任何行业。此外，还废弃国内关税，鼓励德意志境内的自由贸易；统一货币和度量衡。

（4）革除古老的典章制度，推行拿破仑法典。法国大革命的一些积极成果都在德意志广为传播。法院与行政机关分开了，世袭官职和鬻卖官职消失了，王公高官滥用财政杜绝了，国王也列在文官薪俸表上，个人开支同政府开支严格区分。

由于不停顿的军事进逼和强大的反法力量的阻挠，拿破仑在德意志的资产阶级改革缺乏统一的计划和坚定有力的实行。但此举毕竟对德意志的发展影响甚大。正是拿破仑猛烈荡涤着封建割据势力，扶植正在生长中的资本主义关系，才使德意志有了近代的工业，德意志资产阶级取得了相当的势力。所以恩格斯说："德国资产阶级的创造者是拿破仑"，"他在德国是革命的代表，是革命原理的传播者，是旧的封建社会的摧毁人"。

（5）农奴制改革。对法战争把德意志、尤其普鲁士引向崩溃的边沿。

军事行动带来了经济的严重破坏，连年战争造成了国家财政枯竭。高额的战争赔款，加上被迫参加拿破仑的大陆封锁，中断了与英国的贸易，使工农业遭到严重的损害。所有这些，把德意志的社会经济生活推入混乱状态。来自下层和上层的压力，内部和外部的因素，使德意志各邦政府不得不实行自上而下的农奴制改革，以便一方面利用农民来反拿破仑的压迫，防止国家覆亡，另一方面稳定国内局势，挽救大土地所有制，巩固摇摇欲坠的容克统治。1808 年在巴伐利亚、1812 年在拿骚、1817 年在符腾堡、1820 年在黑森—达姆斯塔特和巴登、1821 年在库尔格辛等都废除了农奴制。其中，以普鲁士的改革时间最早、内容最典型、影响最深远。

二、普鲁士财政改革

1. 施泰因改革

卡尔·冯·施泰因男爵（1757—1831 年）来自西部德意志，帝国骑士出身。他较早接受英法资产阶级思想，潜心研究法国的启蒙思想以及康德和费希特的哲学。1786—1787 年去英国旅行，深受英国古典政治经济学的影响，对资本主义的政治、经济体制有了较深刻的了解。1804—1807 年担任普鲁士税务工商大臣，因力主改革一度被革职。提尔西特和约签订后，1807 年 9 月被普王任命为首相。

施泰因改革的基本思想是，变以等级出身为基础的君主专制国家为以阶级（财产）为基础的现代立宪国家，而实现这个目标的关键是把君主的臣民变成真正的国家公民。

施泰因首先着力于废除人身依附关系，解放农民。早在 1799—1805 年间，普鲁士就在皇家领地上实施了解放农民的改革，但私人领地上的农民解放为数极少。1807 年 10 月 9 日，施泰因颁布一项法令——《关于放宽土地占有的条件限制和自由使用地产以及农村居民的人身关系》，史称“十月敕令”。法令规定，废除一切人身隶属关系，世袭的、非世袭的及契约的依附关系一概取消。宣布自 1810 年圣马丁节（11 月 11 日）起，再不允许存在庄园农民的隶属关系，整个普鲁士王国从此“只有自由人”，农民有权支配自己的财产，可以离开土地自由选择职业和结婚等。法令同时确认，贵族、地主、市民、农民均可自由经营工商业，撤销对土地自由处理的一切限制，市民和农民可以购置庄园的地产。

为了扶植资本主义工商业的发展，刺激庄园地产的资本化，确保农业改革顺利进行，施泰因进行市政改革。1808 年 11 月 19 日发布了《普鲁士王国各城市法规》，规定：城市有自治权，有财政、教育和公共事务管理权，国家只保留对城市的最高监督权、司法权和部分警察权；城市的行政中心是市议会，议员由市民无记名投票选出。按法规确定，年收入在 150 塔勒（大城市为 200 塔勒）的市民就有选举权。这就摒弃了以出身决定人的社会地位的封建等级观念，确认了以财产和收入决定人的社会地位的资产阶级法则。工商业资产阶级开始执掌城市的权力，封建行会受到严重的削弱。

国家行政改革，是施泰因采取的第三个行动。国家机关的瘫痪状态和政治的黑暗混乱局面，使施泰因深感必须革除贵族专权的行政管理制度。1808 年 11 月 24 日，他发布一个《改善国家最高行政管理机构的规章》。据此，取消国王内阁，解散总管理局，成立内务、财政、外交、军政、司法五个部，负责国家事务，还计划在五个部之上设立一个国务院作为最高的行政机关，国务院任命各省省长。

施泰因改革虽不很彻底，特别是在解放农民问题上，土地所有权问题并没有解决、农民还需负担繁重的地租、徭役等封建义务，地主还保有许多控制农民的特权，诸如领主裁判权、教会保护权和警察权等。但是施泰因改革冲击了普鲁士容克特权和官僚体制。施泰因解职逃亡后，10 月 27 日普王任命哈登堡组阁，继续施泰因的改革事业。

2. 哈登堡改革

哈登堡于 1811 年 9 月 14 日颁布《关于调整地主和农民之间关系的敕令》，对解决农民的地产权和劳役义务问题作出决定：①农民可以把使用的土地转为己有，不论是世袭农民还是非世袭农民，他们在按规定向庄园主赎买义务后，均可将其田庄转为自身财产。②解除劳役及其他常规地租，即附着在这些产业上的一切义务和权利都应解除。③给地主以物质补偿，农民在把世袭耕地变为自由地产时，必须向地主缴纳相当常年地租 25 倍的赎金，或让出部分土地，才能免除徭役和租税。世袭土地使用权的农民割让份地的 1/3，一代土地使用权的农民则必须割让份地的 1/2 给领主，如保留地太小的农民，不能靠割让后的剩余土地维持生活，可保留全部土地而支付租金。

1816 年 5 月 29 日又公布一项《皇家宣言》，对可以赎买封建义务的农民的范围作了限制。以上两项法令连同 1821 年的《义务解除法》和《公有地分割法》，构成了哈登堡的农业立法，它的实施交由一个 1817 年成立的总委员会负责处理。这种“普鲁士式道路”的农业资本主义化，历时数十年，直至19世纪40年代末才基本完成。

哈登堡尝试着财政、工业等方面的改革。1810年10月27日的《财政敕令》、1810年10月28日和11月2日的《工业税敕令》，规定征收普遍营业税，取消免税特权，使税收得到平等的、适当的分配；宣布营业自由，废除中世纪王侯拥有的限制工商业的禁令特许权和强制特许权，取缔束缚工商业经营的桎梏；声明取消行会，每个成员可自由退出行会，每个行会由其成员议决存散。

哈登堡改革同施泰因改革是一个整体，它同样遭到了贵族地主的抵制和责难，但由于国内外形势的变化，1816年后，哈登堡对调整法作了一系列有利于容克（即掌权贵族）的修订，加上容克不断从农业的资本主义化中尝到甜头，因而不再激烈反对，改革得以继续缓慢地进行下去。

3. 普鲁士道路的推广

1821年至1848年，普鲁士就调整农民与地主的关系和赎买封建义务的问题，先后颁布了10项法令，2项公告，5项内阁命令，2项条例和2项规定。农业改造广泛进行，易北河以东地区进展尤快。19世纪30年代中，这里约有94.6%的农民地位得到改善，到1848年，已有近30万“赎免农户”（世袭农户）和7万多“调整农户”（非世袭农户）解除了封建义务。他们总计赎买了600万日车马劳役，1700万日手工劳役，折合资金为1850万塔勒。

在西南德，农业改革工作进行得更彻底。巴登1820年法令废除了农奴制时期的人身赋税，并开始赎买劳役税，1831年无偿取消国家的劳役，1833年允许农民赎买地主的封建劳役，1848年法令消除了封建束缚的最后残余。符腾堡1830年宣布农民可以赎买封建劳役。萨克森1832年的《赎买条例》较之同类法规更为激进。巴伐利亚虽进展缓慢，但在整个改造潮流的推动下，至1848年，亦颁布了改革令，废除领地裁判权和警察权，无偿取消劳役，赎免封建地租。

农业资本主义关系的迅速成长，促进了生产力的发展。19世纪上半叶，全德谷物产量增产至1.2亿吨，畜牧业大幅度发展，德国取代西班牙成为当时世界上最大的优质羊毛生产国。

普鲁士道路在全德深入推广的结果，从根本上改变了德意志的社会性质。首先是土地所有制的性质变了，土地不再是收取地租的骑士领地，而是与资本主义市场紧密联系、生产剩余价值的资本。其次是劳动力的性质变了，农民摆脱隶农身份，成为自由出卖劳动力的长工和日工。最后是产品分配的性质变了，封建的超经济的剥削关系已为资本主义的雇佣关系所代替了。这样，作为封建经济基础的主要部分——所有制关系、生产关系和分配关系都在农业改革这股洪流的冲击下瓦解了。同时，深入的农业改革又加速了容克的资产阶级化，富农阶级的出现，以及资产阶级的购置地产，使一个资产阶级化的容克和地主化的资产阶级混合成长的新阶层逐渐形成。因此，正是这个变革，使德国的封建制度向资本主义制度的转化，可能采取温和的、自上而下的调整手段来完成。而且也正是这个变革的深入开展，使德国的统一问题提上议事日程。

三、李斯特与关税同盟的建立

拿破仑败退后，根据1815年6月8日签署了《德意志联邦条例》，38个君主国和自由市结合成为一个德意志联邦。邦联没有统一的政府和军队，也没有统一的法院和关税；而各邦实际上都是独立的国家，有独立的主权和自己的利益。邦联境内关卡林立，设有100余条关税线，仅普鲁士就有60条关税线。一个商人若从柏林去瑞士，则必须经过10个国家，要调换10次钱币，办10次过境手续。邦联境内关税繁多，加上各种工商条例的限制，市场处于分割状态，不仅严重阻遏了市场发育，导致德国国内贸易陷于瘫痪，而且制约了经济现代化进程。但是，市场本身的发展趋势和国内贸易发展，以及英法现代化浪潮的冲击，越来越迫切地要求德国国内市场的统一和开放，以加快发展本国经济现代化，力求赶超英法强国。正是这样的背景促成了关税同盟的产生。著名的经济学家弗里德希·李斯特（1789—1864年）的理论和实践活动，对德意志关税同盟的建立产生了广泛和持久的影响。

普鲁士率先在内部关税改革方面行动起来。1817年普鲁士开始了改革关税的最初尝试，1818年5月新税法正式颁布，新税法废除了邦内一切内部关税，统一了境内关税。经过不断的努力，1834年1月1日，“德意志关税同盟”的关税统一体正式宣告成立。

关税同盟的成立是德国各邦权衡切身利益，不得已做出的决定。首先是各邦的财政需要。国库空虚和财政赤字是那个时期大多数邦国所面临的严峻问题。以普鲁士为例，1820年财政赤字达到217248762塔勒，相当于国家四年多的收入。[①] 其他邦国情况也与普鲁士类同。关税区域的建成将有助于减缓债务问题，因为它至少可以获取原先因境内关卡林立，支付庞大行政开支和走私活动而白白流失的大量年税入。这笔税入数额是惊人的，在黑森公国每年进口税所得就无端地消耗在它的行政费用上。无怪乎关税同盟的奠基人莫茨会乐观地提出，建立统一关税区，加强对财政的有效管理将很快消除可怕的财政赤字。[②] 1818 年普鲁士新税法的一个直接经济后果就是税收收入的增加和税收行政成本的降低。当时普鲁士的行政成本只占税收总收入的 15%，而同时期巴伐利亚和符腾堡则分别达到 25% 和 43%。[③] 当然，征收关税的区域越大，税收的成本也就越小。1828 年黑森公国陷入财政困境，莫茨便利用这个时机，促成了普黑联合。根据普鲁士—黑森—达姆斯塔特关税同盟条约，进出口关税所得收入各邦按人头平均分配。这种利益均分的原则对未参加关税同盟的各邦极富吸引力。那些原先指责达姆斯塔特政府"判断失误"的邦国也纷纷加入关税同盟。1834—1842 年，关税同盟成员国的人均收入每年提高 5%。[④] 这一成果显然是关税同盟克服邦国分立主义的有力武器。关税同盟的成立及其他的发展对德国的财政起了积极作用。

首先，它在很大范围内取消了德国境内的关税壁垒，为商业注入了活力。德国历史上第一次在除奥地利之外 3/4 的土地上，2300 万人口中实现了进出口税和过境税的统一。1834 年 1 月 1 日凌晨，长串长串载满货物的四轮马车等待通过边境线，这一壮观的景象预示德国内部市场商业流通扩大的开始。

其二，度量衡和货币制度的逐渐统一。关税同盟成立后，由于涉及征税和同盟内收入再分配等实际问题，需要对各邦不同的货币关系进行协商。1838 年的德雷斯顿货币条约就货币兑换率的问题达成了协议，宣布在银本位基础上确定两种货币流通区域，即北德的塔勒区和南德的古尔登区，塔勒与古尔登的比价为 4∶7。在此期间，还出现了纸币问题。普鲁士除控制各邦纸币的使用外，还加强了普鲁士银行纸币的流通量。到 19 世纪 60 年代，普鲁士银行发行的纸币控制了德国很大一部分货币流通，货币统一由此在大范围内形成。关于度量制度，1833 年关税同盟国制定了关税重量单位——

---

① 海因里希·冯·特赖施克：《19 世纪德意志史》，第 3 卷，伦敦 1918 年版，第 385 页。

② 海因里希·冯·特赖施克：《19 世纪德意志史》，第 4 卷，伦敦 1918 年版，第 253 页。

③ H. W. 哈恩：《19 世纪的经济融合》，哥廷根 1982 年版，第 26 页。

④ R. 蒂利：《从关税同盟到工业国》，慕尼黑 1990 年版，第 41 页。

关税公担。1 关税公担等于 50 千克，并逐渐取代了各邦的重量体制。

其三，关税同盟对德国工业起了刺激和保护作用。虽然采取较低的关税政策，扩大国外产品的进口，使国内市场上的竞争尖锐化，导致一些传统手工工业的破产，但另一方面，因为鼓励新技术的引进和模仿，进口替代品的生产速度加快，传统企业结构也被迫进行调整改造。同时，因为关税同盟的建立废除了贸易壁垒，商品交通费用下降，而它们和国际贸易的联系又得到增强，因而使国内商品向国外市场出口的可能性大大提高。在某种程度上保证了德国从传统的农业国向现代工业国家的过渡。

最后也是最重要的，关税同盟加强了德国内部的经济联系，不同的经济区域慢慢地融合成为共同的民族市场，逐渐形成民族经济。随着商品贸易的增长，铁路河道运输的改进，工业的发展，税率政策的调整以及货币和度量衡的统一简化了商品交换的方式，同盟各邦之间的经济联系日趋密切，相互依赖性逐步增强。

第三节
德国工业革命时期的财政

德国是一个后起的资本，当英国工业革命接近尾声时，德国工业革命才刚开始。德国的工业革命也晚于法国和美国，大致从 19 世纪 30 年代开始，不过，德国工业革命发展速度很快，到 80 年代末就基本结束了。此后，德国工业迅速发展，赶上并超过老牌资本主义国家英国和法国。

一、俾斯麦的财政政策

奥托·冯·俾斯麦（1815 年 4 月 1 日—1898 年 7 月 30 日），劳恩堡公爵，普鲁士王国首相（1862—1871 年），德意志帝国第一任总理（1871—1890 年），人称“铁血宰相”、“德国的建筑师”及“德国的领航员”。俾斯麦是 19 世纪最卓越的政治家之一，他任普鲁士首相期间通过一系列成功的战争统一了德国，并成为德意志帝国第一任总理。

1871 年 1 月 18 日，即普鲁士国王加冕 170 周年纪念日，在凡尔赛宫，普王加冕为德意志皇帝，德意志帝国宣告成立（因在神圣罗马帝国之后，故又称第二帝国）。统一的帝国建立后，面对19世纪70年代中期的德国经济危机，在宰相俾斯麦的提议下，德国确立了保护资本主义发展的财税措施，以消除阻碍资本主义发展的中世纪残余。

统一币制。1871年在德国流通的货币有126种硬币、108种银行钞票和42种国家纸币。针对货币的繁杂情况，1857年各主要邦国同奥地利签订一个协定，各签字国永久实行银本位制。新帝国政府建立后，便着手统一币制。1873年7月公布货币法，规定实行帝国金本位制，1874年开始收回银币。1875年1月1日帝国马克成为唯一的支付手段，同时将普鲁士银行改建为德国皇家银行，规定其职能为：控制全帝国的纸币发行权；为帝国保管主要的现金储备；为整个帝国的金融业务提供方便。

统一经济法规。在70年代上半期，帝国政府颁布了一系列法令——商业法、营业自由法、统一的度量衡法、民权和迁徙自由法、保护国外的商业法、货币法、关税法，以及对铁路、水路、邮政、银行等事务的管理法。使德国资本主义经济发展有了法律的保证。

为保卫关税，统一铁路管理。70年代后期，由于俄国谷物经由德国东部的铁路廉价输入，严重地冲击了国内市场；俄法靠拢使铁路的战略意义日益明显；利用德国的有利地位吸引欧洲的过境贸易，为保卫关税，统一管理铁路运输已成为刻不容缓的一项工作。为此，俾斯麦采取了两项措施：一是创立“帝国铁路局”，控制全德铁路的建设、装备和营运。二是国家购买，扩大国有铁路的比重。

保护关税。帝国成立时，基本上奉行着北德联邦的贸易制，实行自由贸易。70年代末期，这种状况难以维持。因为1873年爆发的世界性经济危机波及德国，据1875年的统计材料，556家股份公司股票的价值，由1872年底的67.7亿马克降到1874年底的44.25亿马克。实行自由贸易制正好给各大工业国在德倾销产品提供有利条件，对基础薄弱的德国工业是个沉重的冲击。于是俾斯麦政府着手改自由贸易制为保护关税制。1878年12月俾斯麦向帝国国会提案，请求同意实行关税改革，规定对粮食和工业品征收高额进口税。1879年7月，帝国国会以217票对117票通过保护关税法，同时制定了新的关税法则，不断提高税率。1880年每公吨小麦、燕麦征10马克进口税，1890年提高至50马克。工业方面采取的原则是：进口的原料免税，制造过程中处于第一阶段的商品（半成品）低税，以后各加工阶段的物品（成品）分别征税。以棉纺织业为例：棉花免税，棉纱低税，棉布重税

（50%）。俾斯麦以他的“谷物法”和保护关税法维护了容克地主和工业主的利益，极大地稳固了帝国政府的统治基础。1879 年以后，大地主、大工业家都全力支持他。

财政支出偏重军事建设。与法国敌对的紧张关系，对社会主义运动的恐惧，使俾斯麦政府更加感到加强军队建设的重要性。在俾斯麦执政时期，军事建设一直是其政策的重心。国家的财政支出，军费是重头。从法国得到的 50 亿法郎赔款，绝大部分用作修筑要塞、扩大陆海军和扩大军火工业。1874 年，帝国国会以 214 票对 123 票通过帝国军事法，将常备军的数目从 36.7 万人增加到 40 万人，军费开支从 2.7 亿多马克增至 3.1 亿多马克，并批准了全国非常后备军的法案。此外，为摆脱羁绊，加强军事，帝国政府又千方百计想越过国会自行其是。1873 年，威廉的军事顾问为皇帝起草了一项法案，试图使陆军兵力的扩展不受限制，使军事预算的批准数流于形式。但很快遭到帝国国会的否决，俾斯麦竭力使军事建设和资产阶级的经济利益联在一起。终于在民族自由党的支持下，他使帝国国会批准了一个“7 年军费法案”，即议员要隔 7 年再对军事预算和陆军兵力进行一次新的辩论。1880 年 4 月，俾斯麦在掌握了议会的多数拥护后，使议会以 186 票对 96 票批准了军事法补充条例，把 7 年法再延长 7 年，并使军队数量从 40 万增至 42.7 万人。1887 年 3 月，帝国议会又通过第三个 7 年期限法，把现有的常备军再增加到 46.8 万人，为扩充兵员持续额外支出 1900 多万马克，为提高军队的战斗力支出 5400 多万马克，为军事目的扩建铁路网支出 6700 万马克。三个军事法的执行，使政府的军事扩张政策不受制于帝国国会，强化了普鲁士—德意志的统治支柱，使德国军国主义体制得到进一步的巩固和发展。

二、社会保障制度的建立

随着工业的发展，德国工人阶级的队伍迅速壮大。在德意志帝国的军事专制统治下，工人遭受的经济剥削和政治压迫极为沉重，他们与容克资产阶级之间的矛盾十分尖锐。19 世纪 30 年代，德国开始了工业革命，1848 年以后，工业革命加速进行，机器工业的发展，并没有使工人的劳动强度有所减轻，在资本家的残酷剥削压迫下，工人们处境十分悲惨。在马克思主义的广泛传播下，工人们团结起来，奋起反抗。

面对德国工人运动的日益高涨，统治阶级光用镇压的方法已经是无济于事。19 世纪 80 年代，在俾斯麦主持下，德意志帝国政府颁布了一系列的社会立法。主要的有：1883 年的《疾病保护法》，1884 年的《意外灾难保险法》（或称《工伤事故保险法》），1889 年的《残废和老年保险法》（或称《养老、残废、死亡保险法》），这三个法律的颁布，标志着德国社会保险制度的正式诞生。

当时社会保障的宗旨是以维护社会安全、国民经济的稳定及在均衡发展条件下，进而开发人力资源。它虽有公平的内容，但更强调自助和安全。它主要特点是实行“自助”原则，强调资金来源多元化，即保险最大部分由雇主与雇员共同交纳；政府在收支不平衡时，酌情给予资助。双方负担的比例，视险种的不同有所区别。养老保险由雇主与雇员平均分担；工伤保险完全由雇主负担；疾病保险顾主负担 1/3，雇员负担 2/3，这样有助于把社会成员对社会保障的享受的基金与市场竞争的责任心联系起来。享受保险待遇必须具备一定的缴费年限，并根据个人过去的平均收入作为基数计发待遇，以政府必须通过的立法作为实施的依据。实行这一模式的国家，必须在工业化上取得一定成效，经济有较雄厚基础才能实施。此后，采用这一类型的国家，除德国外，还有法国、奥地利、北欧等国。

三、19 世纪普鲁士财政情况

普鲁士作为曾经的一个邦国，经过励精图治最终完成了统一德意志的艰难任务，在建立帝国之后，短短三十年间，更是完成了一个跨越式的发展，从一个落后的农业国迅速转变为一个后起的先进的工业化国家。无论从经济上，军事上，还是文化科技上，也都有了一个较为全面的发展。这些成就的取得，不能完全归功于财税，但也少不了财政制度的支持。而这一段时期也是德国（普鲁士）的财政制度由农业社会形态向工业社会形态的转变，也是由中世纪的财政形态向近现代化的财政形态的转变时期，具有较高的研究价值。19 世纪普鲁士的税收体制和预算有以下五个特点：

第一，现代普鲁士政府仍然是一个大规模的商业企业，获取相当多的生产性收入。因此可以追溯到 17 世纪和 18 世纪重要的公共财产仍继续不断增值，尤其是在公共土地和森林上增加重工业和铁路。仅政府生产性收入从 1875 年到 1913 年就从占经常性收入总额的 5.79% 升至 15.4%，而那一阶段直接税份额从 22.0% 降至 10.4%，间接税份额（除登记税外）从 6.9% 降至 2.8%。政府支出受到生产性国有机构影响很大，1875 年其行政管理费占经常性政府开支的39.8%，1913年占58.5%。临时性预算原则上是被用来记录罕有的或至少是不经常发生的收支项目，生产活动是临时性收入的来源和临时性支出的去处，生产性活动包括偿债，尤其是铁路建设，决定这些预算的状态。

第二，税收体制主要按传统方法征收，直至1891年引入一般所得税，同英国相比，它具有明显的保守的现代主义特征：①城乡之间的税收两元性。②纳税人口和免税人的两元性。一直持续到19世纪，尽管免税制在1811年被废除，但是拥有土地的贵族纳税义务直至1861年才履行，前国君的纳税义务则到1891年才开始履行。③普鲁士既没有按照英国个人所得税的方向，成功地使其税收体制现代化，也没有成功地仿效着法国做法，依据外在指标提高客观收益税的准确性，而是向部分个人所得税迈半步，向客观收益税迈半步，意外地使普鲁士税收体制在整个19世纪满足了稳定要求。

第三，尽管普鲁士政府在其企业家领域而不是税收收入中寻求收入弹性，从而在一定程度上回避了解决不同阶层人民的税收利益冲突的问题，但是普鲁士税法在两个复杂的领域中形成了德意志邦国及最终德意志帝国的税法。（1）1818年早期普鲁士关税法，废止内部通行税并在边界引入关税，成为1833年德意志关税同盟的基础，也成为1871年后德意志帝国的基础。（2）1891年迟到的普鲁士所得税受法国的启发终于导致了收益税体系的废除，尤其是在南方德意志邦国中得到响应，接着又成为德意志帝国一般所得税的标准样板。

第四，普鲁士税制改革是缓慢且不完全的。1820年关于城乡税收差异现状的确认与精密设计，重点在收益和消费税；对农村居民开征个人累进税。1848—1849年欧洲革命以后：通过对部分富裕人口实行超地区累进所得税，城乡之间税收差异部分被废除。1861年收益税的同化和修改，在普鲁士西部省份部分追随前法国的榜样；在全国范围内实行传统的三级收益税体系——没有资本收益税。1871年德意志帝国成立之后，废除了城乡之间的税收二元性；改变了两种个人累进税，它是1891年一般所得税的前身。通过这样改革，税收体制就如同英法一样，显示了一个重要原则：鼓励资本积累进而促进经济发展。税收法制只是近来才考虑社会福利政策并给予它较低的优先权。

第五，购买国库债券是普鲁士政府所能采取的最不成功的措施。普鲁士国家预算中，国债是必列的常项，究其原因是国库空虚、财政困难。而且政府在卖出国库债券时往往是亏损的，损失数常达全部金额的1/4强。因此，国家信用由于国库债券行市下跌而受到更严重的破坏。

第四节
两次大战时期的德国财政

一、第一次世界大战时的德国财政

1914年6月28日上午9时整，塞尔维亚年仅19岁的青年普林西普在萨拉热窝刺杀了主张吞并塞尔维亚的奥匈帝国皇储斐迪南大公夫妇。这一被称为“萨拉热窝事件”的行动是第一次世界大战的导火线。1914年7月28日，奥匈帝国向塞尔维亚宣战。主要包括英国、法国、俄国在内的协约国与德国、奥匈帝国、意大利组成的同盟国相继参战，第一次世界大战爆发。

1. 通货膨胀和发行公债

一战中，德国为了筹措战争经费，除了增税之外，主要依靠发行国家公债和纸币，结果直接和间接地引起了通货膨胀。1913年德国流通的银行券和纸币是29.02亿马克，到了1918年已经增加到329.36亿马克，增加了十多倍。大战期间，一方面是工农业生产大幅度下降，一方面是货币发行量猛增，这样必然造成通货膨胀和物价上涨的局面。到1918年11月停战之时，物价已经上升到战前水平的2.5倍。但是战争结束后，物价上涨的局面不仅没有得到控制，反而更加严重。第二年德国物价又上涨了3倍，此后逐步升级，到1921年11月，物价疯狂攀升，达到战前的40多倍。1922年后，物价更进一步以加速度上升，1923年中期，恶性通货膨胀终于爆发，物价上涨达到了匪夷所思的程度。1921年1月一份德国报纸卖价0.3马克，两年后的卖价达到7000万马克！如果以1913年的物价指数为100的话，那么1923年12月的物价指数达到了1431012——一个天文数字！

这么高的物价上升来自于太高的纸币发行量。当时在德国的中央银行——德意志银行供职的一位官员生动地描绘了疯狂印制钞票的情形：“到1923年10月底，已经有30家造纸厂生产印钞用纸。尽管德意志银行的印钞机器设备优良，但是它们还是不能满足需求。在柏林和全国其他地方，有大约100家私人印刷厂开足马力印制马克纸币。这些工厂雇佣了1000名妇女在发送间清点即将外运或捆好的纸币……”纸币的过度发行仅仅是直接原因。背后的原因在于：一战期间，德国政府发行了1000多亿马克的战争公债，现在都需要偿还公众，但是战争极大地破坏了德国的劳动力量和经济力量，战胜国又对德国实行严格的经济制裁，德国的生产恢复缓慢，政府能够获得的税收收入有限。战胜国要求的惩罚性战争赔款更是德国政府难以承担却又不得不履行的责任。此外，安置复员军人，救济即将破产的大工厂等，都极大地消耗了政府的财政收入。将沉重的财政负担转嫁到人民的头上，看来已是迫不得已。其他事件也在推波助澜。1923年1月11日，法国等国以德国没有完成先期的赔偿任务为由，派专家和军队占领了鲁尔区。当时的德国政府组织资本家缩减工业生产的规模，实行消极抵抗，而由政府向资本家拨付巨额补助金。这些事件连在一起，共同促成德国政府只能靠加速转动纸币印刷机的办法筹集资金。1923年，德国财政收入的80%到90%是依靠滥发纸币获取的。依靠过量的纸币发行，政府事实上注销了自己所欠的内债，一定程度上满足了战胜国的要求。

发行公债和通货膨胀使政治家和工商业的巨头们保持和巩固了自己的权势，但是，史无前例的通货膨胀降临到德国人民的头上，造成了极大的破坏，经济秩序荡然无存，经济严重倒退，1923年11月，德国的失业率上升到了23%，煤产量下降到战前水平的44%。通货膨胀还导致了极度的社会不公平。这样的情形持续下去，政府就会垮台。于是，德国政府在1923年末开始治理通货膨胀。一种以全国地产为抵押的货币——新马克被引进来替代旧马克，它的发行受到严格限制，德意志银行开始竭力塑造自己的声誉，深受通货膨胀之害的人民开始喜欢新马克。1924年8月30日，政府又宣布德国马克取代新马克作为正式的货币使用。德国马克同黄金和美元挂钩，这样，德国重建了自己稳定的货币基础。疯狂的通货膨胀开始向物价、货币和经济的稳定滑行。

2. 道威斯计划

第一次世界大战结束后，协约国于1924年制定的德国赔款支付计划。由于德国财力枯竭，加上战胜国争夺德国赔款的矛盾，德国按《凡尔赛和约》（巴黎和会）支付赔款问题成为20年代资本主义国际经济与政治中难以解决的纠纷。根据英国提议，协约国赔款委员会于1923年11月增设两个专门委员会，一个研究平衡德国预算和稳定德国金融之方法，一个调查德国资本外流情况并设计引回的方法。两个专门委员会以美国银行家C. G. 道威斯为主席。12月由法、比、意、英、美5国代表组成的国际专家委员会赴德调查，研究德国赔款问题。1924年4月9日道威斯拟定一项解决赔款问题的计划，史称道威斯计划。该计划经同年7月16日—8月16日之伦敦会议（英、法、意、日、比、希、葡、罗、南、美参加）讨论并通过，同年9月1日生效。该计划企图用恢复德国经济的办法来保证德国偿付赔款。主要内容是：由协约国监督改组德意志银行，实行货币改革，并由协约国贷款8亿金马克（折合1.9亿美元）以稳定其币制，在赔款总数尚未最后确定的情况下，规定德国赔款年度限额，即由第一年（1924—1925财政年度）10亿金马克开始，逐年增加，到第五年（1928—1929财政年度）增至年付25亿金马克；德国支付赔款的财源来自关税、烟酒糖专卖税、铁路收入及工商企业税；发行110亿金马克铁路公债、50亿金马克工业公债；德国的金融外汇、铁路运营以及税捐征收事务受国际监管。德国以法、比两国从鲁尔撤军作为接受赔款计划的条件。1924年8月16日，计划被双方接受。道威斯计划的执行，对20年代后半期德国经济的恢复和发展起了重要作用。1928年德国声称财政濒于破产，无力执行该计划。1930年为扬格计划所取代。

对德国来说，它是“道威斯计划”最大的受益者。1924—1930年，德国通过“道威斯计划”从美英获得贷款200多亿金马克（其中美国占70%），但它所支付的赔款仅为110亿金马克。来自战胜国的资本为濒临绝境的德国经济注入了一剂强心剂，使其迅速得以恢复和发展，这为它在政治上重新走入西方大国的行列和进一步摆脱《凡尔赛和约》的束缚打下了基础。1929年，德国重新成为欧洲首屈一指的经济大国，改变了欧洲的力量对比。赔款本来是协约国对德国的惩罚方式、本是战胜国对战败国的一次勒索，结果反倒无形中使德国重新崛起，这无疑是个莫大的讽刺。

二、1929—1933年经济危机时的德国财政

1929年10月24日从美国金融市场发端、迅速波及资本主义世界的经济危机，以迅雷不及掩耳之势袭击德国。由于德国经济与美国有着特殊的关系，因此这次经济危机对德国经济的破坏程度，在资本主义世界居于第二位。德国工业生产总值1932年底危机最低点时，与危机前的最高点相比下降了40.6%，尤其是1931年又爆发货币信用危机，与工业危机交织在一起，结果使德国经济倒退了三十年。

为应对危机，德国政府不仅剥夺劳动人民的民主权利，而且也剥夺劳动人民的经济权益，用大量征收新税、削减工资、缩减社会福利开支、延长劳动时间等办法来剥削劳动者。政府先后颁布了“关于降低工人、职员和官吏的工资的法令”、“关于减少资本家的税额的法令”、“关于向劳动人民征收新税的法令”等。1929—1932 年间，工人的劳动生产率平均提高了 24%，矿山中提高了 34%，但是一个产业工人每星期的平均工资由 40 马克 20 芬尼，减少到 22 马克 10 芬尼。危机年代劳动者的工资和薪金共减少 50%。[①] 巴本政府在 1932 年 9 月 5 日的法令中，就明文规定企业主可以将法定工资削减一半。[②] 布吕宁政府内，税收名目繁多，税额大增。1930 年 6 月实行人头税，还有什么危机税、独身税、就业税，等等。仅实行烟草税一项，就给群众增加 8 亿马克负担。农民的关税也大大提高，谷物的关税 1931 年比 1928 年提高了 4 倍，饲料税提高了 14 倍。因此，劳动农民负债越来越重，1928—1932 年他们的债务增加了 10 亿马克。由于政府对劳动人民加重经济剥削，使那些在业人员的生活水平不断下降，危机年代全德国 1/4 的人即 1500 万—2000 万人，平均每月只有 15 马克的生活费，这些人常年在贫困和饥饿线上挣扎。

正当广大劳动者在贫困和死亡线上挣扎时，德国垄断资本却通过种种渠道，弥补了经济危机造成的损失，有的甚至牟得高额利润，越来越富有了。经济危机年代，垄断资产阶级除了用加紧剥削劳动者来转嫁危机之外，就是从政府拨款中侵吞巨款，几年内政府给垄断资产阶级的补助金总计在 60 亿马克以上。[③] 此外，政府运用增加关税，高筑关税壁垒；限制外国商品进口，控制旧有市场；向外扩大倾销，抢占新的销售市场等办法，拯救摇摇欲坠、处于困境中的国民经济。

三、二战之前希特勒的财政努力

1. 1933 年到 1936 年，前期的战争努力

关于《凡尔赛合约》的赔款问题，虽说数量庞大，但这些赔款由于以后的种种原因不断地减少，到最后乃至没有，直到 1935 年，纳粹政府宣布

---

① 洛赫：《德国史》，三联书店，1956 年，第 452 页。

② 卡尔·迪特利希·埃尔德曼：《德意志史》第四卷（上册），商务印书馆，1986 年，第 359 页。

③ 亨利：《希特勒征服欧洲的计划》，协和印书局，1935 年，第 32 页。

撕毁和约。而一战后，鉴于苏联共产主义势力成为西方最大的威胁，所以英法也逐渐放宽对德国的惩罚。纳粹上台后，宣布退出“国联”，在经济上断绝当时的资本主义的市场经济，走自我发展的道路。运用国家机器干预经济的政策，垄断国家资源，稳定了国内的经济混乱。此后，德国国防军就在为德国的重新武装而秘密努力，希特勒上台之后，德国经济开始向总体化的重整军备目标转变。这样的转变，是与纳粹德国的外交政策密切相关的。而纳粹德国的外交政策又是由希特勒在《我的奋斗》中所明确阐明的长远目标所决定的。纳粹德国的外交政策可以从以下两个政治口号中得到精辟的概括：一个是“扩张领土”，另外一个是“征服生存空间”。在德国 1936 年的“四年计划”和 1937 年的《霍斯巴赫会议记录》中，都详细地做了解释。这些外交政策的基础，是一项雄心勃勃的军备计划。到了 1936 年，德国的军备力量已经赶上、甚至在某些方面超过了英国、法国等国的军备力量。到了战争爆发的时候，纳粹德国的累计军费开支已经达600 亿帝国马克，所占国家年度财政预算的比例从 1932 年的 4% 增加到了 1938 年的 50%，相当于德国该年国民生产总值的 17%。同在 1938 年，英国的军费开支仅占国民生产总值的 4%，美国为 1%。

由于德国中央政府的财政资产（不包括各州和行政区）在 1933 年到 1939 年之间只能负责军费开支的三分之二，所以为了担负如此庞大的开支，就必须建立起新的财政程序和财政制度。

德国政府为了不让公众看到政府为了重整军备而负担着巨额的债务，发行了一种“冶金研究所证券”。“冶金研究所”是一个纯属虚构的机构，它的资本由各主要军火生产厂家提供。德国政府用这种证券偿付军火购置费用，而在德意志银行的担保下，这种证券交到军火生产商手中后将不兑现，或尽量把兑现期延后，利息由政府支付。这就相当于德意志银行向政府提供了一笔规模巨大的信贷。在 1937—1938 财政年度快结束时，已经发行的冶金研究所证券面值达 120 亿帝国马克，到战争爆发时实际兑现的只有 15 亿帝国马克。到了 1939 年，军火生产商手中到期兑现的冶金研究所证券由不付利息的国库券代替现金支付。这样，德国政府（独裁者）就控制了德意志银行和德国的全部信贷权。

在希特勒执政的初期，政府既要照顾到军费开支，又要满足民间的经济需求，做了很大努力。直到 1935 年，德国规定了最高工资限额，国家得以从全国岁入中抽调更多的钱，才得以偿还了日益增加的公众债务。据统计，从 1932 年到 1937 年，德国的国民生产总值增长了 102%，国民收入也增加了一倍。这些实在的数据表明：纳粹当局的确在不长的时间里，创造了德国经济复兴的奇迹。

希特勒上台后还大力推选社会保险制度，增加和提高国民的社会福利，在通过“劳动美化活动”来改善工人的劳动条件和劳动环境的同时，还扩大了职工的有薪休假制度。纳粹的属下工会劳动阵线，在疗养胜地鲁根岛等地，修建了一批疗养院和旅馆。仅 1937 年一年内，全德就约有 1000 万工人享受到了这项福利。

2. 1936 年到 1940 年，“四年备战计划”

1936 年 8 月纽伦堡党代会上，希特勒提出了一个全面备战的“四年计划”。他随后任命戈林为“四年计划”的全权负责人。德国开始了全面的战争经济计划阶段。希特勒宣布了四年计划要达到的目标。经济上承担的任务是，给德国人民创造若干“自力更生”的条件，也就是说，给德国人提供武器，以便打一场不可避免的战争。鉴于德国经济的发展因缺少“生存空间”而受到限制，因此从长远的角度来看，只有扩大“生存空间”才能保证德国人民获得生活的资料。换言之，也就是为德国获取食品和原料的来源。然而当时的情况是，德国的经济只能部分地满足人民的需求，在那段时间里，德国经济的职能有两个：一个是在有限的领域内保证人民的生活条件，另外一个是创造若干能“自力更生”的条件。军事上的努力要辅之以经济上的努力。在四年的期限内，要组织调整德国的经济，以便支援耗费巨大的战争。要尽一切力量发展燃油、合成橡胶、钢铁、化工工业，以减少德国对进口原料的依赖。

四年计划在德国的战争努力中所起的作用，如果要进行确切的统计是不可能的。因为它只在某些特定的工业部门中控制个别的项目。但是可以从四年计划的投资中看出它的各种活动的规模。从 1936 年到 1942 年，四年计划的总投资额达 132.5 亿帝国马克，占该时期德国工业总投资额的 50%。在四年计划的投资中，生产碳氢化合物的投资占 41%，合成纺织品的投资占 21%，生产重金属的投资占 10%，生产炸药、弹药和其他武器成品的投资占 12%。尽管一些生产项目没有实现，但是总的来说四年计划还是比较成功的——起码德国政府的看法如此。在战争的最初几年当中，德国的这些战争物资从来没出现过严重的短缺。

3. 1939 年到 1945 年：战争经济的确立

战争爆发伊始，德国与其软弱而无准备的邻国相比，在战争物资的储备方面享有优势，从而获得极大的好处。这样就使得他们得以利用闪电战战术，在连续两年的时间里接连取得胜利。1939 年之前，德国有两种互相矛盾的倾向处于不稳定的平衡之中。一种倾向是搞战争经济。另外一种倾向是提高人民的生活水平。纳粹党在表面上是团结一致的，但是在对这两个倾向的看法和应该采取的办法上存在严重的分歧。最后由希特勒拍板决定，为了避免民心低落，在德国进入战争之前的一个阶段，必须使德国人民的生活水平得到提高。同时德国也得以借这个机会大量囤积非武器方面的战争物资——到开战时，德国已经储备了足够全国食用两年多的粮食、糖，27 万吨猪油、腌肥肉和黄油，以及大量的饲料用燕麦、玉米。同时，德国军方还囤积了很多皮革、布匹和丝绸（可以用来制作降落伞等战争物资）。这些都是战前的努力成果。事实上，与英国在 1940 年窘迫的处境相比，德国人民的生活在该年达到了战时的最高水平。从被占领国家运来的大量农产品、肉类和奢侈品繁荣了德国的市场，被占领国家支付的巨额占领费更使得德国得以将这些国家的消费品市场搜刮一空。因此，尽管存在很多的内部问题，但是事实证明，由中央统一计划经济问题这种策略对当时以战争经济为中心内容的德国来说是正确的。

四、纳粹政府在二战时期的财政

当战争拖延的时间比预期的要长得多时，德国建立了一种能够充分满足战争需要的体制。这种体制与着两个人的职务任命而有所变化。一个是施佩尔就任武器和军事工业部部长；另外一个是弗里茨·沙克尔在 1942 年春担任劳工部长。1942 年，德国最高统帅部下属的防御和军械部门并入德国武器和军事工业部。到 1944 年，施佩尔还设法控制了德国空军属下的武器军械部门。这样他便可以对中央计划委员会和军队的计划部门进行压制，施佩尔就完成了国家经济的总动员计划。他现在掌管了除负责征召劳动力方面以外的全部军工企业管理部门和行政部门。这种集中控制的第二个特点是，鼓励私人企业的发展。通过建立工业自我管理机构以及在各工业部门内部设置有权威的委托代理机构和联营机构，德国第一次能够使大规模生产体系标准化，并从中得到好处。无论是位于埃森的规模巨大的克虏伯兵工厂还是西里西亚地区只有十多个人的家族小工厂，都可以按照统一的标准生产同样规格的枪管、子弹、齿轮和其他产品。这种新的控制体系对于经济和生产是有巨大好处的。1940 年到 1944 年，平均的武器产量增加了两倍。积极备战的德国工业总产量在整个战争期间均保持持续增长的势头，即使 1945 年最初的那几个月也是如此。劳工方面。德国用强行征集外国劳动力的做法，在数量上弥补了德国男性劳动力的不足；1944 年德国产业工人的数量与 1939 年大体持平，生产效率却提高了。军火工业的某些部门在 1944 年之前，曾经出现过生产激增的情况。类似的还有化学工业部门（产量增加了 30%）、内燃机生产和燃油工业部门（增加了 85%），电力工业部门（发电量增加了 26%）。而且德国人民的吃食也是在战争进入了第五个年头后才逐渐变坏。1943 年以前，德国国内对所有消费品实行严格的配给，再加上被占领国家源源不断的贡款，德国人民的生活水平相对其他欧洲国家还是比较高的。

另外，各个被占领国家和卫星国在向德国提供原料方面起了重要的作用。1943 年德国使用的原料中，55% 到 100% 的铁矿石、硫、硅、氮都来自被占领国家。从 1941 年开始，德国有规律地用火车将在苏联缴获的战利品运回国内，以保持他们的生产速度。在德国人建立的“欧洲新秩序”下，欧洲每个国家都要为供养庞大的德国怪兽而耗尽力量。俄罗斯提供奴隶劳工和各种原料，乌克兰提供小麦和玉米，丹麦和荷兰提供奶酪、肉类和黄油，挪威提供电力，瑞典提供矿石，瑞士提供优质的金融服务，匈牙利提供铝矾土，罗马尼亚提供石油和小麦，比利时提供钢铁和机器，法国则提供从粮食、酒类到钢铁、铝、武器、引擎、汽车……无所不包的东西。这些都对战争起了重要的经济支持。

然而，战时德国的战争经济，仍然深刻地受着战争进程的制约。战争吞噬国民财富，耗费巨额资金。在战争的五年内，国家支出的费用高达 6500 亿马克，而同时期，国家税收仅为 3150 亿马克。税收还不及国家支出的一半，这样就使国家的收支差额加大，赤字猛增。国家即使滥发纸币，再增税收和高筑债台，也无法弥补这种日益扩大的赤字。希特勒政府乞灵印刷机，滥印纸币 565 亿马克，结果又引起通货膨胀，物价上涨，金融混乱。名目繁多的苛捐杂税，使呻吟于战乱中的劳动者更加难以安宁度生。1939—1940 年度税收为 260 亿马克，1944—1945 年度增加到 368 亿马克，即增加了 44%。每年所增加的税收额，主要是落在劳动者的肩上，吸吮着劳动者的血汗。1943—1944 年度内，德国劳动人民缴纳的税款比垄断资本家支付的税款多 12 倍。

德国政府曾经试图减轻日益增长的战争费用加在人民大众头上的负担。1941年，德国个人年收入1万帝国马克的所得税率为13.7%，相比之下，英国人同样的年收入（1000英镑）需要缴纳的所得税比率为23.7%，再加上其他税收，总的税率达38%。德国个人年收入10万帝国马克的税率为55%，而英国为85%。英国对奢侈品征收100%的消费税，非工资的意外收入，每1000英镑要征收94%的税。在战争期间，英国发行了84.67亿英镑（850亿帝国马克）的公债。作为对比，德国为战争付出的代价为6570亿帝国马克，其中只有1847亿帝国马克是通过税收解决的。德国政府更喜欢通过隐蔽的方式获得财政支援。它强迫所有的公众资本存储中心同意，德国政府有权在紧急情况下任意处置他们的资产。这样，德国人的养老基金、社会保险基金等大规模的公众资本就都在政府的掌管之下了。此类暗箱操作可以给德国大众一种稳定的假象，避免因突然增税而带来的心理创伤。在1944年以前，大约有1600亿帝国马克的公债（大约相当于德国的国内税收总额）由这些公众资本存储中心偿付。与此同时，国债也迅速增加。1939年4月1日德国的长期债务为196亿马克，1945年4月1日时增加到1394亿马克，即增加七倍；同时期，短期债务从65亿马克增加到2367亿马克，即增加36倍。但是这种情况实际上对德国的军火生产和作战没有大的影响，因为尽管政府负债累累，还是可以通过一纸征用令来获得所有的物资。从所有的迹象看来，在战争结束时，德国的货币体系已经面临崩溃的边缘。战后联邦德国货币改革时，不得不规定限制帝国马克兑换新德国马克的数量（按1:1兑换，现金以40马克、银行存款以1000马克为兑换上限），以免德国经济崩溃。

本章参考文献：

[1] M.M. 波斯坦，E.E. 里奇，爱德华·米勒：《剑桥欧洲经济史：中世纪的经济组织和经济政策》（第三卷），经济科学出版社，2002年。

[2] 王金兄：《论13—17世纪德意志的邦国制》，东北师范大学出版社，2004年。

[3] 赵星铁，孙炳辉，郑寅达：《德国史》，华东师范大学出版社，1995年。

[4] 马克思：《关于欧洲历史的笔记》，中国人民大学出版社，2005

年。

[5]（加）马丁·基钦：《剑桥插图德国史》，世界知识出版社，2005年。

[6] 陈振昌，相艳：《世界帝国兴衰丛书：德意志帝国》，三秦出版社，2001年。

[7] 泰奥多尔·席德尔，威廉·特罗伊：《德意志史：联邦德国》，商务印书馆，1990年。

[8] 卡尔·哈达赫：《二十世纪德国经济史：联邦德国》商务印书馆，1984年。

[9]（德）海因茨·君特·扎维尔伯格：《国家财政监督——历史与现状》，中国审计出版社，1992年。

[10] 梅义征：《德国1921—1923年通货膨胀的原因及政治影响》，《安庆师院学院学报》，1997（3）。

[11] 肖德芳：《德国赔款问题与20年代欧洲政治格局的演变》，《历史教学问题》2000（4）。

[12] 冯春龙，隋雪丽：《论一战后的德国赔款问题》，《青岛大学师范学院学报》1998（3）。

[13] 吴友法：《二、三十年代经济危机与德国法西斯的兴起》，《武汉大学学报》1988（4）。

[14] 肖汉森：《纳粹德国战争经济略析》，《华中师范大学学报》1986（3）。

[15] 朱懋铎：《试论二战前希特勒的“总体战争经济体制”》，《史学月刊》1993（1）。

[16] 王亚平：《关于中世纪德意志“二期农奴制”的几个问题》，《世界历史》，2000（2）。

[17] 常强：《历史上的三个德意志帝国》，《文史天地》2010（2）。

[18] 侯树栋：《论10—11世纪德意志的帝国教会体制》，《史学月刊》2005（12）。

[19] 侯秀华：《关税同盟与德国经济现代化》，《考试周刊》2008（26）。

[20] 徐建：《关税同盟与德国的民族统一》，《世界历史》1998（2）。

[21] 尹朝安：《19世纪中后期德国经济的发展与制度创新》，《德国研

究》2003（1）。

［22］许永璋，于兆兴：《俾斯麦与德国社会保险制度的创立》，《许昌师专学报》1994（2）。

［23］王洪冉，刘杰：《论俾斯麦与德国统一》，《社会科学论坛》2007（11）。

［24］杨来发：《德国社会保障制度评析及启示》，《改革与战略》2007（6）。

［25］许晓辉：《德国社会保障制度先于英国产生的原因探析》，《现代商贸工业》2009（10）。

［26］萧汉森：《论1929—1933年经济危机与德国政治变革的关系》，《华中师范大学学报》1989（2）。

［27］许梦博：《被物价支配的经济史》，人民邮电出版社，2009年。

［28］（德）弗里茨·费德劳：《第二次世界大战，德国经费的筹措》，蒂宾根版，1962年。

［29］赵晓雷：《外国经济史简编》，华东师范大学出版社，1994年。

［30］韩毅：《外国近现代经济史》，高等教育出版社，2011年。

［31］高德步：《世界经济史》，人民大学出版社，2005年。

第四章 美国财政史

在被大西洋与太平洋所围绕的北美洲大陆中部，矗立着当今世界第一强国——美利坚合众国，即美国。它以科技发达、经济繁荣、文化多元而享誉于世，并在冷战后成为仅存的超级大国。

然而世界上没有天然的世界强国，美国也不例外。

1620年，五月花号载着100多名勇敢的英国清教徒穿越浩渺的大西洋来到北美大陆，开始书写美国历史的传奇序章。100多年后，由于英帝国强行增收印花税，殖民地独立战争爆发。历经8年艰苦卓绝的斗争，13个殖民地出人意料地击败当时被称为“日不落帝国”的世界第一强国，1776年，美利坚合众国正式宣告成立。

美国无疑是幸运的，它以独立战争形式直接确立了世界上第一个民主共和制政体，为经济腾飞打下坚实的政治基础，而英国的先进技术又被这些原来英国女王的子民毫不犹豫地用于构建新大陆。到1894年，美国已超越曾经的宗主国——英国，成为世界第一大经济强国，此时这个年轻的国度已站在第二次工业革命的潮头，步入一个崭新的电气时代！

黄金时代不可能持续到永远。1929年，波及全球资本主义国家的经济危机来临，美国损失惨重。富兰克林·罗斯福总统力行凯恩斯主义，加大了政府管理经济的力度，通过一系列新政措施，使美国确保了民主政体的稳定并逐步走出困境。

第二次世界大战成为美国历史新的转折点。当欧洲列强还在为争夺霸权而拼个你死我活时，它仍然在大洋彼岸韬光养晦，并终于抓住最佳时机在胜利的天平上加上举足轻重的砝码，取得世界反法西斯战争的胜利果实。这个聪明的渔翁终于在政治、经济、科技、军事等方面全方位成长为世界第一强国。

回首历史风云变幻，这个建立在印第安人鲜血和废墟中年轻的超级大国究竟为何能稳扎稳打地取得世界霸权，请看本章——美国财政史，您将顺着清晰的脉络了解这个国家成长背后的睿智与精彩。

第一节

北美殖民地的财政概况

北美殖民地是16、17世纪英国在北美洲大西洋沿岸所设立的从属于英国，但相对独立自治的殖民地的总称，由英王特许，赋予政治自治权利，但不能占据议会席位。1607—1732年间有16个，由于兼并就只剩13个，它们也就是美国建国之初的13个州。北美13个殖民地都是单独的实体，有相对独立的政治体制。按照它们与英王的不同关系，可分为三种类型。第一种是特许（自治）殖民地，如罗得艾兰、康涅狄格。自治殖民地由英王直接向殖民地颁发特许状，总督由当地议会选举产生，经英王批准，任期一年。议会采用两院制，议员均由自由民选举产生。法官由总督和参事会任命。第二种是业主殖民地，如马里兰、特拉华、宾夕法尼亚。这些殖民地是英王封赏给他的大臣或大贵族（即业主）的。总督由业主挑选，经英王批准后任命。除宾夕法尼亚之外，马里兰和特拉华都采用两院制议会。上院由英王或业主任命，下院由自由人选举。法官也由总督和参事会任命。法律一般须经英王批准。自治和业主殖民地都承认英王的宗主权，每年要向英王缴纳象征性的租税。第三种是王室殖民地，由英王直接派遣总督治理。王室殖民地共有8个：马萨诸塞、弗吉尼亚、新罕布什尔、北卡罗来纳、南卡罗来纳、纽约、新泽西和佐治亚。北美殖民地政府的特征，一方面立法、行政、司法权力划分不分明，另一方面殖民地议会的地位和权力很弱，不过，它也掌握了一项重要权力——财政权。这样，殖民地议会就可以逐年详细规定征税项目和数额，限定支出用途，并能撤销政府的任何预算，以此制约总督和其他行政人员。

一、北美殖民地的财政收支

在殖民地时代，各殖民地财政收入非常有限，普遍遵循“以入制出”的财政理念，通过小的税收来严格限制政府的活动范围，充分体现了小政府和自由放任的经济思想。由于殖民地人民对英国控制贸易和征税的行为十分反感，各地走私盛行。同时，英国所派遣的官员贪污现象十分严重，殖民地人们不愿意向英国缴纳任何税收，“殖民地政府的税金收入非常小，甚至不足以应付政府的较小开支。殖民地居民公开反对纳税，他们认为得不偿失”；从客观上讲，由于硬通货缺乏，所以征税较为困难，以至殖民地政府在财政紧张时更偏向于利用发行纸币融资。与小的税收相适应，各殖民地政府的支出也非常小，承担的功能也非常有限。在各殖民地政府开支中，总督的薪金是预算中的最大单项，其他官员的薪金很少，而且很多政府服务人员是从其服务中收取费用，其工资不在预算中开支。

殖民地时代，各殖民地的税制是分割的，各殖民地的税种设立互不相同。比如：南部的殖民地主要征收进出口税，中部殖民地征收财产税和人头税，新英格兰殖民地主要征收不动产税和货物税。

17、18 世纪，英属北美殖民地的地方和殖民地政府征税，以资助学校、修路、军事和执法，有时也为了资助教会。各市县根据个人对土地和牲畜的所有权，向成年男子征收财产税；有财产的成年男子此外还要为其奴隶、仆人和雇工缴纳人头税。有些地方还向医生、律师和其他职业者以及手工工匠征收额外税，因为他们所受的特殊训练使得他们有能力获得较高收入。各殖民地就进口自欧洲和西印度群岛的货物征税（但不就进口自英国的货物征税），有些殖民地就特定种类的出口货物征税，例如烟草和毛皮。许多殖民地就酒类向酒馆业主征收消费税。

二、英国对北美殖民地的财税压迫

16、17 世纪，长期的战争使英国财政拮据，为转嫁财政危机，英国企图增加北美殖民地的捐税，增加岁入，支付债务，一步步强化它对北美殖民地的财税统治。

1. 英法七年战争之前的财税压迫

早在17世纪50年代开始，英国议会先后制定若干项《海上贸易条例》，将若干在国际贸易中十分重要的物品定为“列举品”，规定“列举品”只能由殖民地运往英国港口。

1673年英国议会通过《殖民地关税法》，在生产“列举品”最多的马里兰、弗吉尼亚、南卡罗来纳和北卡罗来纳等地建立了关税征稽官和督察员，保证法令的实施。为了激励他们多收关税，规定这些官员的薪俸按照其所征收的税款提成，在弗吉尼亚征稽官可以得到征收额的1/8，在南、北卡罗来纳则可以得到1/2（其中1/3归督察员）。这些征税官员大多来自于英国，作为母国权威在殖民地的象征。到1678年，北美的各个英殖民地都设置了这类职位。18世纪初，英国财政部在殖民地设立了南北两个关税管理区，在每个港口都有英王任命的海事官员，对进出港船只及其目的地进行登记，北美沿岸50多个城镇都设置了海关办事处。至此，英国在北美殖民地的关税体系最终确立。

17世纪60年代，英国对马里兰和弗吉尼亚的烟草征收的关税约占英国关税收入总额的25%，占在此期间英国政府总收入的5%。

2. 英法七年战争之后的财税压迫

在法英七年战争（1754—1763年）之前，英国对殖民地征税总体还是很少的。七年战争结束时，英国的国债达到135000000英镑，另外，北美的防务每年还需要支出400000英镑；而英国国内税收已高达20%，英国政府和纳税者自然就将目光转向殖民地。英国议会坚决主张，欣欣向荣的北美殖民地要分担英国为保卫它们所付出的成本。

（1）《食糖法案》。1764年4月英国议会通过《食糖法案》，就北美自英国进口的食糖和糖蜜向北美殖民地征税；而且，不同于1733年的《糖蜜法案》，这一法案得到了严格的执行，其每年的预期收益可达45000英镑。实际上，在1768—1771年间，每年进口糖蜜的关税仅有14000英镑。《食糖法案》的特别之处在于，它宣称为保卫北美有必要向当地居民征税，为一系列针对北美的税收法令发了先声。

（2）《印花税法》。1765年3月，英国政府决定将在本土施行已达数十年之久的印花税推广到北美，但税额轻于英国，合人均1先令。《印花税法》规定："殖民地的报纸、年历、小册子、证书、商业单据、债券、广告、租约、法律文件以至结婚证书等，都必须贴上票面为半便士至20先令的印花税票（须用硬币购买），违者将被送到不设陪审团的海事法庭受审。"这项法令标志着英国对殖民地政策的一个重大转变：以往英国对殖民地的征税权涉及对外贸易，而该法则首次使英国的征税权渗透到内部税收的领域、触及殖民地在大英帝国内的宪法地位，从而使问题超越了单纯的税收，而成为关乎殖民地地位的政治问题。对于这项《印花税法》，殖民地居民怨声载道，他们认为各殖民地的权利，是直接来自英王的特许而不是来自英国的议会，英国的国会里没有一个殖民地的议员代表，因此根本没有通过对殖民地加征税收的法案的权力，"无代表不纳税"成为当地居民反对课税的基本理由。为反对《印花税法》的施行，许多殖民地居民组织起秘密组织，开展反印花税斗争，提出了"要自由、财产，不要印花税"的口号。作为对英国征税的回应，北美殖民地居民发起暴动和抵制英货运动，迫使英国议会于1766年废止了印花税法案。

（3）《唐森德税法》。1767年英国国会通过的向北美殖民地征税的法案。由财政大臣C. 唐森德提出，故名。印花税条例废除后，根据财政大臣唐森德的提议，英国国会于1767年下半年通过四项向殖民地征税的法案，总称《唐森德法》。是年6月29日通过的《唐森德税法》是其中的第二项。法案规定："英国的土地税由20%减至15%，由此产生的40万英镑差额，需要从殖民地所征的税收中得到部分弥补。"税法规定自英国输往殖民地的纸张、玻璃、铅、颜料、茶叶等均一律征收进口税。还规定英国关税税吏有权闯入殖民地民宅、货栈、店铺，搜查违禁物品和走私货物。《唐森德税法》公布后，引起北美殖民地人民的愤怒抗议，要求废除。1768年2月，马萨诸塞议会又向各殖民地议会发出巡回信件，重申"无代表即不纳税"的原则，殖民地人民再度掀起抵制英货运动，并用武力反抗英国税吏的搜查与压迫。英国对北美的贸易额大幅度下降。英国政府以解散纽约、马萨诸塞两州议会要挟，但遭到殖民地人民更大的反抗，英国遂于1770年3月被迫废除《唐森德税法》。

3. 波士顿倾茶事件

在轰轰烈烈的抵制英货运动中，英国经济再次遭到重大打击。波士顿和费城的进口货物量减少了一半，纽约的进口货减少了83%。为压制北美殖民地此起彼伏的抗议活动，英国向殖民地地区派遣了大量的军队。1770年3

月5日，驻扎在波士顿的英军以保护执行关税条例的英国官员为由，向进行抗议的一群当地民众开枪，结果打死4人，伤6人，这就是美国历史上著名的“波士顿惨案”。发生波士顿惨案的同一天，英国政府为缓和抵制英货的经济压力，废除了《唐森德税法》规定的关税，但保留对茶叶征收进口税，以维护英国议会有权向殖民地征税的原则。

1773年12月发生的“波士顿倾茶事件”成为反英斗争的高潮。英属东印度公司原垄断了印度与大英帝国以及其他地区的贸易，但因经营不善，再加上荷属东印度公司的竞争，面临破产，当时东印度公司积压了近1800万磅茶叶急于脱手。1773年，为挽救英属东印度公司，英国议会通过了《茶叶法》。《茶叶法》规定英国政府退还东印度公司运往新英格兰地区茶叶的关税，允许公司不通过英国或北美的批发商而直接将茶叶出口销售到北美殖民地，这就使英属东印度公司在殖民地的茶价可以大大降低，甚至低于从荷兰运来的走私茶叶的价格。公司还指定那些未参与抵制英货的商人作为销售茶叶的代理商，这样，公司垄断了殖民地的茶叶市场，对当地的茶叶生产与销售构成强烈的竞争。为了阻止东印度公司的茶叶上岸进入市场，波士顿民众在塞缪尔·亚当斯的领导下组成了“茶社”（Boston Tea Party），并于1773年12月16日化装成印第安人登上运载茶叶的船只，将价值9000英镑的342箱茶叶抛入大海。

英国政府认为“波士顿倾茶事件”是对殖民当局正常统治的恶意挑衅，为压制殖民地民众的反抗，1774年3月英国议会通过了惩罚性的法令，即《波士顿港口法》、《马萨诸塞政府法》、《司法法》和《驻营法》。这四项法令通称为“强制法令”，规定英军可强行进驻殖民地民宅搜查，取消马萨诸塞的自治地位，封闭北美最大的港口波士顿港。这些法令明显地剥夺了殖民地人民的政治和司法权力，激起了他们的联合反抗，直接导致了第一届大陆会议召开，进而导致独立战争爆发。①

1775年4月19日，在列克星敦打响第一枪的美国独立战争，是北美殖民地人民为反对英国殖民统治，争取民族独立而进行的民族解放战争。这场战争从1775年至1783年，持续8年之久，最终以英国在北美殖民统治的破产和北美殖民地的独立而告终。

---

① 褚浩：《19世纪后期美国贸易保护政策研究》，复旦大学历史系2009年博士论文。

第二节
美国资本主义财政的发展

从独立战争之第一次世界大战的整个时期，美国联邦政府的收入几乎全部来自三个来源：进口关税、对烟酒征收的消费税和土地销售收入。其中最重要的是进口关税，在美国内战前的绝大多数时候，它在联邦总收入中所占的比例远远高于二分之一。在当时关税被证明是稳定的不断增长的收入来源，这也符合那些越来越有权势的商人阶层的利益，因为对进口货物征收关税在一定程度上保护了他们在美国国内市场上销售的产品。各种国内消费税从施行之日起就一直充满着争议。1791 年国会批准汉密尔顿的威士忌消费税法案，而 1801 年杰斐逊主义者又完全取消了这一税种。在美国内战之前，消费税并没有成为一项主要的税种。土地销售收入是联邦政府的一个稳定但又一直不占主要地位的收入来源。从直接效果上来看，政府的土地销售收入似乎能够刚刚抵得过政府将土地私有化所花费的全部成本。然而从间接的角度上来看，受到土地自由销售和自由移民政策的刺激，快速的大陆移民提高了当地的土地价值，相应的增加了州和地方政府的财产税收入。

一、建国初期的美国财政

1. 联邦税制的建立

1781 年开始生效的美国第一部宪法——《邦联条例》没有赋予邦联政府以征税的权利。邦联政府的岁入依赖各州捐赠，但有时各州不予支付。邦联国会无力征税，使它基本无法运作。例如，邦联国会无法满足独立战争志愿军军官提出的支付补偿金的要求，也无法偿还战争借款的利息。

1789 年，《美利坚合众国宪法》批准生效，联邦政府获得了征税的权力。联邦政府成立，华盛顿任第一届美国总统，标志着美国政治体制由邦联向联邦的转变。1789 年通过的联邦宪法在财政方面的积极因素，就是改变了邦联政府的不利地位，实现了邦联财政向联邦财政的转变，标志着联邦税制的建立。美国宪法之父詹姆斯·麦迪逊意识到，如果一个政府没有自己独立的收入而只能靠其他政府的捐赠来获得收入，该政府就不可能发挥其正常功能。正是在这种思想的支配下，1787 年制定的联邦宪法在 1789 年通过了，并授权联邦政府可以“征收进出口关税和货物税，支付债务，提供国防和全国性的共同福利”。它还具体规定了联邦直接税要在各州之间按照人口进行分配，此外，联邦政府不能对出口货物征收关税。同时，平衡预算成为美国政治学的指导原则，是美国政治价值的象征。但是，为了防止中央政府的权力过大而侵犯各州的权力，税款的征收权仍然保留为州政府的权力。可见，1787 年的美国人刚刚摆脱了一个强大的英国政府，很多人并不欢迎再建立一个强大的全国性政府，这一点在当时的税收权力分配上清晰可见。将绝大部分权力保留在各州，而且仅授权给联邦政府极少权力，是“剩余权力在民”的法律思想的体现。

2. 《关税和吨位法令》

1789 年 7 月 4 日，国会制定的《关税和吨位法令》，经总统华盛顿签字生效。此法令首要目的是增加财政收入，它的序言中写道，“征收关税的目的是帮助政府偿还国债和鼓励、发展与保护制造业。”但是，由于税率仅为 8.5%，对制造业的保护有限。该关税法共列举了 81 种应该征税的物品，其中有 31 种商品征收从量税，例如，每加仑酒的关税是 10 美分，一双靴子的关税是 50 美分，其他的商品，如：颜料、玻璃、黑色火药、瓷器和陶器等，征收 7%—15% 的从价税。对没有列举的进口物品只征收 5% 的从价税。《关税和吨位法令》出台后，确实增加了政府的财政收入，但是由于税率较低，它没有发挥预期的作用，也没有解决当时美国的财政困难。国会分别在 1790 年、1792 年、1794 年又三次小幅提高了关税税率。虽然如此，生产效率高、技术先进的英国仍然能够大规模地向美国倾销工业品。因此，这一关税虽然增加了政府的收入，但还未真正发挥保护美国制造业的作用。

《关税和吨位法令》是国会获得征税权后第一次行使这一权利的成果。它是美国历史上第一部关税立法，也是美国国会成立后通过的第一部法案。它的出台同时意味着各州的征税权被国会所取代，这也一定程度上加强了中央集权。此外，《关税和吨位法令》还对美国以后的关税立法有一定的借鉴作用，复合关税的征收方法也延续下来。

3. 汉密尔顿的财政政策

1789 年 9 月 11 日，华盛顿总统任命亚历山大·汉密尔顿为美国第一任财政部长，汉密尔顿成为美国财政政策的主导人物。

联邦政府在 1789 年成立时就已经负债近 7500 万美元，而且为了应付自己的开支，又借了新债而增加了债务。亚历山大·汉密尔顿认识到，新政府需要建立一种可靠的信誉，以防发生意外。按他的意见，要建立稳固的财政地位，唯一的方法是公开承担所有的旧债务以示遵守信义。汉密尔顿还论证说，联邦政府应该帮助各州承担一部分独立战争的债务。最后制定了1790年的基金条例，允许旧国债和旧州债的债券持有人把债权换成新的联邦债券。这种政策使最初几年的利息开支成为联邦预算的最大项目。

1790年1月14日，汉密尔顿向国会提出了《关于公共信用的第一份报告》。其中心内容是以承诺、偿还旧国债并发行新国债来恢复业已动摇的公共信用。在报告里，汉密尔顿指出：结欠法国、西班牙和荷兰的国外借款，加上未付利息，共合11710378美元；国内借款，加上6%的未付利息，总数约为40414086美元；再加上当时各州的借款2500万美元，总共为77124464美元。如果不解决这一问题，联邦政府不仅不可能有所作为，甚至连维持日常开支都有问题。他建议中央政府把各州由于革命而结欠的这项借款担当起来，而且无论是全国的或是各州的借款都应该按照票面金额十足地偿还。

由于政府的长期拖欠，当时美国国债的实际价值大约只相当于面值的二十分之一，而且还在随着时间的推移不断贬值。在制定偿债法案的时候，有人提出可以按照国债的现行价值偿还，这样不用筹措很多资金就可以使政府头疼的国债从此一笔勾销。汉密尔顿坚决反对这种近乎赖债的做法。他认为，国债实际上是政府和个人之间签订的契约，政府如果不按约偿债，必将使契约上的财产权利得不到保障，而且政府再也不能有效地举债，从而动摇整个公共信用体系。关于偿还外国的和联邦的以及国内债务的原则，很少受到反对，但是要联邦政府担负起各州的债务的这个提议，却引起了激烈的纷争。有人公正地指责说，这样做会使投机商在牺牲爱国者的利益之下占了便宜。某些按照人口比例计算比北部各州负担较少的南部各州，也激烈地反对中央政府负担各州的债务，许多把贬值的货币脱了手的人都十分痛恨按照债务面额付给投机商人。

汉密尔顿最终战胜了剧烈的反对。他从经济和政治两方面来进行争辩。偿还和承担借款使联邦政府的信用建立起来，巩固政府的商业和财政利益，使债券的价格稳定，以使货币在商业交易中起它应有的作用。他争辩说："如果所有的公共债权人都从一个源泉得到他们的正当报酬，按照平等的原则进行分配，得到相同的利益，那么他们就会团结起来支持政府的财政政策。”国债法案通过后，财政部随即发行了年利率为 6% 的新国债用以偿还旧国债并支付利息。到 1794 年底，旧国债已经全部偿还完毕，同时发行了总额为 6300 万美元的新国债。新国债很快以高出面值的价格在市场上流通，使政府的财政得以重新运转。事实证明，汉密尔顿的计划在原则上是正确的。

汉密尔顿在 1790 年 12 月 13 日向国会提出了《关于公共信用的第二份报告》，他在报告中指出：偿还债务的方法是，建立联邦正常的税收制度，以保障政府获得稳定可靠的税入。他建议对国内产品征收国产税和消费税。他相信，消费税不仅可以增加中央政府的收入，而且也可以把政府的权利实施到最远的边地人民的身上去。为此，1791 年《岁入法案》就若干进口货物设立了关税；就若干消费品设立了消费税，包括马车、烈酒、鼻烟和精制糖。征税的目的达到了，但是人们认为它不公平地增加了边疆人民的负担。郁积的民怨终于在 1794 年爆发，宾夕法尼亚边疆农场主起而抗议每加仑 30 美分的威士忌税，史称威士忌叛乱，说明他们对征税的痛恨和新政府镇压叛乱的力量。汉密尔顿所提出的征收消费税的建议最终被国会采纳了，但是是在遭到了某些人极力的反对之后才得到通过的。另外，在 18 世纪 90 年代后期，由于与法国的纷争，联邦政府首次开征了直接税，征税对象主要为房产、土地、奴隶等其他财产。之所以称之为直接税，是因为这些税由个人直接交给联邦税务当局。作为与间接税相对立的直接税，它在联邦税收中起了较重要的作用，直到 1802 年直接税取消。

汉密尔顿的第三份报告，即《关于建立银行的报告》，是在提交第二份报告的同一天提出的，他建议成立一个国民银行。这个银行将仿效英格兰银行的形式，作为一个私有而公管的庞大机构。在某些方面，汉密尔顿的建议不同于那个英格兰银行。他建议联邦政府应该拥有这个银行五分之一的股票。他竭力主张成立银行的理由是：①它将提供迫切需要的纸币；②它将提供一个保管公款的安全地方；③它能提供银行业务的便利，促进商业交易，从而使政府和贸易都能得到裨益；④它能够充作政府的财务机关，进行如发售公债等业务。国会通过了这份报告，汉密尔顿的财政改革计划得以实行，并很快收到了成效。银行法案的通过以及美国第一银行的建立，不仅使美国政府有了稳定的贷款来源，而且使政府从其拥有的银行股份中得到了一笔固定的收入。从 1791 年到 1802 年，政府总共从银行获得了 111 万美元的红利，还从出卖股票中获得了 67. 1 万美元。这笔数目不大的钱对当时财政拮据的联邦政府犹如雪中送炭。

另外，汉密尔顿倡议的资本市场是美国联邦政府的另一个收入来源，它主要用于为战争融资，其次用于版图的扩张，比如1803年路易斯安那的购买。[①]

4. 州政府的收入

美国独立之后，宪法取消了州政府的两大收入来源——进出口关税和制币权，并且声称西部土地归联邦政府所有，从而使州政府不能通过出售这些土地来取得地方财政收入。财产税和人头税继续担当着地方政府的主要财政收入来源。

18世纪90年代随着联邦政府债券的大量发行，州政府减少或者取消了财产税，将剩余的资金用来投资联邦债券。联邦证券通过资本市场公开出售，大多数卖给了欧洲的投资者。出售债券取得的收入被重新投资于银行和其他的公司。

5. 美国建国初期的财政支出

1800年，杰斐逊当选为总统。在第一届任期内，杰斐逊的经济政策主要可以概括为两点：建立节俭政府和鼓励农业发展。

建立节俭政府的主张是针对当时政府的财政状况提出的，这一时期政府的财政支出逐年上升，从1793年的384.6万美元增加到了1801年的830万美元，尽管由于对外贸易和航海业的发展使政府的收入也有很大的增长，但国债总额仍从1793年的8030万美元增加到1801年的8300万美元。对此杰斐逊指出："惊人数量的国债，不断增长的高额利息支出和人为发行的纸币紧紧压在我国农村的广大居民身上"，要解除农民的沉重负担，"必须尽可能地节省公共开支"。同时，杰斐逊认为联邦政府过于庞大就会导致腐败，从而破坏民主共和制的基础。在他的努力下，联邦政府削减机构，减少雇员，节约开支，使国债从1801年的8300万美元降低到1813年4520万美元的水平。在外界威胁不大的情况下，海军和陆军也相应地缩小了规模。

杰斐逊明确提出要采取鼓励农业的政策。杰斐逊及其支持者认为，美国在国际上占据强有力的地位，是因为其他国际需要向美国进口的农产品比向美国出口的农产品要多。因此，美国财政政策需要发展壮大美国的农业部

① 斯坦利·L. 恩格尔曼、罗伯特·E. 高尔曼著，巫云仙、邱竞译：《剑桥美国经济史》，中国人民大学出版社，2008年，第二卷第515页。

门，并且保证美国的剩余农产品能够运往美国的港口并出口到世界各地。1803 年美国购买路易斯安那的行为，正是为了打开美国农产品运往太平洋港口的通道。

在 1801 年致国会的咨文中，他把农业、制造业、商业和航海业并称为繁荣经济的“四大支柱”，强调在经济上实施“放任政策”。在杰斐逊看来，政府的所有开支都将给农业增加负担，因此他主张压缩一切不必要的政府开支，包括政府对制造业和修建运河、道路等基础设施的投资。为此，1802 年，联邦政府取消了国产税，以后又减少了国内税，只把关税作为政府财政收入的主要来源。这些政策的严重后果是，制造业由于缺少资金、技术、市场狭小，再加上面临国外制造业的强大竞争压力，而关税水平又不足以提供有力的保护而举步维艰。联邦政府很早就认识到了发展交通运输事业的重要性，所以在这方面提供了有力的财政支持。1804 年联邦政府财政部长加勒廷在改进国内运输业的报告中指出，联邦政府应该直接参与国内交通运输的改进，以促进西部开发和国家经济的发展，并建议用出卖公共土地的办法来支付所需的费用。

而联邦政府在改善国内交通方面的主要作用是对铁路建设的支持。主要包括以下几种方式：

（1）政府多种方式提供的间接支持。所有铁路公司都得到了政府发给的修路许可证，而且享有土地征用权、减免税收以及不受限制地发行股票等特权和优惠。有的铁路公司还被授予在指定地区之间进行运输的专利权。允许铁路公司经营银行和彩票，政府收购和担保铁路公司发行的长期债券，以便为修建铁路筹集资金。在减免税收方面，1830 年通过的法令，降低铁路路轨税收，使铁路公司节省了 6000 万美元，大大促进了铁路的建设。

（2）政府给予铁路建设直接的财政援助。1830 年至 1860 年所修建的 3 万英里铁路线，共花费 10 亿美元。这笔巨款大部分靠政府的资助、贷款和购买铁路公司的股票。在 1850 年前后，修建铁路的大多数直接援助来州和地方政府。1840 年至 1853 年，仅宾夕法尼亚州所属的市和县政府对铁路拨款约有 1400 万美元。

（3）政府拨给铁路公司国有土地。1850 年国会通过法令，拨给伊利诺斯州到亚拉巴马州的莫尔比的铁路所需要的土地400万英亩。[①] 联邦政府在此后的21年中不断地将大片的土地赠与各铁路公司。到1871年停止向铁路公司赠与土地为止，国会总共调拨了1.75亿英亩土地，铁路公司实际获得了1.31亿英亩。[②] 各铁路公司获得土地以后，纷纷以高价抛售土地，由此获得的巨大收入解决了铁路建设的资金问题。

1805年杰斐逊连任总统后，改变了其经济政策，提出各州政府可以在"和平时期把拨款用于运河、道路、手工业、制造业、教育和其他重大事项"。杰斐逊尽管把制造业也列入了资助和支持的范围之内，但实际上他主张由各州而不是联邦政府出资支持和鼓励制造业的发展，由此可以看出制造业在他心中的地位。

1807年《禁运法案》的实施，使连任总统的杰斐逊的思想和政策发生了重要转变。禁运不但使他被迫放弃了自由贸易政策，而且还使他认识到了农业经济的弱点和兴办国内制造业对国家主权和民族独立的重要性，转而采取贸易保护政策。

《禁运法案》的颁布是由1806年6月，美舰"切萨比克号"遭英国海军袭击的事件引发的。当时杰斐逊认为，工商业国在贸易中必然依赖农业国，英国需要从美国输入粮食和原料，"禁运"的实施必将给英国以沉重的打击，从而迫使英国放弃对美国的敌视政策。于是，1807年12月，美国国会通过了《禁运法案》，禁止美国船只离开美国驶往外国港口。此举意在中断对英国的农产品供应以教训英国。不料，英国仍然从西班牙和南美国家获得了原材料的供应。结果，禁运没有给英国造成伤害，却使美国经济全面瘫痪。1809年3月1日，美国宣布废除禁运令，该法案规定美国商人不得与英法两国但可以与其他欧洲国家进行贸易。禁运期间美国的出口额由1.834亿美元降到0.2243亿美元，进口从1.385亿美元降到0.7亿美元。于是，航海业濒临破产，大批海员失业，北部的商人损失惨重，农产品价格不断下跌，工业消费品供应发生严重困难，关税收入急剧减少，财政出现巨额亏空。在强大的压力下，国会于1809年3月撤销了禁运法案。但禁运却对美国的制造业产生了意想不到的促进作用。由于禁运使国内制造业避开了外国

---

① 吉尔伯特·C. 菲特，吉姆·E. 里斯：《美国经济史》，辽宁人民出版社，1981年，第663页。

② 布卢姆等：《美国的历程》，商务印书馆，1988年，第45页。

的有力竞争，同时，随着进口的急剧减少，制造业产品的价格迅速上涨，从而使投资制造业变得有利可图。此外，禁运还促使原来用于对外贸易和航海业的资金转而用于兴办制造业。这样，以禁运为契机，美国国内出现兴办制造业的热潮，制造业获得了空前发展。结果美国工业产量不但足以供应美国国内需求，而且不久就开始向外输出。1808 年美国只有 15 家棉纺工厂，1809 年一年就增加了 89 家，到了 1811 年，美国的棉纺工厂已经能生产 8 万个纱锭，3 年之内增长了 10 倍。1810 年，制造业的生产总值达到 1.2 亿美元。1815 年，美国的毛织业和棉织业所雇佣的工人达到 10 万人，每年产值超过 6000 万美元。

1808 年，杰斐逊政府的财政部长艾伯特·加勒廷在向国会的报告中提出了交通改善计划，大规模修建州际道路和运河的联邦计划。他强调，由于这些项目的受益面很广，但其所需的资金超出了州和地方政府以及私人部门的能力，因此必须主要依靠联邦财政资金。

杰斐逊主义者以涉嫌“违宪”为由，于 1811 年撤销了汉密尔顿建立的美利坚第一银行。但 1812 年的战争便将他们财政政策的弱点暴露无遗。在缺少银行支持和联邦政府公共信用低下的情况下，麦迪逊政府被迫采取通货膨胀的手段，以发行更多钞票的方式应对不断增长的战争开支。这一举措最终导致国家的大部分地区停止支付硬币，并接受一些极为苛刻的条款借债。联邦政府被迫再次课征联邦直接税，鉴于 1798 年人们对直接税的敌对反应，这一紧急措施在战后不久就被取消了。当时联邦政府规定，如果州政府能够自己拿出一部分资金，直接向联邦政府缴纳其应该承担的税收份额，就可以在征收联邦直接税的时候获得一定的折扣，当时许多州都这样做了。此外，由于联邦政府的军队不能提供足够的保障以应对英国海军的威胁，各州政府不得不组织自己的防卫力量，战争结束后，联邦政府替州政府偿还了这一笔开支。①

到 1810 年，军事支出成了最重要的单项开支。联邦经费的大量增加，主要是 1812 年的战争和墨西哥战争造成的。而且，战后的支出都比战前大得多。非军事支出从 1800 年仅 140 万美元增加到 1860 年的 3200 万美元。在同一时期，联邦的文职雇员从 1816 年的 6200 人增加到 1861 年的 49000

① 斯坦利·L. 恩格尔曼、罗伯特·E. 高尔曼著，巫云仙、邱竞译：《剑桥美国经济史》，中国人民大学出版社，2008 年，第二卷。

人。这都说明联邦政府活动的范围扩大了。

6. 美国的关税立法

关税保护是美国工业化战略时期的基本政策，在19世纪的关税立法进程中，美国国会共制定了15部关税法，其中有9部在南北战争前制定。从1816年第一部关税保护法到南北战争时的“摩利尔法”，是关税保护立法的起伏涨落时期。从保护、反保护到再保护的关税立法进程，经历了长达半个世纪的利益冲突与整合。这一时期的关税立法活动按照关税法的基本性质，可以分成三个阶段：①从1816年第一部关税保护法到1842年“泰勒关税法”，是保护主义关税立法兴起、发展的阶段；②从1846年“沃尔科关税法”到1857年关税法，是自由贸易的低关税法阶段；③从1857年金融恐慌到摩利尔关税法，是自由贸易和旧秩序的危机，关税法向保护主义回归阶段。

1816年关税法只是一个长期过程的开始，就其平均25%的从价保护税率而言，不能有效阻挡欧洲商品的源源涌入。1819年的经济衰退，促使美国制造业提出了把进口税率提高到45%的要求，同时还要求加快建立国内工农业产品的市场联系。1824年“美国体系”纲领的提出，即美国必须建立自己的国民经济体系来促进经济增长，要把美国工业和农业整合为一个完整的市场，为发展多样化的国内经济奠定基础。1824年美国国会通过立法，把进口税率提高到50%。这不仅仅是要保护制造业的利益，更是要把“美国体系”建立在一个可运作的基础上。联邦政府通过高关税率来保护制造业的发展，同时，利用高关税收入使政府能廉价出售西部土地，并为建设东西部交通网提供资金。在这样的经济发展构想中，高关税变成了组建国内市场环节的连接点和国家资源流动的助推剂。

但是，通过高关税来保护推动制造业的发展必然损害南部的现实经济利益，他们坚决反对为建立民族工业而牺牲南部利益。进口关税的上升会提高蓄奴制种植园的生产成本，由于英国在市场提供低廉的制成品和高价收购美国的初级棉织品，使南方的棉植园日益依赖英国的纺织工。这些主要面向英国纺织业的出口经济，担心遭受英国采取关税报复性措施的打击而开始反对美国关税保护政策。在1816年，南部种植园主未能有效抵制第一部关税保护法，可是到1828年国会讨论新的关税保护法案时南部立即出现了反关税保护阵营。南部种植园主的不满在1828年“可憎的关税法”通过之后，迅速激化成一场对联邦权力进行对抗的运动。南部棉植业不仅发起抵制北方制造品的运动，而且开始鼓吹“南方联盟”的宪政权利主张。南卡、乔治亚、密西西比、弗吉尼亚等州议会都先后宣布关税保护法违反美国联邦宪法。1832年南卡州宣布关税保护政策在该州无效的法令，使关税问题的争论第一次激化为动摇联邦体制基础的冲突。在杰克逊总统决定要对拒绝执行关税保护法的州诉诸武力的压力下，南卡州才被迫放弃他们“州权主义”立场。1828年关税保护引起的这场尖锐的政治冲突，显露了潜藏在美国立国体制中的那颗定时炸弹——平等的价值观与压制性蓄奴制经济的冲突。

1833年，由于国会反关税保护主义力量的压力，出现一个平衡南北利益的“关税妥协法案”，法案在总体上放弃关税保护的原则，关税保护只能按个案处理。从1833年开始关税要逐年下降，到1842年递减到低于20%。但是，1833年“关税妥协法”政策调整并不顺利。由于大规模开发土地以及地方主义金融政策造成的金融混乱，因英国资本流入锐减而引发了1837年的金融危机，接踵而来的是延续5年的经济萧条。经济危机带来的压力直接影响了1833年关税妥协方案的实施，曾计划1842年要大幅度递减关税的预定目标不但无法实现，相反，出现了关税的强力反弹，关税保护主张抬头。

1846年，美国国会以114票对95票的微弱优势通过了财政部长沃尔克提出的主张自由贸易的关税法。“沃尔克关税法”大幅度调低进口关税，增加了免税进口产品的种类，1857年关税法把进口税率定在17%，把美国贸易自由化政策带到了高潮。但是，在这部19世纪美国最后一个主张自由贸易的关税法实施不到半年后，因英国资本的大量撤离，直接引爆了美国经济快速增长中形成的金融泡沫。1857年金融危机迅速扩展到整个经济领域，严厉打击了美国工业和农业经济，但是，对南部蓄奴制经济的影响却很小。这种局面造成了东北部工业集团和西部自由农业的再度联合，共同反对南部蓄奴制经济及其主张的自由贸易政策。1860年共和党在大选中压倒性胜利以及南部蓄奴州的国家分离运动，把美国关税立法带入19世纪后半期的保护主义全盛时代。

关税立法的历程折射出美国现存的宪政程序无法把南部的蓄奴制自由贸易利益整合到工业化的贸易保护主义战略架构中，南北关税之争终究不可避免地演变成一场内战。南部蓄奴制种植园主在内战中失败，彻底结束了自由贸易主张对19世纪美国工业化进程的影响和阻抗，从此，贸易保护主义牢固持久地占据了美国关税立法舞台、为19世纪后半期美国工业化的加速创造了条件。[1]

二、美国资本主义发展时期的财政

1. 南北战争时期的财政概况

南北战争（1861—1865 年）又称美国内战，是美国历史上一场大规模的内战，这场战争的起因为美国南部十一州以亚伯拉罕·林肯于 1861 年就任总统为由而陆续退出联邦，另成立以杰斐逊·戴维斯为“总统”的政府，并驱逐驻扎南方的联邦军，而林肯下令攻打“叛乱”州。此战导致奴隶制度在美国南方被最终废除，不仅避免了国家的分裂，维护了统一，而且极大地刺激了政治、经济、社会等层面上的现代化进程。美国从而迅速地进入了现代化的深化和腾飞阶段。

南北战争期间，联邦政府为了筹款，建立了一个复杂的消费税体系，包括了酒类、烟草、制造品、法律文书和保龄球场。1862 年，美国联邦政府首次开征个人所得税，作为为南北战争筹款的一项紧急措施。它还建立了国内岁入署，即国内岁入服务处的前身。那时，对 800 美元以上的收入课税 3%。这项税率在 1862 年和 1865 年分别有所提高，直到对从 600 美元到 5000 美元的收入都课以 5% 的税款，对 5000 美元以上的收入课税 10%。在 1872 年废除这项税制之前，征收的税款约有 3 亿 4700 万美元。

南北战争期间，为了筹措战费，政府大大提高了 1861 年的保获关税的税率，创立了一个新的联邦银行制度，在通货里注入了不兑现的纸币，而且使通货膨胀主义者和通货紧缩主义者发生了半个世纪的剧烈纷争。战争的费用对于那个时期来说是十分浩大的，比战争爆发时人们所预计的还要大得多。据税务官大卫·威尔斯 1869 年时的估计，在战时和战后的 8 年零 3 个月里，国民政府的战费开支总数合 4171914498.33 美元。此外，他指出，还必须计入数量达到 20 亿元的养老金支付以及联邦政府和同盟各州直接与间接的大约 48 亿 2300 万美元的损失。威尔斯说，“这些被人们认为是适当的与合理地估计数字，说明了自从 1861 年以来，美国财富受到破坏的总数大约有 90 亿元；也就是说，全国的工业由于战争发生了改变，如果没有这个改变，这些工业是会生产财富的……这个损失的数额，等于全国拥有奴隶财

[1] 此部分参阅黄贵荣：《工业化、民族主义和利益整合——美国南北战争前的关税立法》，《法治论丛》2006（3）。

产最多时的价值的三倍；它到期末所产生的利息，等于南部在最优良的土地上每年用奴隶所生产的产品价值的两倍。”

四年之内，政府的开支超过了全国历史上所有开支数字的总和。为了要筹措到这些经费，国会想尽了一切办法去获得收入。由于关税提供了截至那时为止的联邦政府的收入，人们把它看做是一个最重要的经费来源。1861年3月2日，刚刚在林肯总统就职之前，参议院通过了基本上是由莫里尔起草的一项新关税法案。这项税收法案的目的在于提高1857年税率，使它恢复到1846年“瓦克尔税率”的一般水平，这个税率的平均数大约是25%。但是莫里尔提出的关税并没有产生预期的收入；国会又于1862年、1864年将关税的平均税率从原来的37%提高到1864年时的47%，比1857年增加一倍以上，为美国历史上关税最高时期。[①] 此后，在南北战争后的二十多年中，虽然对关税作了几次调整，但税率都没有出现大幅度下降。

1865年4月内战结束，美国内战最终以南部的投降而告终，这既是历史的必然结果，也是联邦政府以关税为主的融资政策的胜利。内战使美国北部制造业集团确立了中央政府的主导权。共和党吸纳了原商业集团、金融集团，试图将南部的发展纳入到北部工业发展的进程中，从而开创了一个向工业化大进军的时代。

2. 南北战争后重建过程中南部各州的税制改革

南部各州为了进行土地改革和民主改革，急需在财政上筹集资金，由此进行了税制改革。内战前南部对种植园主征收的土地税非常轻微，一个中等工商业者的纳税额约为种植园主的5到6倍。税制改革后，种植园主的土地纳税额大幅度增加，工商业者的纳税额则大幅度削减，一部分下层平民的纳税义务得以免除。南卡罗来纳州的每英亩土地税，从内战时期的15美分提高到改革后的15美元。1870年，南部11个州的纳税财产总值不及1860年的一半，但所缴纳的税款却超过1860年的4倍。许多无力完税的种植园主不得不将土地充公抵税或者低价出售，由此造成地价急剧下跌。南部各州的地价下跌幅度达到50%—70%。密西西比州的种植园主出卖土地64万英亩，南卡罗来纳州的种植园主因为欠税而被充公的土地有将近27万亩。这些土地有一部分被分配或出售给黑人，形成了一些独立的黑人小农。

南部重建时，各州政府除了提高税率增加财政收入外，还通过大量发行

① 丁建弘：《发达国家的现代化道路》，北京大学出版社，1999年，第543页。

公债吸收资金。1868—1874 年间，佛罗里达州发行的公债增加达 10 倍，从 52 万美元增至 560 万美元。整个南部在 1872 年的公债总额已达 1.32 亿美元。

南北战争后，美国工业的发展已使南部经济形态发生了变化，种植园主已变为农业资本家，他们的阶级利益逐渐和北部工业资产阶级的利益相一致而没有什么根本上的冲突，但在关税政策上有些矛盾。共和党基本上代表北方大工业资产阶级和金融资本家的利益，他们主张实行高额的保护关税。民主党在内战后成了大庄园主、富裕农民、南方资产阶级和北方那些不关心保护关税的工业资本家与金融资本家利益的代表者，因而反对高额的保护关税。民主党和共和党在关税问题上的分歧越来越大。

3. 南北战争后的减税政策以及联邦所得税的变迁

经历了赋税沉重的内战时期的公众普遍要求减轻捐税负担。国会对这种压力反应很快，马上着手减免战时货物税。1870 年取消了遗产税。所得税也在 1867 年降低了税率，1870 年再度调低税率，1872 年终于完全废止。许多商品不再征收货物税，联邦收入因此而大幅下降。比如 1868 年，联邦税收主要依赖于酒税和土豆税。从 1868 年至 1913 年，约 90% 的收入来源于货物税。

1872 年由于因战争而有的超量岁入需求已不再存在，美国国会完全取消了所得税。这时正是股份公司和证券市场进入大发展的时期。取消所得税就意味着各种以证券形式进行周转的资本不对国家和社会承担任何纳税义务。银行和工业资本在整整 40 年间（从 1872 年直至 1913 年重新实行所得税）完全在竞争、联合、投机和吞并的市场调节中走向了集中。相反，联邦政府以关税、土地税和商品税为主要税源，向内战和重建时期购买国债的大资本归还本息 27.558 亿美元，有力地加强了东北部大资本的竞争优势，而且使社会财富更快地积聚到大亨、寡头手中。到了 19 世纪末，要求开征所得税的呼声高涨起来，美国公众认为销售税和关税容许富人不足额承担他们理应承担的纳税份额。1894 年，美国国会通过了一项累进制所得税法令。

但立即引起了激烈的争论。这是因为所得税是按照所得来征税，而不是按照人头来征，故不可能做到按照人口在各州平均分配税负。1895 年，美国最高法院判决议会通过的所得税法案因违反宪法而取消。由于没有了所得税收入，国内其他税种增收又非常困难，使得联邦政府不得不通过提高关税来增加收入，关税成为 1896 年至 1910 年联邦政府增收的主要来源。1899

年通过的美国—西班牙战争收入法案，授予联邦政府可以通过发债、征收娱乐费、啤酒和烟草税加倍征收等形式来为战争筹集经费。但法案1902年到期后，联邦收入立即从GDP的1.7%下降到1.3%，所得税取消后，联邦政府一直在寻找其他的可以增收的办法。大家都认识到依靠高水平的关税和货物税不利于经济的良性发展，而且过高的货物税会加重穷人的税收负担。由于农业地区的农场主害怕以财产税特别是土地税作为政府增收的新税种，代表农场主利益的议员就提出了重新开征所得税的建议。最终代表西南部农业和农场主利益的西南部的议员和代表东北部地区工业所有者利益的医院之间展开了激烈的争论。议会讨论的结果，导致了第16次宪法的修正。第16次修宪的内容是："国会有权对任何来源的收入规定和征收所得税，无须再各州按比例分配，也无须考虑任何人口普查和人口统计。"1913年10月，议会通过了一个新的个人所得税法，最低税率为1%，最高税率为7%（年所得在50万美元以上的个人）。但当时仅有不到1%的人缴纳个人所得税，所得税筹集的收入十分有限。联邦政府原来指望：所得税收入将抵补实施安德伍德—西蒙斯关税法降低关税率而遭受的损失，但结果大失所望。公司所得税开征第一年的收入约为3200万美元，个人所得税收入仅有2800万美元，甚至少于烟草税收入。

新个人所得税法的一个主要问题是如何定义所得的合法性。1916年议会又开会决定将所得前面的"合法"两个字去掉了。其结果是所有的所得都必须缴纳个人所得税，即其来源不合法。

在所得税法生效之前，绝大多数公民可以随心所欲地安排其个人经济事务，不需要直接关注联邦政府的税收情况。每个人自由地争取自己的工资，企业自由地赚取利润，财富自由地积累和消费，不需要与联邦政府打交道，联邦政府也不干预他们的行为。所得税法的实施，从根本上改变了这种状况，所得税法给予了联邦政府了解每个公民和企业经济行为的权力，联邦政府为了征收所得税的需要，也必须了解每个公民和企业经济行为。议会也认识到所得税对纳税人私人事务的侵犯所带来的问题，所以于1916年议会通过了关于公民有权保护私人信息免受侵犯的权利，每个公民有权要求联邦税务当局必须对其私人信息保密，税务当局也有保密的义务。

这里顺便要提及的是，公司所得税诞生的时间早一些，于1909年颁布。但公司所得税是以公司形式经营企业的特殊优惠为理由而开征的。因此，从这个角度看，此时的公司所得税更像一种政府规费，并不是宪法意义上的所得税。

4. 南北战争后的美国关税政策

内战结束后，财政收入远远超出政府的开支，人们强烈要求降低战争期间沉重的国内税。到1872年，大部分国内税，除了对酒、烟草等少数商品之外，包括所得税都被废除。随着国内税的取消和战后经济社会秩序回归正常，关税也失去了继续保持高税率的理由，越来越多的人对它提出质疑，他们认为关税应该像国内税一样大幅降低，但这一主张遭到共和党人和那些从“战时关税”中受益者的反对。尽管民主党倾向于把关税仅仅作为税收的工具，但在内战之后，共和党占据了国会的多数和总统的位置，因而控制了关税政策的主导权。实际上，共和党1856年的政策纲领中还没有提及关税问题，内战结束以后，高关税政策在共和党内也有不同的声音，西部和新英格兰地区的共和党人倾向于降低关税，尽管在其他地方，如生产羊毛的中西部和钢铁业发达的宾夕法尼亚州都主张维持或者提“战时关税”。国会在1865—1872年间没能通过任何重要的关税立法，反映出这时期关税保护者和反对者的斗争中，双方几乎处于均势。由于任何一方都不能胜出，关税税率变化很小。虽然税率变化小，但是这一时期关税问题的斗争非常激烈，通过的关税法非常之多，仅在1866年，国会就于3月16日、5月16日、6月1日、7月28日通过了四部关税法案。当时，大卫·A. 威尔斯起草的关税法得到了当时财政部长麦卡洛克的首肯。威尔斯虽然不主张自由贸易，但他认为高关税并不一能使美国受益，他的议案主要是降低了原材料的关税，并小幅降低了部分工业的关税法案，实际上并没有降低大多数工业品的关税。威尔斯的议案在参议院得认同，在参议院以27票对10票获得通过。在众议院，赞同此议案的也占到多数，但是由于取消此前的众议院法案再让威尔斯的议案通过需要2/3多数，议案最终以106票对64票没能达到这一要求，自然也就没能成为正式的关税法案。

威尔斯的降税议案失败后，贸易保护主义者马上发动反击。国会于1867年3月2日通过《羊毛及其织品关税法》，把生羊毛和毛纺织品的关税提高到前未有的水平，这也是这段时间中最具代表性和影响力的立法之一。羊毛和毛纺品的税率在“战时关税”中已被大幅提高，1867年国会再次提高它们的关税，并且税则更加详细。按照羊毛的用途，它被分成地毯羊毛、粗纺羊毛和精梳羊毛三类，每一类其价值的高低分别征税。对每磅价值不高于12美分的地毯羊毛，课以每磅3分的从量税，对高于12美分的，课以每磅6美分的从量税。粗纺羊毛和精梳毛的税率一样，被分成两等，对每磅价值不高于32美分的，课以每磅10美分从量税，加11%的从价税，对高于32美分的，课以每磅12美分的从量税，对呢绒和羊毛披肩及其他制成品，无论是全羊毛的还是部分羊毛的，课以每磅50美分的从量税，加35%的从价税。对造纸和印刷机器中使用的环带和循环毛毡，课以每磅20美分的从量税，加35%的从价税。对法兰绒、毛毯、羊毛帽子、羊毛编织物、羊毛衬裙和精纺毛纱等其他精纺羊毛制成品每磅价值不高于40美分的，课以每磅20美分的从量税，对每磅价值在40到60美分之间的，课以每磅30美分的从量税，对每磅价值在60到80美分的，课以每磅40美分的从量税，对每磅价值在80美分以上的，课以每磅50美分的从量税，此外，对这类羊毛制品还要额外加收35%的从价税。对妇女和小孩的衣服，无论是全羊毛还是部分羊毛的，对价值不高于每平方码20美分的，课以每平方码6美分的从量税，加35%的从价税，对价值高于每平方码20美分的，课以每平方码8美分的从量税，加40%的从价税。

1867年《羊毛及其织品关税法》对其他商品的关税也很高，保护性极强。它在美国关税史上具有重要地位，这一税法不仅基本上确立了此后半个多世纪的关税法案对羊毛和毛纺织品的分类方法，还使纺织品关税成为整个关税体系中最为复杂和最难动摇的部分之一。

除了1867年的《羊毛及其织品关税法》，在贸易保护主义者的努力下，国会还于1869年2月24日通过了关于提高铜制品关税的法案。但是，国家财政收入的巨大增长使人们修改关税法的愿望更加强烈。西部共和党人，像詹姆斯·A. 加菲尔德，国会议员约翰·谢尔曼等强烈要求关税改革。在这种情况下，国会被迫起草了以降税为目的的议案。实际上，除了那些“纯税收性商品”，如茶叶、咖啡、酒、糖、糖蜜和香料等关税大幅下降外，其他商品关税税率变化不大。生铁的关税由每吨9美元降到了7美元。但是，这个议案同时又提高了钢轨、大理石、镍的关税。1870年7月14日，这一议案在国会获得通过，成为新的关税法案。

1870年生铁关税的降低，使人们看到了改革“战时关税”的希望，人们希望进一步降低其他商品的关税，形势对他们非常有利。在西部，改革关税的呼声不断高涨，改革关税的主张已经越过了政党界限，无论是站在民主党这一边的还是共和党那一边的所有西部国会议员，都赞成降低关税。之所以出现这种情况，一方面是因为西部农业集团并没能从高关税政策中直接受益。高关税造成国内工业面临的竞争压力较小，他们可以较方便的提高工业产品的价格，而粮食等农产品的价格却一直在较低的水平徘徊，这使西部农业集团蒙受了一定的损失，他们热切盼望改革“战时关税”。另一方面，大量的财政盈余也使部分共和党人对高关税政策的态度发生变化。这部分共和党人大体上分为两类，一类是那些持传统观点的，他们认为关税的最重要目标是满足国家的财政支出的需要，既然财政盈余达到了一亿美元之巨，改革“战时关税”法也是理所当然，另一类共和党人认为长期的高关税政策不一定对美国的发展有利，可能会对一些行业的发展形成阻碍，他们也提倡一定程度上降低关税税率。在国会，共和党内的主张降低关税的势力和民主党等主张改革“战时关税”的人逐渐联合起来，这使主张降低关税的议员占到了多数，政党界限已经不能阻止关税改革的潮流。因此，尽管共和党仍然占据国会的多数席位，但关税改革已经不可避免。

早在 19 世纪 60 年代初，联邦财政部长詹姆斯·考克斯、联邦税务署特别税务专员戴维·威尔斯都曾经提出降低关税的主张，但很快就被强大的压力挫败。此后，历任共和党总统都将高关税政策作为自己的“护官符”。格兰特 1872 年取得连任之后，不仅保持了原来的关税税率，甚至取消了原来的所得税。海斯上台之后，抛弃了原来支持自己的低关税派，坚定地执行高关税政策，博得了大企业的青睐，在卸任总统之后改任国会关税委员会主席。在阿瑟和哈里森任内，联邦政府每年都有 1 亿多美元的结余，其中一半以上来自关税收入。但这两位总统宁可将财政剩余用于扩大抚恤金和更新海军装备，也丝毫不敢降低关税税率。有时候，共和党为了避免党内分裂也调整部分关税税率，却始终保持总的关税水平相对稳定。海斯对此直言不讳：“目标是通过降低关税来实行保护关税。”①

1872 年，众议院财税委员会主席道斯拟定了一部议案，它大幅削减了“战时关税”，羊毛、毛纺织品和棉花的关税削减了 20%，生铁的关税由每吨 7 美元降为每吨 6 美元，煤、盐和木材的关税也都大幅降低，茶叶和咖啡的关税也进一步降低，但并未废除。这一议案仍然坚持保护的原则，但将“战时关税”降低到相对“合适”的税率。4 月，这份议案送交参议院。但是在这之前，参议院金融委员会也通过了一项总体上水平降税 10% 的法案。这项法案刚一提出，就遭到了贸易保护势力的反对。但是，随着降税幅度更

① ［美］福克讷著，王锟译：《美国经济史》，商务印书馆，1989 年。

大的众议院议案来到参议院的时候，情况发生了变化。此时，约翰·L. 海斯起了决定性的作用。他当时是羊毛制造商的经纪人，在参议院为两个议案争执不下的情况下，他认为，鉴于关税改革势力非常强大，对他们做出一些小的让步是必需的，这样做比不让步的最终结果要好。羊毛工业同意了海斯的办法，决定支持参议院的议案。后来，宾夕法尼亚州的钢铁工业也赞同海斯的想法，最后，所有保护势力都基本上接受了参议院的降税议案。

在众议院，这部议案引起一些众议员的不满，他们更倾向于之前的众议员议案能够获得通过，希望彻底的关税改革。但是，随着一部分议员接受贸易保护主义者降税 10% 的让步，关税改革力量出现分裂，坚持改革关税的力量被大大削弱。同时，贸易保护主义者联合起来，在麦斯尔斯·肯利和道斯的带领下，参议院的法案于 1872 年 6 月 6 日顺利通过。

1872 年关税法总体上将所有商品的税率降低 10%，这适用于羊毛、棉花、金属、纸、玻璃和皮革等所有受保护的工业。此外，盐的关税减半，煤的关税由每吨 1.25 美元降为 0.75 美元，一些原材料，如兽皮、造纸原料等免税。新税法对课税商品的从价税为 39%，所有商品的平均税率为 28%。

新税法仅仅实行一年美国就爆发了 1873 年经济危机。危机期间，很多大银行倒闭，股市也一度关闭，铁路和其他行业也出了问题。受经济危机的影响，政府的财政收入锐减，结果，1875 年国会又取消了 1872 年税法。这一做法在当时几乎没有引起任何反对。

此后，改革“战时关税”的行动还在继续，莫里森于 1876 年、伍德于 1878 年先后在国会提出新的关税议案，但都没能获得通过。直到 1883 年关税法的出台，才真正改革了“战时关税”。

到了 1882 年，财政部的盈余达到了 1.45 亿美元，关税委员会建议消减当时 25% 的关税，来减少财政盈余。

1884 年，克利夫兰以 219 张对 183 张选举人票击败布莱恩，民主党终于结束了连续 24 年的在野党地位。克利夫兰试图用关税和抚恤金这两个地域性的旧争端来掩盖当时舆论集中关注的货币争端。抚恤金曾经是共和党稳定其社会基础的重要手段之一，因此逐年递增。到 1876 年，抚恤金支出为联邦政府年收入的十分之一，到 1886 年已达到四分之一。共和党以此笼络约 40 万联邦复员军人及其家属 100 余万人。克利夫兰在位期间屡次对抚恤金动用否决权，以报复共和党人。接着，克利夫兰又在 1886 年提出了关于降低关税税率的特别咨文，引起了国会内部一番空前激烈的辩论。抚恤金和关税问题纠缠在一起，使得一度消沉的地域斗争情绪再度上升。为了平息舆论，克利夫兰对《州际商务条例》破例未加否决，并对文官制度的改革也表现出一丝宽容，以讨好共和党自由派。①

民主党在内战后仍然是低关税集团的代表。克利夫兰上台后，在全国关税改革联盟的支持下，于 1887 年提出一份低关税的咨文。根据这项咨文，民主党人米尔斯提出要普遍降低关税税率 7% 的议案，这在国会中引起了轩然大波。共和党参议员纳尔逊·阿尔德里奇和众议员麦金莱率领高关税派展开猛烈的反击，米尔斯提案在表决中遭到惨败，高关税壁垒依然完好无损。

1888 年，共和党人相继在总统大选和国会选举中取得胜利，这预示着高关税政策的出台。本杰明·哈里森抓住克利夫兰所处的窘境，在 1888 年选举的政纲中提出“毫不妥协地赞同美国保护主义关税制度”，赢得了大企业的数百万美元的捐助。得以上台，作为一个过渡性的总统，他的政策具有妥协性的特点。

哈里森上台后，先是在官职分赃和抚恤金两个地域性争端问题上报复了民主党人。他撤除了 3 万名民主党人的官职，又在 1890 年通过了《家属抚恤法》，并把抚恤金总额提高到 1.6 亿美元。

然而，在改革运动的强大压力之下，哈里森也不得不对日趋尖锐的社会争端作出反应，由此产生了 1890 年关于托拉斯、货币和关税的三项妥协性立法。哈里森政府在货币政策上稍作让步，在国会中通过了《谢尔曼购银法》。然后，借用共和党银币派的力量来保证《麦金莱关税法》的通过。最后，用一项含糊不清、缺乏强制力性的《谢尔曼反托拉斯法》来搪塞改革派和第三党。

1889 年威廉·麦金莱成为美国参议院财税委员会委员的主席，他的态度决定了当时美国关税政策的走向。事实上，在 1882 年的时候，麦金莱公开主张减少财政部的巨额盈余，到了 1889 年，他虽然仍然坚持这个主张，但是增加了一个前提：不能以降低关税为代价。麦金莱反对那时在学术界非常流行的自由贸易理论，他声称：“虽然自由贸易的理论在美国的大学中非常时髦，但是我宁愿自己制定政策的原则来自日常的时间和经验积累，而不是那些教授的空论。”因此，《麦金莱关税法》虽然标榜“消减财政盈余”，实际上却大幅提高了关税，以此达到保护美国工业发展的目的。在贸易保护

① ［美］福克讷著，王锟译：《美国经济史》，商务印书馆，1989 年。

理念的影响下，《麦金莱关税法》提高了许多商品的税率。羊毛方面，粗纺羊毛从每磅10美分提高到每磅11美分，精梳羊毛从每磅10美分提高到每磅12美分，地毯羊毛的从价税依据质量从32%到50%不等。毛纺织品方面，对每磅价值30美分以下的课以每磅33美分的从量税，再加上40%的从价税；对每磅价值在30到40美分之间的，课以每磅38.5美分的从量税，再加上40%的从价税；对每磅价值40美分以上的，课以每磅44美分的从量税，再加上50%的从价税；对半制成品，课以每磅49.5美分的从量税，再加上60%的从价税。此外，《麦金莱关税法》还提高了高档棉纺织品、马口铁和农产品等的关税，将课税商品的平均关税提高到了49%。在提高关税的同时，《麦金莱关税法》还提出了互惠原则，这标志着美国贸易政策的重点开始发生改变。在美国的历史上，传统的观念仅把贸易政策作为排外的手段，其结果是美国的工业虽然能够占领国内市场，但却很少考虑进军国外市场。随着美国经济的发展，国外市场的重要性日益提高，美国开始注重开拓国际市场。在1887—1897年的10年间，美国的关税从一个单纯保护国内的消极工具转变成为既保护美国国内市场，同时又帮助美国扩大出口的积极工具。”这标志着美国贸易保护政策的重大转变，其保护的重点由国内转向国内和国际并举。

自克里夫兰第二次当选总统后，实行了一些有利于银行家和农业资本家的政策，其中就包括降低关税。1894年，他颁布《威尔逊—戈尔曼关税法》，把平均税率降到了39.9%。

1897年共和党人麦金利当选总统，国会于当年通过了《丁利关税法》。这是美国历史上关税税率最高的关税法，其税率高达57%，而且，这个关税法持续了12年之久，是美国历史上实行时间最长的关税法。

从1861年共和党开始取得统治地位起直到1913年，美国几乎连续不断地保持着高额保护关税。高额关税作为对美国几百家采矿业和制造业的一种津贴形式而起着保护国内工业的作用。同时，因为进口数量的增加，关税就成了联邦政府收入的主要来源。但是，1909年的《佩恩—奥尔德切关税法》对关税做出了重大的修改，这个法令受到了当时共和党总统威廉·霍华德·塔夫脱的支持。这个法令增加了许多产品的进口税，然而也决定性地消减了成衣、鞋、钢轨、生铁和铁矿石的进口关税。

1912年，当伍德罗·威尔逊作为改革的民主党候选人当选为总统时，他把关税改革作为他纲领的中心内容，并且利用他总统的权力向国会无情地施加压力。其结果就是1913年的《安德伍德—西蒙斯关税法》，是威尔逊总统"新自由"计划的第一个成果。这个计划还包括强大的反托拉斯法和在美国银行业中建立联邦储备制度。就其主要方面而言，这是一种真正的自由贸易关税，因为钢铁、原（羊）毛、煤、鞋和长筒靴等连同农具和其他产品都被列入自由贸易的范围，不过，在其他方面，仍然继续实行保护贸易主义，因为应纳税产品的关税率平均达29%。但是，实际效果是为了降低消费者许多日用商品的价格。

表4-1列示了1870—1929年美国课税商品的平均税率情况。

表4-1　1870—1929年美国课税商品的平均税率　单位：%

时　期	课税商品的平均税率
1870—1872年	44.2
1873—1883年	42.3
1884—1890年	45.3
1891—1894年	48.9
1895—1897年	41.6
1898—1909年	47.3
1910—1913年	40.8
1914—1922年	28.3

资料来源：U. S. Department of Commerce Bureau of the Census，Historical Statistics of the United States，Colonial Time to 1970（Washington D. C：Government Printing Office，1975），Series U207-212。转引自：褚浩：《19世纪后期美国贸易保护政策研究》，复旦大学2009年博士论文。

5. 美国资本主义发展时期的财政支出

美国内战之后，联邦政府主要有两大转移支付计划：一是对国家债务利息和本金的支付；二是对国家联邦的退伍老兵和他们的遗孀、孤儿的抚恤金支付。

随着南部联盟在内战中以失败告终，它所发行的货币以及举借的债务也被宣布无效。在1860年南方各州的债务总额约为9000万美元，到了1865年因为利息的拖欠增加到1.12亿美元。在1865—1868年的"总统重建"期间，田纳西、路易斯安那和佐治亚州为公共事务所举借的新债，加上南方各州债务的利息拖欠，总额达到1.46亿美元。在随后的"国会重建"时期，从1868年到1874年，南方各州的债务很可疑地增加了1亿多美元，这部分资金绝大多数流入了私人口袋或者被偷盗了失败的风险投资项目上，对有利于公共事业的项目贡献很少。

随着19世纪70年代中期南部重建的结束，南方各州的首府开始为民主党人所控制。新的州政府拒绝支付重建时期几乎所有的债务，接着拒付一些其他的债务。其中有6200万美元的债务被彻底拒付，另外的4100万美元的债务通过要求按比例削减其他债务本金的方式被拒付，上述按比例削减的债务所增加的利息也被拒付，拒付的总额达到了1.16亿美元。

从南北战争结束到1880年，大约40%的联邦预算被用于支付债务的利息支出。债券持有者在美国内战的通货膨胀中以便宜的美元购买了大量的美国联邦债券，由于当时多数税收是累退性的消费税，所以这一转移支付计划有利于投资者而损害了消费者，结果使得钱从纳税人手中转移到了债券持有人那里。

在实施对老兵的转移支付计划时，南部地区的老兵被排除在外，南方各州政府实施了他们自己的计划。在19世纪60年代后期到70年代，由于当时的主要财政目标是恢复硬通货的支付和管理债务，所以并没有能够完全满足老兵的转移支付要求。随着1879年恢复硬通货的目标达到，联邦财政对债务管理的关注度开始降低。为老兵游说的集团说服国会通过了一个《养老金拖欠法案》（Pension Arrears Act），这一法案规定，养老金从士兵退役之日起开始计算支付。该法案出台后，领取养老金的人数从1879年的26000人增加到1885年的345000人，养老金支付总额也在1879年到1885年之间翻了一番，在1885年占到了联邦预算总额的20%。

1890年，养老金的发放随着预算盈余的增长进一步放开：任何一个在军队服役超过390天并且患有任何一种残疾的老兵（无论这种残疾是否与在军队服役的经历有关），以及没有再婚的老兵的遗孀，都是合法的养老金领取对象。到1893年，领取军队养老金的人数激增至接近100万人，养老金的开支占到联邦预算的40%。此后一直到1914年，养老金开支依然在缓慢增长，1914年它仍然占到预算开支的25%。

第三节
两次大战时期的美国财政

一、第一次世界大战时期的美国财政

1914年7月，第一次世界大战在欧洲爆发。美国宣布中立，向交战双方出售军火物资，大发横财。直至1917年3月，美国政府借口德国宣布恢复“无限制潜艇战”和德国密电墨西哥企图结成德墨联盟反美，在国内掀起反德浪潮。同年4月6日美国对德宣战。到大战结束时，陆续派往前线的美国军队达200万人。在财政和军需方面，美国成了协约国的支柱和主要基地。大战期间，美国供给协约国集团的军火和各种物资及直接贷款总额将近100亿美元。

1. “中立”时的财政

1914年7月，一战爆发。由于战争对国际贸易的破坏，美国联邦关税收入下降了很多；战争所引起的股票市场的恐慌和经济萧条也使国民收入减少，所得税收入下降，其结果是1915财政年度的财政出现了很大的赤字。1914年年末通过的一个紧急税收法案暂时提高了消费税，只经过一年的试行便于1916年全面推行开来。

1915年12月，威尔逊总统警告称，国家应当扩大陆军和海军开支，并且应当将所得税征税范围扩大，使其成为税收收入的首要来源。在美国和平代表团的调停努力失败后，1916年夏天，国会授权增加陆军和海军的开支，并通过了一项收入法案。这项收入法案使个人所得税最低税率从1%提高到2%，最高边际税率由7%提高到15%（所得超过150万美元的个人）。法案对军需品生产者的净利润设定了一个特殊的税种，并对不动产设定了一个新税种。

两年半的“中立”使美国在国际贸易中独占鳌头，成为协约国的军需和消费品主要供应国，美国不仅输出额逐年增加，而且工业品的出口比重大量增加。外贸的增长，刺激了国内工农业的发展。美国工业总产值1914年为249亿2000万美元，1919年为639亿7100万美元，增长156.7%。在大战期间，美国百万富翁增加了17000人。英法等国由于巨额逆差，不得不付给美国大量黄金。美国借机还收回了外国握有的证券20亿美元以上。美国从债务国变成了债权国。迄1919年，美国借给协约国的战债约一百亿美元，成了20个国家的债主。它还把世界黄金储备的40%掌握到了手里。

2. 参战时的财政

美国参战之后，财政负担不断加重，不但要承担自己参战的费用，还要为协约国的军事开支负责。协约国同盟各方都企盼美国能够提供足够的财政支持，1917年英国财政大臣诺斯克里夫勋爵就曾经对统治美方的豪斯上校说，“我们可用以向美国支付的财力业已枯竭。除非合众国政府能够充分满足我们在美国的开销……否则协约国的整个经济结构必将崩溃。”据统计，美国一战时期大约2/3的直接战费是用贷款的方式解决的，其余的部分是用当时的税款支付的。

1917年4月，美国国会通过“第一自由贷款法令”，授权财政部长经过总统的批准，可以在100亿美元的范围内给各盟国政府提供贷款。据统计，1917年4月至1919年10月期间，美国所支出的全部直接战费约为350亿美元，其中贷给盟国的款项为95亿美元。可见，美国政府筹集用于国内和贷给协约国的巨款，主要靠贷款解决。1917年5月14日，美国财政部公开发行第一批总额为20亿美元、利率为3.5%的长期公债。为了防止出现银行储蓄资金大量出逃的情况，这一利率比通常储蓄银行的利率水平要低得多。尽管如此，公众还是将这笔债券认购一空，认购额超过了实际发行额。截至1918年11月11日，财政部共发行了4批自由公债，利率从3.5%到4.5%不等。据统计，美国战前只有10亿美元的国债，到1919年8月底这一数字猛增到空前的254.845亿美元，其中约有191亿美元为自由公债和胜利债券。约有70亿美元，即总数的30%是由收入在2000美元以下的民众认购的，剩余的约100亿美元是由收入在2000美元以上的人以及包括银行在内的机构投资者认购的。

由于一战巨大的军费需求，1917年10月，国会又通过了以增加联邦收入为目的的《战争税收法》，该法案降低了宽免和扣除，大大提高了所得税的税率，将个人所得税税率从15%提高到67%，并将超额累进所得税的起征点从2万美元降低到5000美元；公司所得税税率从2%提高到6%；地产税的税率提高为2%—25%；超额利润税提高为20%—60%，但军火制造商的利润税税率却从12.5%减为10%。此外，烟税、酒税、车辆牌照税、娱乐税的税率都有相应比例的提高。

1918年初，战争开支增长，威尔逊总统发现他不得不提出增税的特别要求，以减轻对贷款的依赖，6月联邦政府向国会提出了该项增税新法案。然而随着秋天大选的日益临近，国会延缓颁布这项税收法案，该法案直到1919年2月24日正式生效成为法律。它规定1918年个人所得税税率为4%—8%；超额累进税的最高税率提高到65%，这样就是正常税率和累进税率加起来最高可能对富豪征收高达77%的个人所得税；公司利润税税率提高到12%，相应的超额利润税税率提高到30%—65%。各项税种的税率虽然有了一定程度的提高，但是税收的结构保持了稳定。该法案还表明，增税只是为了应对战时开支的一项临时性举措，战争结束后税率将会逐步降低。

随着一系列战时税收法案的出台，美国联邦税收每年增加的税收金额从1914—1916年的不足8亿美元增加到1918年的42亿美元，到1919年6月30日为止的这一财政年度，该项数据为46亿美元。所得税和战时利得税共占税收美国联邦总额的2/3。①

二、第一次世界大战后到“大萧条”时期的美国财政

1. “大萧条”时期胡佛的财政思想以及政府面临的现实情况

在20世纪20年代主要有两大财政思想，由胡佛和他同时代的人提出。其一是降低税率将会提高国民收入，其二是在经济萧条时期增加公共投资开支将会减少失业。大萧条之前，胡佛政府面临的现实状况：①美国的财政管理授权高度分散，12个联邦储备银行相对于美联储具有很强的独立性，而美联储本身在法律上又独立于美国联邦政府。这使得美国政府的财政政策无法得到美联储的货币政策的有效配合，政府无法指望美联储提供资金来弥补政府的预算赤字。②平衡预算的思想得到了当时政界、商界和财政领导人的普遍认同。③在萧条之初，联邦政府开支规模比较小，1929年的联邦开支约占国内生产总值的2.5%，联邦政府购买的货物和服务约占1.3%，联邦工程所占的比例小于0.3%。②

---

① 刘绪贻，杨生茂主编：《美国通史4：崛起和扩张的年代1898—1929》，人民出版社，2002年。

② 赫伯特·斯坦著：《美国的财政革命——应对现实的策略》，上海财经大学出版社，2010年，第11—12页。

2. 胡佛应对经济危机的财政政策

（1）缺乏效果的刺激政策。胡佛在1929年10月股市崩盘之后，积极迅速地按照章程采取了行动。他试图通过“保持信贷稳定和通过联邦储备系统建立充足的资本，以及在两党合作下运用减税展示政府的信心”。[①]

具体的减税措施是：削减1929年的税收收入，即总计约1.6亿美元将于1930年到期的税收，约占联邦年度收入的4%。胡佛在1929年12月向国会提交的预算咨文中提到，减税将会促进“商业的繁荣”，分别给1930和1931财政年度带来超过2.25亿美元和1.22亿美元的盈余。然而这种估计的前提是在允许减税之前估计的1931财政年度的所得税收入与1930财年持平，这便意味着在1929年和1930年根本不存在经济衰退！

在预算支出方面，尽管胡佛在多个公开的场合讲话公共时宣称要推动投资，但在预算咨文中没有明显迹象表明总统将增加联邦公共投资以增加就业。

事实上表4-2所示的这些增长几乎完全是由于联邦农业局支出的增加造成的，与应对经济衰退的措施无关。

表4-2　　1929—1931财政年度的财政收支数据

财政年度	剔除债务减免之后的财政总支出	财政盈余（不包括债务减免）
1929	32.98亿美元（实际）	7.35亿美元（实际）
1930	33.94亿美元（预计）	7.75亿美元（预计）
1931	34.68亿美元（预计）	6.78亿美元（预计）

资料来源：赫伯特·斯坦著：《美国的财政革命——应对现实的策略》，上海财经大学出版社，2010年，第15页。

其间胡佛总统拒绝了许多公共投资刺激计划，如1930年6月全国失业联盟提出的价值30亿美元的公共投资计划，1931年9月4日众议员W.M.怀特提出的高达85亿美元的刺激计划，以及内阁委员会提出的相对“温和”的8.4亿美元的联邦开支计划。

然而，胡佛的政策并没有起作用，公共投资的增加并不足以抵消私人建造的下降。联邦、州和地方的公共投资支出从1929年的24.68亿美元增至1930年的28.58亿美元。联邦开支从1.55亿美元增至2.09亿美元。与此同

① 赫伯特·斯坦著：《美国的财政革命——应对现实的策略》，上海财经大学出版社，2010年，第13页。

时，私人非住宅建造从50亿美元下降至40亿美元，私人住宅建造从40亿美元下降至23亿美元。

胡佛政府对抗经济萧条的财政行动始终受到经济已然好转、复苏指日可待的信念的制约。1930年1月，胡佛呼吁扩大资本支出，但他没有明确提到联邦政府自身开支的增加。当时，绝大多数经济学家错误地预测经济的最低点将于1931年夏天到来，实际上直到1932年夏天经济的最低点才出现。根据这些关于经济前景的假设，胡佛政府的立场是，1931年上半年联邦公共投资支出仍需增加，但支持就业的特别开支应逐渐减少。

1931年，在缓慢提高联邦支出的同时，国会还颁布了一项法律，一次性向参加过第一次世界大战的老兵预先支付10亿美元。早在1924年，国会就通过了一项法案，承诺在1945年向老兵支付一笔款项（即时1945年前老兵已经去世，其家属依然能够全额收到应得的款项）。此外，1930年老兵还可以获得那笔款项最终“面值”的22.5%的借款。支付这笔款项是胡佛政府最大的一笔单一财政行动，但它并不是一项用来对抗经济萧条的财政政策。这笔钱来自于一个信托基金，它不属于财政预算的一部分，尽管这并没有减轻财政部筹措这笔资金的压力。

（2）1931年的增税。1931年夏天，政府在计算应缴纳税额后发现其远低于预期，对1931年财政赤字的估计被提高到了至少7亿美元。6月2日，胡佛宣布当年的财政赤字将高达9亿美元，但当时市场普遍认为政府短期内将会通过借款而不是采取增税的方式来实现预算平衡。

美国财政部面临的形势在1931年9月21日英国废除金本位制之后发生了巨大的变化，黄金开始大量流出美国，美国政府债券和其他债券利率大幅上升。与此同时，随着提款额的增加，越来越多的银行随之倒闭。1931年12月，政府提议设立复兴金融公司（RFC）以应对金融危机，由财政部购买此公司的股本，金额为5亿美元，并授权该公司可以从财政部和地方借款最高33亿美元。但该公司直到罗斯福“新政”时期才真正发挥其应有的作用。鉴于1931年秋天美联储不愿通过发行新货币的手段来支持债券，政府决定增加税收实施债券支持计划。增税被作为防止联邦政府通过借款挤占私人投资可用资金并压低金融机构资产价值的一种手段。

胡佛认为，保持美元对英镑的汇率和保证向在美国的企业提供信贷业务是经济复苏的必要条件。在这一大背景下，胡佛于英国废除金本位制五个星期之后决定增税。增税的具体方案体现在12月提交国会的预算咨文中，拟议增加的税收额度极为庞大，估计在1933年度超过9亿美元，约占1932年所得税收入的1/3。大部分新增加的税收收入将来自于选择性消费税，同时个人和企业所得税也将提高，约占增税总额的20%。增加税款的总额度正好可以平衡1933财年的预算而不必规定通过偿债基金来减少公共债务。

事实证明，1931年的增税是一个失败的甚至在一定程度上不可理解的政策。胡佛政府基于对当时黄金外流、利率提高和银行运行状况的担忧，并怀着有利于1932年选举的政治企图，试图通过增税来实现预算平衡，尽管还有许多更好的政策措施可供选择。①

三、“罗斯福新政”时期的财政政策

大萧条时期，联邦所得税增税改革使得经济更加萧条。1929年10月，股票市场发生崩溃，大萧条开始。由于经济的萎缩，联邦政府收入也大幅下降。1932年，联邦收入仅为19亿美元，与1920年的66亿美元相比，下降了2/3。面对1931年27亿元的巨额赤字，1932年议会通过了不适宜的增税税收法案，大大提高了所得税税率，使得经济雪上加霜。1936年，议会又通过立法，继续提高税率来增加财政收入，更近一步加深了经济的衰退。到1936年，最低税率以提高到4%，最高税率提高到79%。因此大萧条时期，联邦所得税增税改革使得经济更加萧条。

在整个经济陷入危机深渊之际，1933年，罗斯福总统上台，开始推行所谓的“罗斯福新政”。其中涉及财政政策的有一个由被动到自动地实行补偿性财政的过程。尽管在罗斯福周围有许多主张实行赤字财政政策的人，罗斯福早期并不是赤字财政的信奉者。他在竞选中严厉地批评过胡佛政府的巨大赤字。1937年，在经济复苏还很不充分的时候，罗斯福曾要求国会接受他削减政府开支，以实现预算平衡的建议。不过1937—1938年的衰退这时已露端倪，而且日益严重，如果政府不加干预，形势将很难扭转。在这种情况下，罗斯福才不得不改弦更张，向国会建议1939年补充拨款30亿美元，用于直接开支和贷款，而不再强调平衡预算。他在解释这种必要性的时候说：“今天的购买力——公民们今天的收入——不足以使经济有较高的速度，政府的责任在这个时候必须对通常的过程加以补充，并补充到保证追加

① 赫伯特·斯坦著：《美国的财政革命——应对现实的策略》，上海财经大学出版社，2010年，第19—29页。

额达到充足的程度。”这表明他这时已对赤字财政的经济意义有了进一步的认识。

可见，最初为形势所迫而被动地运用财政杠杆，安排赤字预算；以后通过实践，逐步懂得要用赤字预算来对付危机，从而自动地实行补偿性财政政策。这可以说是美国财政政策演变的一大特点。

根据凯恩斯理论，在经济处于萧条或衰退的情况下，政府应采取扩张性赤字财政政策，如扩大政府支出，削减税收，发行公债等以增加投资需求和消费需求，实现充分就业的目标。罗斯福新政作为一种没有现成理论指导的实践活动，采取了一系列类似于凯恩斯理论的扩张性赤字财政政策措施，但是正像我们在后面将要看到的，新政财政政策与凯恩斯理论仍存在若干重要的区别。与20世纪60年代肯尼迪—约翰逊政府的减税政策不同，30年代美国的赤字财政政策表现为一种支出政策。为了对付大萧条，罗斯福采用了扩大政府指出的扩张性财政政策，政府支出主要用于公共工程和工作救济（即以工代赈）。

1. 公共工程和工作救济

公共工程和工作救济是新政在复兴美国经济方面作用最大的两项财政措施。可以说，如果没有这两项措施，20世纪30年代“大萧条”中的美国经济不可能恢复。

公共工程由于其外部性和市场供给的失灵性，早在亚当·斯密时代，就被认为应列入由政府出面并维护的范围之内，其职能主要是为私人部门的平等竞争创造必要的外部条件和环境。然而，往往被人忽略的一点是，在罗斯福新政实践和凯恩斯理论产生之前，公共工程就已作为反经济周期的工具在实践中得到运用。例如，20世纪20年代，美国总统赫伯特·胡弗就有两种财政政策思想，一是减税能增加收入，二是公共工程支出的增加能降低萧条中的失业率。上任之初，胡佛把反萧条的公共工程看做美国经济生活中“头等重要的新试验”。1930年，联邦、州和地方政府用于公共工程的投资达17亿美元，同年7月，胡佛宣布1931年联邦总支出将比1930年多2.09亿美元，支出的增加主要用于“加快建筑、内陆河道和公共工程的发展”，以解决失业问题。

罗斯福是在公共工程支出对政策制定者的影响处于低潮时就任美国总统的。为了复兴美国经济，罗斯福把公共工程和工作救济作为解决失业问题的主要工具加以运用。（由于公共工程和工作救济有时很难区别，国会对它们的拨款通常是混在一起的。但二者是有差别的：公共工程是联邦政府为刺激私人投资，扩大需求，复兴经济而兴办的工程，基本上是复兴的措施；工作救济是联邦政府投资兴办的工程，其目的在于增加就业、复兴经济，它既是公共工程的一种形式，又是救济的一种形式，但基本上是救济的措施。）罗斯福对工作救济的态度显示了与前任胡佛的不同。在胡佛看来，工作救济是浪费和低效的，因而其对付萧条的公共支出措施几乎完全依赖于公共工程。罗斯福则非常灵活，出于对人道主义的信仰，力求改善穷人、失业者的生活状况，工作救济就是为缺乏一定劳动技能的失业者直接提供岗位和工资，从而打破了旧有的把公共工程和工作救济区别开来的条条框框。

罗斯福对公共工程投资，经历了从关注其直接效应到间接效应的转变。新政早期，罗斯福既没有“汲水政策”的思想，也不知道卡恩的“乘数”概念，只是关注公共工程支出的直接就业效应。1933 年秋，罗斯福决定成立国民工程管理局（CWA）就表明新政的早期支出政策是按照特定计划的需要和直接效应，而不是按照支出对增进就业和繁荣的贡献作出的。而到了 1935 年 9 月，罗斯福则对支出的间接效应表现出异乎寻常的热情。他在一篇演说中指出，“对所有这些工程的支出，不论大小，都流到了许多受益人的手中。它们使其他的、更为偏远的工商业得以再生。货币处于流通中。信用得以扩张，美国的金融和工业机制得到刺激，变得越来越有活力。”这种对支出效应的看法的变化反映了罗斯福的认识在实践中不断得到深化。

2. 新政中预算政策的变化

财政政策向承担宏观经济稳定的责任这一方向的转变是在新政时期完成的。促进这种转变的直接动力，除了经济哲学的变化之外，主要是经济发展本身的要求。预算政策在新政时期经历了从平衡预算向赤字预算的转变。表 4－3 是联邦预算的执行情况及它们对国债的影响。

表 4－3　新政时期的财政运行情况（1933—1940 年）　单位：百万美元

财政年度（6 月 30 日为截止日）	收　入	支　出	盈余或赤字	年终联邦债务
1933	1997	4598	－2602	22539
1934	3015	6645	－3630	27053
1935	3706	6497	－2791	28701
1936	3997	8422	－4425	33779

续表

财政年度（6月30日为截止日）	收　　入	支　　出	盈余或赤字	年终联邦债务
1937	4956	7733	-2777	36425
1938	5588	6765	-1177	37165
1939	4979	8841	-3862	40440
1940	6361	9456	-3095	42968

资料来源：U. S. Bureau of the Census, Historical Statistics of the United States; Washington, D. C; GPO, 1975, pp. 1106-1117.

3. 新政中的税收政策

现代税制结构的发展特征是由间接税向直接税的转变。美国实现这一转变可以追溯到第一次世界大战时期。当时，出于战时融资的需要，美国建立了一种民主中央集权统制的税收制度。这种税收制度有两个特点：一是实行极高的累进税率；二是税基主要由公司和富人的收入组成。第一次世界大战结束后，由于政治和经济各方面的压力（如高累进税容易产生税收漏洞），该税收制度受到了削弱。但到了罗斯福执政时期，为了对付大萧条，他着手恢复第一次世界大战中建立的中央集权税收制度。罗斯福继续进行第一次世界大战中就已开始的税制改革，已建立一种全新的税收制度。然而，一直到1935年，由大萧条推动的税收政策的变化，主要是为了适应短期经济刺激和增加收入的需要，而不是为了寻求综合性的税制改革。为了促进经济恢复，罗斯福很谨慎地采取了一些适度的增税措施，如《农业调整法》授权农业部长征收农产品加工税，《国家工业复兴法》规定对股息征收5%的预扣税以及征收少量的超额利润，等等。而在新政早期，与增税措施相比，罗斯福更多地依赖于税收的“自动稳定器”作用。就是说，在现行税制结构不变的情况下，1933年3月开始的经济恢复导致税收收入的增加。1933年12月，禁酒令的取消适得其时，给联邦政府带来了大量的收入。1933年到1936年，来自酒税的收入增加了将近5亿美元。1936年，由酒税以及对烟草、汽油消费征收的特定货物税产生了15亿美元的收入，占联邦税收收入的40%还多，并且超过了当年的所得税收入（14亿美元）。1935年，罗斯福认为，当时的政治经济条件有利于恢复战时中央集权的税收政策。由于平衡预算努力的失败，国会和政府内部要求增税的压力增加了，社会上要求“平分财富”的运动也日益高涨。1935年6月19日，罗斯福向国会建议对现行的税收政策进行广泛的改革。他的建议包括对企业征收累进税以防止垄断的增长，增加高收入阶层的个人所得税，对巨额遗产征收除联邦遗产税以外的继承税等等。这些税收改革计划的目的不仅在于增加政府收入，而且在于纠正当时严重的社会和经济的不公平。

这项税收改革计划提出后，随即遭到了保守派和企业界的激烈反对。但经罗斯福的努力，在《1935 年税收法》中，国会保留了罗斯福想得到的大部分税改建议。根据该法规定，对超过 5 万美元的个人年收入征收超额累进所得税，其最高税率从 59% 提高到 75%；遗产税的最高税率从 60% 提高到 70%；公司累进课税的原则被采用，税率从 13.75% 改为 12.5%—15%。同时，增加超额利润税和股本税，征收控股公司和内部公司之间的股息税。

为增加收入，国会在 1936 年 6 月通过了征收企业未分配利润的《税收法》，该法将未分配利润税税率定为 7%—27%，同时也把公司所得税税率降到了 8% 的低水平上。1937 年经济衰退发生后，企业界要求减税的呼声日益高涨，他们把这次衰退的部分原因归咎于未分配利润税。然而，罗斯福却打算在 1938 年采取更激烈的改革计划，如增加未分配利润税，建立对资本得益的累进税收，对联邦、州和地方债券的收入征税，等等。于是，1938 年国会中的共和党人和保守的民主党人联合起来，利用罗斯福的错误竭力阻止新政税改方案的实施。国会首先于 1938 年 5 月通过了未得到罗斯福签署的《税收法》，大幅度降低未分配利润税税率，并最终于 1939 年 6 月不顾罗斯福的反对，完全废止了企业未分配利润税。

新政税收改革计划于 20 世纪 30 年代末结束，但是罗斯福和国会引入了一种新的税收制度。该制度由“向富人课重税”、扩大对消费税的征税以及社会保障税等部分组成。总的来说，新政税收政策除了具有增加收入以弥补日益扩大的政府支出这个经济目的之外，还强调了它的社会目标，即通过增加对高收入阶层的税收以抑制经济权力的集中，通过联邦税收的再分配机制以完善收入分配的不公平状况。从 1933 年到 1937 年，美国失业人口从 1283 万下降到 770 万，下降了 40%（年均下降 12%），失业率从 24.9% 下降到 14.3%，下降了 42.6%（年均下降 13%），GNP 实际增长率为 45.6%（年均增长 9.8%）。即使由于政策失当造成了 1937—1938 年的衰退，1939 年的失业人口为 948 万，仍比 1933 年低 26.1%（年均下降 4.9%），1939 年的失业率为 17.2%，比 1933 年下降 30.9%（年均下降 6%）。

总之，罗斯福新政中的财政政策实质是一种“汲水政策”。汲水政策是在经济萧条时靠付出一定数额的公共投资使经济自动恢复其活力的政策。汲水政策有四个特点：第一，它是以市场经济所具有的自发机制为前提，是一种诱导经济复苏的政策；第二，它以扩大公共投资规模为手段，启动和活跃社会投资；第三，财政投资规模具有有限性，即只要社会投资恢复活力、经济实现自主增长，政府就不再投资或缩小投资规模；第四，如果经济萧条的状况不存在，这种政策不再实行，因而它是一种短期财政政策。

四、二战时期的美国财政概况

二战时期，尤其是在参战后，美国实行的是一种所谓赤字开支的财政开支政策。财政赤字连年攀升，达到了巨大的规模。1942 年美国正式参战后，尽管美国税收进一步增到 144 亿美元，但是财政预算开支增长更快，达 351 亿美元，预算赤字为 208 亿美元。1943 年政府预算收入为 236 亿美元，预算开支则为 785 亿美元，其间差额达 549 亿美元。1944 年的预算收入为 443 亿美元，支出为 913 亿美元，赤字额为 470 亿美元。1945 年预算收入为 452 亿美元，预算支出为 927 亿美元，赤字额为 475 亿美元。

1. 二战时期的财政收入

美国战时所需开支主要是从国内取得的，随着扩军备战的进行，政府财政开支日增。就如何满足财政开支的问题，美国国内当时存在两种看法。一种认为，一旦财政收入不能充分满足政府开支的需要时，就应该实行持续的赤字财政。另一种则坚持认为，应该强化税收以阻止通货膨胀。而政府采取的是一种妥协的政策。在 1940 年 1 月的预算咨文中，罗斯福总统要求国会加强税收以满足紧迫的国防开支，同时又要求国会在加强税收的同时，避免消费者购买力的下降。但是国会一直拖延，到这年 6 月国会才通过了当年的岁入法。降低免征额，将所得税税基从以前的 2500 美元和 1000 美元降低到 100 美元到 800 美元，在 6000 美元到 10000 美元等级之间的附加税被增加，公司税最大被增加到公司收入的 19%，资本累进税、赠与税、财产税和过分利得税都增加了 10%。此外消费税也得到了增加，在绝大多数情况下增长率达到了 10%，但是烟草消费税则是 8%，汽油的消费税则是 50%。参议员拉佛莱特提出增收过分利得税动议，遭到国会拒绝。但是在罗斯福的坚持下，国会随后做出决定实施这些措施。1940 年 10 月的第二个岁入法中，国会决定征收 5% 到 50% 的过分利得税，并将普通的公司税税率在公司收入超过 25000 美元时上调为 24%。这些措施的实施使美国税收获得了极大增长，这一年预算总收入（不计关税）达到了65.48亿美元。1939年约400万人缴纳了联邦所得税。

在1941年1月的国防预算咨文中，罗斯福总统估计1941年财政赤字将是62亿美元，而1942年将是92亿美元。他建议增加税收。财政部长摩根索催促国会，要求至少从税收中筹集2/3的国防开支。他说："如果试图以降低税收来保护我们人民的收入，结果只能是提高生活的开支，因此我们不得不恰如其分的充分收税……并且我们将不得不以税收来支付随后膨胀了的国防开支。"他提议大量减少一般的开支，严格征收过分利得税，堵塞一度在繁荣州社区中获得允许的税收漏洞，取消州和地方证券税收的豁免。向所有公司收超过6%的税收，对个人收入增加附加税，扩大馈赠税与财产税的税基，增加对啤酒、烟草和汽油的消费税。8月国会通过了一项拨款达3.2亿美元的法案用于高速公路的建设和其他一些法案以阻止政府销毁库存的棉花和小麦。罗斯福总统否决了这两项法案。1941年9月20日第三项国防税收法案付诸实施。该法案进一步将所得税免征额下调至1500美元和7500美元之间，将所得税税率提升到10%—77%，公司税上调为31%，增加过分利得税、财产税和赠与税并将大量商品，包括香水、游戏牌、珠宝、毛皮、通讯器材和乐器的一些临时性消费税转变为长期性的税收。据估计这项法案的施行将为政府带来35亿美元的收入，但是罗斯福总统还是非常不满，认为根本不够。国会领导人很快对此做出了反驳，国会对于总统关心的财政问题的冷漠是很明显的。1941年个人所得税免征额进一步降低，使得这一年联邦所得税缴纳者增为1300万人。尽管1941年增税太迟，但是联邦预算收入还是增加了92亿美元。

（1）1942年岁入法。1942年10月21日国会通过了新的税收法案。这个新税法是美国有史以来税额最高、涉及范围最广的税法。所得税成为战时财政收入的核心部分。这个新税法将正常所得税从4%提高到6%，个人超额累进所得税从77%提高到82%，并对所有624美元以上的年收入者征收5%的胜利税，这意味着每星期12美元以上的工资收入者都要课征这种税，并且税额并不因纳税人的家庭状况的不同而有所改变，以确保纳税的"公平"，公司所得税从31%提高到40%。这个税法最大的特点就是进一步扩大了所得税征收范围，将个人所得税征额下调为单身者500美元，已婚夫妇1200美元，从而使得联邦所得税纳税者猛增至5000万人，所得税迅速成为联邦收入的重要来源。决定税收数额的那些委员们，最终没有接受第一次世界大战时期向公司超额利润全额收税的办法，只是将这一税收的比率提高到90%，作为临时性的措施。还增加了货物税，开征了大量新税，大大提高了遗产税和馈赠税。罗斯福的税收计划取得了部分的成功。

（2）1943年岁入法。1943年6月，国会通过了这一年的税入法。这个新税法改变了美国从1913年到1943年以来所得税纳税人每年申报上一年收入，并根据收入额交税的旧有程序，规定纳税人必须在每年的3月15日申报他本年度的估计收入，根据估计收入额预先扣除所得税20%，以后再按实得数多退少补，这就是预扣所得税制度。这一变革“豁免”了纳税人1942年到1943年3/4的税。而普通劳动者则由雇主在支付工资和薪水时扣除所得税集中上缴。从工资中预先扣除税款的制度极大的便利了税款的征集，提高了税费征收的效率。在1941年以前，只有个人年纯收入超过4000美元者才要交纳附加所得税，从1941年起，全部应税收入都要课征附加所得税，最低收入（全年收入在2000美元以下者）的税率提高到6%，1942年提高到13%，1944年又提高到20%，1943年对所有20万美元以上的收益征收的附加税税率为82%。

（3）1944年岁入法。1944年总统面临的是出自联合委员会之手的个人所得税法案。该法案废止了胜利税，降低减免额，普遍提高所得税税率。此外将债券税冻结在最初规定的比率之内。财产、赠与和公司税税率不变，对面临资源枯竭的石油工业则给予了大量的津贴。总统立刻就否决了这一法案，认为这一法案完全无效，救济不是为了满足急需而是为了满足贪婪。总统否决税收法案，在美国历史上这是第一次，这件事也激怒了国会。针对这一否决，国会以压倒性多数立刻就通过了这一法案（1944年2月25日）。这一法案成为战争时期最后一个税收法案。在随后的数个月时间里，要想说服国会通过其他的增税法案已经是不可能了，到1945年1月，财政开支的下降已经明朗，政府也就没有再提增加税收的要求了。

2. 二战时期的财政支出

（1）财政开支与扩军备战。1936年美国已经展开了重整军备的步伐。扩军、军工企业的建设、武器的生产使得美国的军费开支激增。1938年德国占领奥地利和苏台德区后，美国国会于同年11月14日通过了重新武装计划，拨款5亿美元用于生产1万架飞机。1939年规模更为扩大，1939年1月5日，罗斯福把1939—1940财政年度的预算送交国会，其中包括国会已经通过的11.26亿美元当年重整军备计划所需开支。此外，在1月12日罗斯福为这项计划提出的2.1亿美元额外拨款，也获得了国会的通过。1月12日，罗斯福在致国会的一篇特别咨文中列举了一系列新的建议措施，要求国会追加所需额外开支，三年中总共为5.25亿美元，这项额外支出的大部分规定用于扩充空军，其余用于增添陆军装备，建造和改进海军基地，以及加强美国陆军、加强夏威夷和巴拿马的海岸防线。准许这项开支的国防法，在两院以绝大多数通过后于1939年4月3日得到批准。执行国防法的规定和以前各项措施所需资金，在军事拨款法项下拨付5.08789824亿美元（4月26日），在海军拨款法项下拨付7.73049151亿美元（5月25日）和在补充军事拨款法项下拨付2.23398047亿美元（7月1日）。到这一届国会闭会时，全年国防费用拨款已达16.14亿美元，构成了美国历史上和平时期财政开支的最高数字。此外，国会又通过了一些别的国防计划，需要开支6.4亿美元。从1940年6月到1941年4月，美国政府耗资21亿美元，兴建或扩建了1600多个军工企业。而且以每年1美元的象征性价格将这些军事企业租给私营公司经营。整个1941年美国从国家预算中拨出用于兴建军工厂的开支达27亿美元。扩军、军工企业的建设、武器的生产使得美国的军费从1941年7到12月几乎增加1倍，半年内的军费总额达82.488亿美元，比前两年的军费加在一起还要多。就国民生产总值而言，美国的军费开支部分从1940年的2.2%增加到1941年的10.9%。尽管拨款巨大，1940年军需品采购人员面临的限制仍是国会拨款的不足。

从1940年7月1日到1945年7月3日，在这5年期间，美国总共生产86338辆坦克，160000辆装甲车，240万辆军用载重汽车，297000架飞机，9000门重炮，1740万支步枪、卡宾枪、手枪和大量弹药，64500艘登陆艇以及数千艘军舰和5200万吨商船。二战中，美国事实上成为世界“民主国家的兵工厂”。

（2）财政支出与工业原料的获得。为满足工业生产的急剧增长，美国政府在不惜巨资刺激国内矿产品生产的同时，加强了对世界矿产品的开发。1939年6月，美国国会通过了《关于战备原料的法令》，拨款1亿美元用于收购战略原料储备。美国非常重视国外矿藏的开发与获得。一方面加强对传统势力范围——美洲各国的控制，另一方面则在中立国或其他边缘国家与法西斯展开战略性矿物资源的竞争。从1941年到1945年，美国在墨西哥的采购从0.98亿美元增加到2.31亿美元，增加了236%；从古巴的进口由1.81亿美元增加到3.37亿美元，增加了185%；从加拿大的进口也由5.54亿美元增到 11.25 亿美元，增加了 203%。拉美国家向美国提供了大量战略物资：木棉 100%，金鸡纳霜（树皮原料）100%，石英 100%，铜 83%，糖 82%，马尼拉麻 78%，矾 77%，亚麻 68%，水银 67%，锡 56%，钨 49%，云母 48%，生橡胶 43%。

（3）财政开支与战时农业。1939 年欧战爆发后，由于要满足的是世界市场的需要，美国政府加强了对农业的管制，财政则是保障农业管制顺利实施的重要手段。具体政策如下：第一，设立管理农产品生产和销售的卡特尔式的垄断体制和组织机构。第二，实行补贴价格和鼓励某些产品生产的价格。1941 年棉花和棉籽产品价格上升 75%，谷物价格上升 50%，此后还在提高，最高价格补贴率达平价的 90%，且补贴品种不断增加。第三，根据租借法案，组织采购和征购，把大量食品运往盟国。1941 年已把大批食品运往英国；1942 年运往盟国的产品占美国产量的比例：干酪和脱脂奶粉 23%，黄油 72%，脱水蛋品 10%；1943 年政府征购的产品占美国产量的比例：黄油 30%，等级较低的牛肉 80%，其他等级牛肉 40%，小牛肉 30%，羊肉 35%、罐头、水果和蔬菜 50%。补贴价格、采购和征购解决了美国农场主在生产和销售各方面对财政收支的顾虑。农业劳动力大量流入军工企业和农场主收入的增加，推动了美国农业迅速实现机械化。

（4）财政开支与科学研究。第二次世界大战“不独是在战场上打赢的，而且也是在实验室中打赢的”。为了扩大军事优势，美国对国内的科研机构进行了整合。1941 年 6 月，成立由总统直属领导的科学研究和发展局，有权审批所有科研项目。由于一切科研经费都由国家投资，科研经费大增。1939 年，联邦政府用于科研的经费仅为 0.5 亿美元，其中大部分指定用于农业；而从 1941 年到 1945 年的 5 个预算年度里，联邦政府用于研究、发展和实验的经费预算达 35 亿美元，仅为实现“曼哈顿计划”就耗资达 20 亿美元；为生产第一架 B－2 轰炸机的花费甚至超过“曼哈顿计划”，达 30 亿美元；为了研究计算机，弹道研究所在 1943 年 4 月就对莫尔电工学院的计算机研究计划投资 40 万美元。此外还有威力强大的炸药和燃烧弹、对付害虫的 DDT 及其他武器、盘尼西林和合成橡胶。战后的许多工业——电子、生化、核能、航空无一不得益于（美国）政府战时对武器研究的大量投资。这些科技成果对提高美军的战斗力起到了巨大作用，战后这些先进的科研成果转而广泛用于民用生产，大大提高了美国的社会劳动生产率及其各方面的竞争力，保证了美国在战后世界的政治与经济地位。

（5）财政开支与美国的战时租借。就美国对盟国租借总额，美、英、前苏联的学者观点有些出入。美国学者爱瑟·R. 唐丝在《美国财政部在稳定经济中所扮演的角色，1941—1946》中认为，“从1941年3月30日美国实施租借法到1945年6月30日这段时间里，美国对外援助总额约达420亿美元，几占美国至1945年3月30日为止，投入战争总开支3320亿美元的13%。”具体而言，弹药（包括船只）为206.91562亿美元，石油制品为21.84730亿美元，工业原料和工业制品86.57714亿美元，农产品为59.06466亿美元，海运和其他服务为45.80307亿美元。英国学者戴维·韦利爵士认为，在租借法实施的“5年内，美国给予租借援助的总额达502.44亿美元”。前苏联的A. M. 阿列克谢夫认为，“美国商品供应的支出，在租借法案有效期间（1941年3月11日—1945年10月1日）共计460.4亿美元，即约占美国军费的13%。”具体包括：军备（包括船只）221.02亿美元，石油品23.17亿美元，装备品和材料96.89亿美元，粮食60.89亿美元，运输及其他服务37.55亿美元，其他支出（建设工厂，联盟办事处支出等）20.88亿美元。从总额来看，美国确实为击败法西斯作出了巨大贡献，这是无可否认的。但是这笔开支得利最多的无疑也是美国，因为一项开支是否划算不仅要看开支了多少，还要看是如何开支的，更重要的是还要看开支获得了什么，所获得的产品是否可以增值。而此后的历史史实表明，美国无疑是世界大战的最大获利者。

本章参考文献：

［1］（美）赫伯特·斯坦著，苟燕楠译：《美国的财政革命——应对现实的策略》，上海财经大学出版社，2010年。

［2］刘绪贻，杨生茂主编：《美国通史4：崛起和扩张的年代1898—1929》，人民出版社，2002年。

［3］（美）H. N. 沙伊贝等：《近百年美国经济史》，中国社会科学出版社1983年版。

［4］（美）斯坦利·L. 恩格尔曼、罗伯特·E. 高尔曼著，高德步、王珏译：《剑桥美国经济史》，中国人民出版社，2008年。

［5］（美）福克讷著，王锟译：《美国经济史》，商务印书馆，1989年。

［6］（美）吉尔伯特·C. 菲特，吉姆·E. 里斯：《美国经济史》，辽宁

人民出版社，1981 年。

［7］（美）布卢姆等：《美国的历程》，商务印书馆，1988 年。

［8］褚浩：《19 世纪后期美国贸易保护政策研究》，复旦大学2009 年博士论文。

［9］李东华：《二战时期美国的财政政策研究》，湖南师范大学 2008 年硕士论文。

［10］黄贵荣：《工业化、民族主义和利益整合——美国南北战争前的关税立法》，《法治论丛》2006（3）。

［11］仇华飞：《20 世纪 30 年代美国关税政策与中英贸易》，《南京大学学报》2004（2）。

［12］王书丽：《19 世纪末 20 世纪初美国的关税保护主义及其终结》，《史学月刊》2006（3）。

［13］程树武：《罗斯福新政的主要措施及其历史地位》，《商业文化》2010（3）。

［14］刘绪贻：《罗斯福新政与凯恩斯主义》，《美国研究》1991（1）。

［15］秦嗣毅：《战后美国财政政策演变研究》,《学习与探索》2003（2）。

［16］那明：《美国经济大萧条后的税收政策实践》，《国际关系学院学报》2008（2）。

［17］赵晓雷：《外国经济史简编》，华东师范大学出版社，1994 年。

［18］韩毅：《外国近现代经济史》，高等教育出版社，2011 年。

［19］高德步：《世界经济史》，中国人民大学出版社，2005 年。

［20］U. S. Department of Commerce Bureau of the Census，Historical Statistics of the United States，Colonial Time to 1970，Washington D. C：Covernment Printing Office，1975.

［21］U. S. Bureau of the Census，Historical Statistics of the United States；Washington，D. C；GPO，1975.

第五章
俄国财政史

俄国，这个世界上幅员最辽阔的国家虎踞龙盘在欧亚大陆的最北端。它正如国徽上的双头鹰一样，横跨欧亚大陆又同时目视两方，在东方与西方的博弈中寻找最佳方位并不断调整自己的位置。

它曾以西方人自居，又被真正的西方人所排斥，历经彼得一世大刀阔斧的改革却仍难以真正融入西方人的行列；它也曾成为东方的领头人，扛起红色大旗引领社会主义阵营高歌猛进，却不到一世纪就土崩瓦解，重新沦为西方的附庸。

双头鹰的两面性气质、一部起伏跌宕、徘徊于东西方文明之间的历史与一个对俄罗斯文化的起源和发展起着奠基作用的宗教又赋予它“双重的性格”。

它既有着“东正教”的保守和传统，又有危机中改革与革命的激情和创新；既有暴风雪中练就的、不畏欺压与侵略的果毅和刚强，又有血脉中传承的、面临抉择时的犹豫与怯懦；既有落后时不惜降尊纡贵学习强者的谦逊与胸襟，又有强大时自高自大欺凌弱者的傲慢与冷酷。正如俄国著名哲学家尼·别尔嘉耶夫所说：俄罗斯“可能使人神魂颠倒，也可能使人大失所望。

它最能激起对其热烈的爱，也最能激起对其强烈的恨。”

就是这样一个国家，复杂多变而又让人惊叹。它常常从落后挨打中惊醒，而后奋发成为举足轻重、决定国际格局的世界强国，又每每沦陷在虚幻的大国梦中不能自拔，而后又在愚昧中走向衰落。

就让我们走近俄国，走进这个梦幻般跌宕起伏的国度，揭开历史的神秘面纱，探寻决定这个大国传奇命运的国家财富运作历程！

第一节

中世纪俄罗斯社会财政概况

俄国的历史起点传统上从9世纪基辅罗斯（862—1169年）写起，但从今天的俄罗斯版图而言，其奠基是在12世纪的莫斯科公国。8—9世纪，北欧诺曼人入侵，入侵东欧的诺曼人被称为“瓦兰吉亚人”（后称“良格人”，意为“商人”），后定居下来。862年，瓦兰吉亚人首领留里克在诺夫哥罗德建立政权，留里克王朝（862—1598年）诞生。大约同时，另外一支瓦兰吉亚人在基辅建立政权，882年，诺夫哥罗德政权南下征服基辅，归并周围部落，建立以斯拉夫人为主体的国家——基辅罗斯。这一时期的社会经济关系是王公征贡、臣民纳贡的关系，10—11世纪封建土地所有制形成，988年，大公宣布基督教为国教，赠送土地给教会，标志着教会大地产形成，封建主兼并土地，奴役自由民。《雅罗斯拉夫法典》颁布后，认定农民死后无后，财产归地主。1054年，大公“智者”雅罗斯拉夫去世，基辅罗斯分裂。国家分裂成独立和半独立的各个地区即领地；依靠诸侯间的等级关系将这些土地囊括为一个单一的系统；对采邑的占有是有条件的。同西欧一样，诸侯间的等级关系是与土地相关联的。伏特契那，即继承来的地产，相当于西欧的领地；波米斯帖是因为承担了义务而被赏赐的地产，相当于封地。波雅尔所承担的以自由的契约为基础的义务特别是军事义务，是封建等级关系的基础。在这种义务开始与终止的时候都要举行专门仪式，这一点也和西方类似。在封建割据时代的罗斯也存在着如下制度，如封建庇护，人员或土地的赏赐以及地主的豁免权的授予，后者的内容包括在不受上一级权威干预的情况下对领地上的农民的统治、审判和征税权。13世纪后半期，罗斯在东欧平原的莫斯科公国崛起，实现了“罗斯[①]的复兴”，标志着诸侯割据时代的结束和新时代的开始。直到1533年，伊凡四世登基，封建割据时期结束。

第二节 封建财政解体和资本主义的发展

一、莫斯科大公国（1533—1584年）

从15世纪到17世纪，农耕秩序和农村经济是莫斯科公国的封建经济和社会体制下的所有经济和社会关系的关键。农奴制是莫斯科公国农业的支柱。农奴劳动养活了贵族并因而支撑着整个国家结构。在从基辅公国衰落到莫斯科公国崛起的这段历史中，外敌入侵、内战、旱灾、传染病和其他灾难频繁发生，这就加深了农民对土地的依赖和地主对农民的束缚。某些年份禁止农民外出或迁移的政府立法尤其有效地帮助了农奴制的确立。随着《会议法典》的问世，可以说农奴制在莫斯科公国得到了最终确立。新法典消除了老居民和新式农民之间的一度很重要的差异，把所有耕种私人土地的农民和他们的子孙都化为农奴；该法典也废除了有利于逃亡农奴的所有限制性法规，对窝藏逃跑农奴的人施以重罚。虽然有一些特殊的例外，但该法典本质上奉行“一日为农奴，永世为农奴”的原则，完全满足了贵族的需要。俄国农奴制有很多不同的特点。最主要的是，在俄罗斯，农奴制是和中央集权君主制、而非任何形式的封建主义同时出现的。这主要是源于两个因素：古老的其不断加强的农民对地主的经济依附和莫斯科公国政府对贵族的支持。在莫斯科公国，俄罗斯的下层阶层包括奴隶、国有农民和农奴。奴隶在大家族内部的家务劳动中和大地产上的生产中继续发挥着重要作用。随着农奴制的发展和最后胜利，奴隶和农奴之间的差别越来越模糊。国有农民，即对国家而不是对私人地主欠有债务的农民，占北部和东北部人口的大多数。虽然他们受着国家的管制，并且随着莫斯科公国沙皇制的发展其负担也不断增加，他们的社会地位还是远远优于农奴。

① “罗斯”（Russ）最初指外来的瓦良格人。今天我们用的“俄罗斯”指统一中央集权国家形成以后的“罗斯人”。

城镇居民或中产阶级有商人和工匠构成，商人又被细分成不同等级。由于财政控制的缘故，贸易是严格按照其所在地和经营性质来管理的。总的来说，政府从城镇榨取的税收多于农村。商人还必须在国家财政和国有商业领域为沙皇服务，后者包括对外贸的垄断和对国内出售的某种商品（如烟草和酒）的垄断，还有利润最大的毛皮贸易等等。1649 年《会议法典》和其他史料显示，商人、工匠、农奴和农民都有形成一个封闭的等级的趋势，因为子承父业是普遍现象。地主是莫斯科公国的上层阶段。他们内部成分复杂，既有最富裕和最有影响力的波雅尔，也有那些身无分文的为沙皇服务的人员，后者经常穷困潦倒到了无法履行义务的地步。随着服役封地制度的发展和为国服役制度的统一化、标准化和普及，地主内部的等级差异越来越没有意义，所有的地主逐渐被融入一个单一同质的服役贵族阶级。

二、俄罗斯帝国（1682—1917 年）

1. 18 世纪俄罗斯财经概况

（1）彼得大帝的财政措施。彼得大帝是俄国罗曼诺夫王朝第四代沙皇，1682 年即位，1689 年掌握实权。沙皇的财政政策在他的计划和行动中总是占据着重要的地位。彼得大帝发现自己总是缺钱。有时候，资金短缺到了令人绝望的地步。唯一的办法就是加重对老百姓的压榨，而后者早已不堪重负，日子艰难到了极点。有数据表明，同 1680 年相比，政府收入在 1702 年翻了一番，到 1724 年则已经增加了 4.5 倍。在此期间，政府几乎对什么都要征税，税种包括养蜂税、磨坊税、渔业税、胡须税和澡堂税。国家垄断的范围也扩大了。例如，一切合法交易中都不可缺少的。官方印戳成为国家收入的来源，橡木棺材也不例外。事实上，在彼得统治时期，寻找和发明能够增加政府收入的各种办法逐渐地成了一个特殊的职业。另外，直接税的主要形式也有了变化，1718 年，彼得大帝开始用人头税来代替户籍税和耕地税。

人头税的一个主要目的是要保证因没有分家和不论何种原因没有种地而得以免税的人都纳税。人头税是对全体下层人民征收的，而且负担相当重，比它所替代的原有各种税负还要重。每个农奴需缴纳 70 到 80 个戈比，每个国有农民和没有被豁免人头税的城市居民应缴纳 1 卢布 20 戈比，新税目还必须用现金支付。从 1718 年到 1722 年，进行了一次人口普查，又叫所谓人口修正，以便搞清楚人头税的税源。私人庄园中的农奴和从事耕作的奴隶是第一批等级的对象；接下来登记的是家庭奴隶和农村里所有不直接依靠土地生活的人们；最后甚至把所有的流浪汉也统计在内了。被普查到的每个人都必须缴纳相同数额的人头税。庄园的主人对本庄园全部人头税的毫不拖延的缴纳负有责任。许多学者都强调指出，彼得一世的赋税立法最终导致了农奴和奴隶之间古老的差异的消失和向地主交租的农民与无人身自由的农奴的趋同。从法律上讲，农村的基本群众是农奴而非奴隶。而实际上，地主的独断专行和农民的虚弱地位使得俄国的农奴制和奴隶制几无二致。人口重新普查以后，农奴只有在主人书面许可的条件下才能离开庄园。这种书面许可标志着行政制度的问世。可以说，人头税是这位沙皇的改革中最有生命力的一项措施。

受人头税影响的只是下层人民，但其他社会群体也不得不屈从于不知疲倦的皇帝的贪婪的索取。例如，商人，少数拥有一技之长的人和其他中间阶层都被免除了人头税，但是他们必须在经济和其他领域更加辛勤地劳作以履行他们对国家的义务。

（2）彼得大帝之后、叶卡捷琳娜大帝之前诸沙皇的统治。在1725—1726年间，虽然王位更迭不断，宠臣起起落落，但社会的基本结构持续稳定地发展着。最主要的社会变迁是贵族权力与地位的提高，以及农奴处境的相应的、进一步的恶化。安娜女皇开始把所有国有土地大规模地赐予支持她的贵族，这些土地上的农民都沦为农奴；伊丽莎白更是乐此不疲。这些土地赠与都不需要依服役为条件。

随着贵族权力的增长，农奴跌入了悲惨的深渊。1731年的法律颁布后，地主对农奴的财政控制尤其得到加强，1736年，农奴必须得到主人的许可才能暂时外出打工。地主还进一步获得了把农奴从一处庄园转移到另一处庄园的权力。这些揭示了农奴制越来越接近于奴隶制了。

（3）叶卡捷琳娜大帝的统治。贵族地位提升同时也意味着农奴制的加强和扩大，这是叶卡捷琳娜大帝执政时期的特点。1763—1783年之间，政府颁布的一系列财政方面的法规，禁止乌克兰农民在没有地主允许的情况下离开土地，要求他们“留在原来的地方，坚守原有的职业”。叶卡捷琳娜大帝频繁地和大量地把国有土地和国有农民赐给她的宠臣，第一批受惠者是在1762年政变中立了功的人，此举大大扩大了农奴制。到底有多少农民因此而沦为农奴，历来说法不一，但其中肯定有几十万能干活的男性农奴。只统计男性农奴是帝俄时期的典型做法，因此总数肯定远远超过一百万。

在土地和人口方面，政府采取的其他措施包括一次大规模的土地丈量和土地权力调查，这是为确认土地所有权并使之合法化的重要一步；对教会的庞大地产的没收，把大约两百万农民转到了所谓“经济委员会”的管辖下。还有一个移民计划。由于农奴制和政府管制严格限制了俄国人口的流动性，而从土耳其那里赢得的新土地和其他一些地区急需人手来开发它们，俄国政府只好以丰厚的条件和很高的成本招募外国移民。在叶卡捷琳娜大帝的支持下，出现了更多的外国移民定居区，其中伏尔加河流域和俄国南部的德意志人定居区最有名。

2. 19世纪上半期俄罗斯财经概况

俄罗斯的庄园经济和农奴制农业在18世纪后半期达到了顶点，但是，19世纪头几十年的经济图景发生了重大变化。俄罗斯的庄园主将越来越多的产品销售到市场上，主要是国内市场，但也有国外市场，俄罗斯南部开始通过黑海出口谷物。市场提供的新机遇，加上人口的持续增长，带来土地价格持续、稳定的增长。劳役租的规模扩大了，剥削程度也加重了，但农奴劳动力不能解决提高生产效率的问题。于是在19世纪40年代尤其是50年代，代役租增加而劳役租下降。前者的货币价值增长的非常快。完租后的余额才是农民自己的，这个事实迫使他必须更加辛勤地劳动。作为缴纳代役租的一种回报，农奴的份地增加了，但还是有更多的农奴为了挣钱——确切地说，为了给主人挣钱——不得不在工厂、交通行业打工或从事其他生计，包括外出务农。一个重要的现象是，越来越多的自由劳动力开始在农业中被雇用，尤其是在伏尔加河流域和黑海周围的省份。农业工资普遍提高，虽然上升的幅度和实际工资水平很难准确估算。

3. 从“大变革”到1917年革命时期俄国财经概况

“大变革”之后贵族经济走向没落，地主从“大变革”中获取的大部分补偿金偿还债务，用于经济发展和现代化建设的资金极少。但无以计数的“樱桃园”在贵族手中消失。而从“大变革”中最直接受益者——农民，获得了自由，摆脱了国家强加在他们身上的一些奴役。但变革后农民的状况仍然是俄国的一个最大最严重的问题。农奴解放的供应品还不足以发展一种健康的农民经济，一些供应其实还没有完全成为现实，农奴获得的土地还不及过去的一半，他们难以偿还债务。这导致了旷日持久的俄国国内动荡不安。在农奴解放时期，农村获得了土地的所有权，负责公社的纳税和征兵，按每户人家的劳动人口和供养人口的多少，将土地分割成分散的条块，定期进行重新分配。但公社生活代价很高，公社倾向于保持落后的、陈旧的农业生产方式，是生产率低下，因而农民对土地的依赖性更大，农民负担沉重。一份官方报告指出：农奴解放后，农民每年需向国家交税。如果将土地赎买费用计算在内，每俄亩土地税费是地主贵族的10倍。即使1886年人头税废止，1905年土地赎买费也最终被取消，劳苦大众仍然要向国家缴纳间接税。这些税收一直是帝国收入的主要来源。人们日常的消费品，如伏特加、糖、茶、烟草、棉花和铁器，无论是进口的还是国产的，都要征税。因为酒税特别丰厚，1894年俄国财政大臣维特宣布酒税为国家垄断。在无情的财政压力使农民被迫变卖其所有的同时，俄国政府，尤其是财政大臣维特，则增加了食品，特别是粮食的出口以实践贸易平衡，为工业化发展提供资金。20世纪最初几年内，食品出口几乎占俄国出口贸易总值的2/3，明显高于农奴解放时期。

斯托雷平的土地改革，被视为改变乡村状况的重要因素，因为该政策试图改造俄国农村。其目的在于打破农民公社，建立强大的自耕农阶层。尽管农村中根深蒂固的公社生活保留了很多农民日常生活中的传统，但农民的生活经历和期望有了很大改变，尤其是在20世纪的最初几年。由于种种因果关系，农民越来越融入世界。1903年税负的集体责任没有了，斯托雷平改革旨在把农民从公社统治中解放出来，是值得肯定的。

第三节

俄国工业革命及财政发展

一、俄国农奴制的废除

到19世纪中叶，俄国资本主义已经开始在工农业等各个领域发展起来。但是，俄国农奴制度严重地阻碍了这一发展。另一方面，农民不满生活的悲惨，发动了大量农民运动，包括起义、殴打、谋杀等。在此情况下，1855年2月，亚历山大二世继位，被迫实行了农奴制改革。

1858年10月18日，沙皇在农民事务总委员会上作了新的指示。农民事务总委员会于12月4日根据新的指示，通过了新的纲领。其主要内容是：农民取得人身自由，列入农村自由等级；农民组成村社，村社的管理机构由村社选举产生；地主同村社联系，不同农民个人联系；除保证农民长期使用份地外，应使之能够购买该份地为私产，政府可采用组织信贷办法帮助农民。虽然这个纲领仍保留了浓厚的农奴制残余，并以剥夺农民为前提，但是与沙皇诏书相比，它还是前进了一步。

1861年2月19日，改革方案经亚历山大二世签名后生效。同时，沙皇又签署了关于废除农奴制的宣言。这就是著名的2月19日法令。《关于脱离农奴依附关系的农民的一般法令》是一系列法令中根本的法令。它涉及农民生活的两个重要方面：人身权利和财产权利。

在人身权利方面，《一般法令》规定：脱离了农奴依附身份的农民享有其他自由的农村居民同等的权利，诸如自由买卖，依法开办和经营工厂以及种工业、商业和手工业作坊，加入行会、同业公会，有权起诉、出庭作证、参加选举、受教育和服兵役等等。农民结婚和处理自己的家庭事务不必取得地主的同意。根据这些规定，农民获得了“人”的权利。他们不再像牲畜那样可以任人买卖、典押或赠予了。

在财产权利方面，《一般法令》规定：“每个农民可以遵照自由农村居民有关法规，获得不动产和动产为私产，可以转卖、抵押和把它们作一般处理。”不动产有两种：一种是宅园地，农民可以赎买；另一种是耕地及其他土地（牧场、森林等），地主在保留对这些土地所有权的情况下，作为份地分给农民使用。份地数额不等，非黑土地带，最高数额为3—7俄亩，最低为1—2.33俄亩；黑土地带，最高者为2.75—6俄亩，最低为2200平方沙绳至2俄亩；草原地带根据各省农作物性质来定。农民可将份地赎买为私产，但须向地主缴纳大大超过土地价格的赎金。同时法令还规定，如果现有份地超过最高数额时，地主有权割去超过部分。据统计，在非黑土地带，割地占改革前农民使用土地的9.9%，而黑土地带21省则26.2%。

不仅如此，农民赎买份地之前，还必须承担一定的义务，交纳货币代役租和工役租。这样的农民称临时义务农。农民在征得地主同意，将份地赎为私产时，才终止临时义务，成为自主农。从上述情况可以看出，农民虽然人身得到了解放，但在经济上仍然处于对贵族地主的依附地位。

除此之外，根据法令规定在农村建立起来的一系列管理农民的机构，如村社、张、乡理事会、乡法院以及选出的村长、征税官等，特别是袒护地主的调停官的设立，使贵族地主对农民的压迫更合法化了。贵族地主除了借助沙皇政府的武力来镇压农民的反抗，又有可能以调停官吏和管理农民机构的人来规劝农民，让农民安分守己，好好履行他们对地主所承担的义务。

1861年俄国农奴制改革废除了长达360多年的农奴制度，从其内容来看，它是资产阶级性质的改革，为俄国资本主义的发展创造了条件。

首先，加速了农民分化。农奴制废除后，农民获得了自由，在偿付赎金的情况下，农民可以被分配到少量的份地，成为小生产者。少数人发展成为农村资产阶级，即富农。多数人则成为无产者或者半无产者。这是资本主义国内市场形成的基础。

其次，加速了地主从徭役（劳役）向资本主义的过渡。农民分化和商品经济的发展促使自然经济日益崩溃。在农业生产中使用机器，提高了劳动生产率，给地主经济带来了高额利润，从而，导致了资本主义关系的形成和进一步发展。

再次，加速了商业性的农业发展。

农业中的资本主义的发展促进了工业中资本主义的发展。改革后，俄国大机器工业逐步代替了工场手工业，到19世纪八九十年代，机器生产在各主要生产部门占据了统治地位，俄国最终完成了产业革命。

二、亚历山大三世时期的经济财政

1881年3月13日，亚历山大三世继位。这时，国家经济财政状况日益恶化，歉收和饥饿使人民生活水平急剧下降，社会动荡，为此，亚历山大三世不得不进行了一些改革。

1. 减轻农村改革，减轻农民负担

1861年农奴制废除后，农民状况非但没有改善，反而更加恶化。沙皇政府不得不重订代役租额；暂时禁止因欠缴税款拍卖的农民的牲畜，至1882年1月1日以前，停止向农民强制追缴税款；颁布关于过去地主农民的临时义务状态改为一定赎买条例；建立农民土地银行，帮助农民买到私有土地，并提供低廉贷款，鼓励农民向边区移民。

1883年，沙皇政府颁布法案，废除了人头税和连环保。这些措施，有利于恢复和发展农业生产。

2. 推动财政经济改革，振兴国内经济

1877—1878年俄土战争，耗费了巨大财力，使国债剧增，金银储备减少，通货膨胀加剧，卢布牌价下降，从而加深了生产过剩，危机工业生产和整个国民经济。为了振兴俄国经济，亚历山大三世推动了财政经济改革，主要内容为：

一是改革税制，增加财政收入。废除盐税，提高烟酒、糖税；提高印花税、城市不动产税和国家土地税，设立遗产税和货币资本税；完善征税制度，建立税务检查员制度，为实行全体阶层统一的所得税做准备。在增加税收的同时，缩减预算支出。

二是取消自由主义贸易的关税政策，实行保护关税政策。奖励输出，提高进口税率，使吸纳对外贸易顺差。为了鼓励和促进民族工业的发展，禁止将政府的订货转移到国外，按照优惠价格交给国内工厂生产。

三是国家干预，发展壮大国有经济。首先是限制私人修建和经营铁路，重新开始恢复国家修建铁路的工作，从私人公司手中赎回铁路线，并宣布开始修建西伯利亚大铁路。其次是把私人手里的大批国有财产，如未开垦的土地、森林、工厂、矿山等，收归国有，发展国家银行和邮电事业，实行酒类专卖等。

四是改善金融工作，发展银行信贷业务，加强吸收和利用外资，着手积累黄金，准备货币改革。

上述这些措施，增加了财政收入，发展了经济。从国家收支结构看，国家财政收入结构 1885—1894 年的平均指标为：酒类收入为 28.6%，关税收入为 14.5%，土地税和赋税为 6.1%，国家铁路收入为 4.92%，从过去地主农民收取的赎金为 4.47%，从过去国有农民收取的赎金为 3.99%，从铁路运输收取的各种付款 3.9%，从商业和小手工业征收税款 3.64% 等等；国家支出结构 1886—1895 年的平均指标为：国家贷款占支出的 29.94%，陆军部为 25.4%，财政部为 12.8%，内务部为 8.67%，交通部为 8.48%，海军部为 5.07%，农业部和国家财产部为 2.74%，国民教育部为 2.44% 等等。这一切都为 19 世纪 90 年代俄国工业高涨奠定了基础。

三、19 世纪下半叶俄国的经济财政改革

1. 19 世纪 60—70 年代的列依切林改革

19 世纪 50 年代末至 60 年代初，由于克里木战争，俄国经济濒临崩溃的边缘，军费开支增加了 5 亿卢布，巨额的预算赤字不得不用债务来抵偿。1853—1857 年，流通中的纸币数量增长了两倍多，信贷券停止兑换金银，金属货币从市场上消失了。1862 年 1 月，国债高达 25 亿卢布，工商业开始萧条。通货膨胀和西方爆发的世界经济危机的影响，加剧了工业危机，许多

公司破产，企业减产，信贷被摧垮，外资流失，国民经济形势极为严峻。为了发展经济，列依切林进行了财政改革。主要内容有：

第一，1862 年，实行国家预算公开和收支统一的原则，取消了各部门独立的财政权，一切预算由财政部审理，由国务会议批准，并定期公布收支一览表。按照新的预算准则，在国内实行预算和现金一致、预算核算和会计制度即报表制度的共同制度。各部门都必须提出附有个别项目说明的详细预算和批准后要严格遵守的开支清单。取消各主管部门的现金，资金和收入转交给财政部。国家的全部财政经费都集中在国库出纳处。1864 年，改革了国家的财政监督制度。在各省都建立了国家监督局，每月检查所有地方机构的收支状况。1866 年，开始公布国家稽查员的年度报告。与此同时，政府采取了严格的发放超预算拨款的措施，规定各部大臣只有在特殊的情况下，以奏折的形式才能请准补充拨款。实行预算公开和收支统一的原则，以及财政监督制度，有利于加强国家财政的集中管理，巩固了国家的财政状况和俄国在世界市场的信任。但是，却引起了沙皇政府上层的惊慌，认为这些措施会“招致”革命，一些部门如交通、铁路部门和他们的上层保护人力图抵制国家的财政监督。预算改革没有能够消除盗窃公款和渎职行为，也没有能够制止超预算开支。据统计，超预算开支从 1868 年的 3000 万卢布增加到 1872 年的 5100 万卢布。

第二，为了解决超预算开支问题，列依切林采取了厉行节约的措施。列依切林把节约看成是自己政策的最高原则，要求各部门尽量缩减预算支出。1862 年 3 月，他要求陆军大臣米留京缩减军事预算 1500 万卢布。但是却引发了争执，最终闹得沙皇亲自作为调解人。由于财政部的抵制，军事部降低了拨款的要求。

第三，为了增加财政收入，列依切林进行了税收改革。在直接税方面，列依切林看到了压在农民身上的人头税每年要欠缴，但又不能马上废除。当时，能做到的是将小市民的人头税改为城市不动产税。为了刺激经济增长，全面降低了工商业课税水平，农村的小手工业则完全免于征税。在间接税方面，列依切林取消了酒类包税制，改正消费税和销售税；停止国家开采和出卖食盐，把国家盐场改为私人经营，征收消费税；大幅度提高烟草和食糖的消费税。从 19 世纪 60 年代起，在预算收入中，间接税的比重迅速增长，并超过了直接税的收入。

第四，在对外贸易中，列依切林取消了保护关税政策，实行自由贸易的关税政策。

第五，为了弥补国家的财政赤字，列依切林首先在俄国发行了巨额的国内公债。1861—1871 年，发行了 8.5 亿卢布的公债，1871—1881 年发行了 15.21 亿卢布的公债。为了缩减赤字，他甚至通过国家贸易业务，于 1867 年 3 月 18 日将面积为 151.9 万平方公里，各种矿藏特产丰富的位于北美洲西北部的阿拉斯加以 720 万美元的价格卖给了美国；1868 年，把尼克拉耶夫斯克铁路卖给了私人公司。经过多方努力，到 1874 年，列依切林才使俄国的预算没有赤字。

第六，为了提高卢布的信誉和吸引外资，列依切林于 1862 年 4 月 28 日，颁布了在国家银行卢布可以自由兑换金属硬币的命令。国家银行预先宣布硬币买卖的价格，诱发出狂热的投机活动。开始，事情进行得很顺利，卢布的牌价明显上升。可是，到年底，由于镇压波兰起义需要巨额开支，投机商人便大量使用纸币去兑换金属硬币，引起一片恐慌，国家损失了几千万卢布。11 月 5 日，不得不停止兑换业务，重新发行没有硬币做保障的纸币。

19 世纪 60 年代中期，俄国铁路建设进展缓慢，效果不佳，私人资本不再投入，世界经济危机又引起了外资流失。当时，财政部没有能够消灭财政赤字，使货币流通正常化，国民经济停滞不前。列依切林的改革和政策受到指责。1866 年，召开了财政委员会紧急会议，列依切林提出了克服危机的纲领性报告。沙皇对于报告予以了确认。沙皇财政部认真地实行了被沙皇确认的经济发展纲要，第二年国民经济就开始好转，在政府的支持和帮助下，出现了大规模修建铁路的高潮。经济复苏和增长，充实了国库，到 1876 年 1 月 1 日国家预算收入已超过了支出，余额达 4050 万卢布。从 1867 年开始，财政部为了补充兑换基金，开始收买金属硬币。到 1875 年，硬币基金增加了 3 倍，卢布牌价逐渐上升。在实施纲要不到十年的功夫，俄国经济获得显著的进步。

但是不久之后，俄国对土耳其开展，战争使俄国复兴经济的希望破灭了。三年中俄国的国债增长了 15 亿卢布，信贷券在流通中的数量增加了 3 亿卢布；五年间，金银储备减少了 6000 万卢布，纸币的金属货币保证减少两倍多，卢布牌价下跌到最低点。

2. 19 世纪 80 年代崩格的改革

由于与土耳其战争的对经济造成了重大创伤，引发了国内严峻的形势，沙皇政府任命崩格为财政大臣，着手了新一轮改革。

崩格认为，实现俄国经济繁荣必须进行的工作：首先，是用改良赋税制度的方法以求得更平均地分配课税，借以改善广大农民的生活；其次，是要正确和合理地建立保护关税制度，发展信贷和改良币制的方法，以期造成不受外国统治的和经济稳固的国民经济的国家体系，借以保证工业的发展。

为了能够顺利地贯彻和实施改革方案，崩格把一些拥护他改革和观点上与他相近的人安排到财政部的相关部门。具体的措施有：

第一，改善农民生活。1882 年，崩格按照亚利山大三世的指令，降低赎金共 1200 万卢布；1883 年，废除了人头税和连环担保，因此解除农民的赋税 5200 万卢布。1881 年和 1886 年，沙皇政府法律规定，强制地主农民和国有农民赎回他们的土地。为了帮助农民买到私有土地，1882 年组建了农民土地银行。农民土地银行还提供低廉的贷款，鼓励农民向边区移民。同时，组建了贵族银行，给地主贵族优惠贷款。

第二，改革赋税制度。为了增加有产居民阶级的税收，财政部提高了印花税、城市不动产税和国家土地税，设立了遗产税和货币资本收入税，并进行了工商业税收改革。为了完善省税务局征税制度，1885 年，建立税务检查员制度。崩格把这些措施看作是为了实行“全体阶层”统一的所得税的准备阶段。为了弥补农民赎金和废除盐税、人头税后国库的损失，财政部提高了烟酒、糖等大宗需求物品的间接税，这些负担实际上又落到了农民的肩上。

第三，推行保护关税政策。为了实现对外贸易顺差，崩格实行奖励输出，特别是奖励粮食作物输出的政策，同时提高了许多原料产品和工业制品的进口关税率。这些措施加强了保护关税政策的过渡。崩格成功地保证了俄国稳定的对外贸易优势。但是，由于广泛地吸收外资，每年都要向国外支付债务，国家的对外收支仍然是逆差。

第四，调整铁路政策。崩格总结了列依切林鼓励私人修建和经营铁路的教训，认为当时铁路部门是俄国经济财政混乱的真正祸患。由于国家对私人公司的补贴，使得国库空虚，并打开了预算亏损的缺口。由于给予私人企业优惠补贴，造成企业家贪污腐化、营私舞弊和投机倒把，从而造成了运输效率和铁路的利润率很低。为此，财政部决定限制给私人公司的贷款，并严格地对他们的活动进行监督。1883 年，根据崩格的建议，国务会议决定撤销铁路基金会，取消了对私人公司的补贴，并从私人公司手中赎回了铁路线，逐渐奠定了铁路国营的基础。

此外，崩格还主张把私人手里的大批国有财政，如未开垦的土地、森林、工场、矿山等，收归国有。

第五，消除预算赤字。在崩格当权时期，预算赤字总数达 1.04 亿卢布，执行中实际总数超过 2.24 亿卢布。为了整顿财政秩序，崩格继续实行列依切林所提出的所有部门都必须履行统一的财政计划，维护预算和现金的统一，对各部门的支出加以监督，限制和国库资金不对称的开支等等。崩格尽力节省预算开支，反复强调俄国的财政支持不住战争支出。

连年的预算赤字，使货币贬值，财政部意识到在传统的银本位基础上稳定卢布的企图注定要失败，便提出向金本位制过渡的任务。为了充实硬币流通的渠道，要求大量增加黄金储备。财政部靠外债和缴纳关税来达到目的。1884 年 8 月，崩格在国家银行的国库或其存款中，开始着手积累黄金，准备进行货币改革。

第六，建立股份制商业银行。崩格始终把未来俄国经济同发挥个人的首创精神联系在一起。他请求允许在全国各地建立股份制商业银行。他认为，只要在正确原则的基础上发展银行业务，国家就会摆脱对外国资本的依赖，货币市场就会成为偿还国内债务和创建大批对人人都有益的企业的源泉。国务会议批准了崩格的建议，并委托他成立股份制改革委员会，详细制定规则。

第七，调整劳资关系。迫于工人罢工的增长，崩格采取了最重要的措施，就是调整劳资关系，规定工厂劳动条件，以此为目的而实施的工厂检查的各种办法。为了解决工人问题，崩格曾经建议制定工厂劳动保护法，允许建立工人联合会，允许工人参与获得企业利润。这些措施应当由政府、社会和工人联合实施，其目的是使工人阶层在社会关系中获得应有的独立自主。

但是，由于崩格的改革措施遭到了保守派的猛烈攻击，改革措施在很大程度上中止了，很多项目没有付诸实现。但是改革还是有一定的影响力，为 19 世纪末工业高潮打下了基础。

3. 维什涅格拉德斯基的改革

1887 年，维什涅格拉德斯基担任财政大臣。在某些部分，他仍然继续完成崩格开始实行的一些措施，但他不像崩格那样对国民经济政策的任务理解得那么透彻。他在呈交亚历山大三世的第一份纲领性报告中，把消灭预算赤字、争取财政状况转好作为首要的任务，其办法就是加强课税负担，残酷地征收租税和欠税，严格地缩减预算的支出等。

维什涅格拉德斯基为了增加财政收入，首先实行酒和烟草的垄断，但由于条件不具备没有成功。1888 年，继续提高间接税，并实行火柴和煤油的新税制；重新审查和提高了铁路运价。

为了实现巩固俄国资本主义国家体系的任务，维什涅格拉德斯基实行了带有严格的保护关税性质的关税率。1887 年的关税率与 1868 年相比，很多项目进口税率提高了两倍三倍甚至更多，有些产品差不多采取了禁止性质的进口税率。沙皇政府还提出了禁止将政府的订货转移到国外，尤其是铁路设备的订货。大批的订货按照独占价格交给国内某些工厂，实际上变成了由国库交给这些工厂维持重工业的不归还的补助金。这些措施有利于俄国冶金、机器制造以及局部对棉织业的发展。

同时，维什涅格拉德斯基实行了促进输出的政策，首先是按照比最低成本还要低的价格大量输出俄国的谷物。为此，强制增加谷物生产和向农民课税，以致迫使农民把个人消费和经济消费所必需的粮食也卖出去了。这种对农民横征暴敛的经济政策，使得农民完全处于危机状况。19 世纪 90 年代初，俄国各主要农业省广大地区发生了严重的自然灾害。沙皇政府不得不支出 1.61 亿卢布来赈济灾民，并不得不发行特种公债和增发纸币。

维什涅格拉德斯基实行保护关税等一系列经济政策，使得对外贸易出现了顺差，在他当权的五年中，贸易余额达到了 15.358 亿卢布，用以增加黄金储备，偿付债务和工业投资，并终于消灭了国家财政预算赤字，收入超过总额达到 1.94 亿卢布。这就有可能进一步实行把私营铁路赎归国有，树立发行高利率的俄国黄金国债，等等。

他还加强了吸收外资和增加信贷的业务。沙皇政府以财政顺境为掩护，得到了广泛的外国信贷。从 19 世纪 80 年代末开始，俄国的主要证券市场是法国。1888—1889 年，在法国出卖了位数 26 亿法郎的俄国国家债务。法国对俄国重工业、铁路建设和军工等方面的投资，开始发展起来。由于这种关系，俄法在军事政治上结成了同盟。

维什涅格拉德斯基的经济政策及其成就，奠定了俄国资本主义工业进一步发展的基础。

4. 19 世纪 90 年代的维特改革

1892 年，维特接任财政大臣一职。此时，财政部的工作范围已经逐步扩大，除了原有的财政事务外，还包括商业、工业和铁路修建纯粹技术上的事宜外的各方面任务。这就为维特推进经济财政改革事业扩展了空间。

（1）国营经济。维特把保护民族工业和由国家采取措施支持民族工业作为自己政策的基础。由于国内资本积累的不发达，私人资本主义工业薄弱，发展国营经济很有必要。国家资本主义企业，不仅要为国家本身和皇室的需要服务，还要为国民经济和一切居民的广泛需要服务。

在 19 世纪 90 年代，俄国沙皇政府不仅占有大量土地和 60% 的森林，而且拥有巨大的冶金工厂和矿山，全部军事工业以及 90% 的铁路投资，最后形成了俄国的国家资本主义制度。到 1900 年，俄国企业数量比 1890 年增加了 18.3%，生产总额增长了 100%。从工业结构来看，在绝对生产量上轻工业仍占第一位，但重工业已经迅速地赶了上来。

1896 年，沙皇政府宣布将无定额税务局改为无定额税务官卖总局，不仅独占了全国的经济制造，还建立了最大的酿酒和蒸馏工厂。最大的国营经济是铁路，维特继续实行修建铁路和把私营铁路收归国有的措施，大力发展铁路。19 世纪 90 年代，俄国铁路几乎增加了 1 倍。修建铁路的全部拨款是由国家负担的，但是每年的铁路经营的损失高达 3500 万—5000 万卢布。铁路经营的这种财政上的损失，换来的代价是铁路促进了国民经济和社会生产力的发展，社会分工和商品市场的扩大，以及对新的各个区域的控制等。比如修建西伯利亚大铁路就具有重大的意义。

俄国的国营事业，还有邮政和电报，是国家最大收入的企业。此外，属于国家的还有中央信贷和发行机关——国家银行，通过国家银行在国内外经营广泛的发行、信贷和金融业务，对商业银行的业务实行干涉，并对国家一切工业、信贷和金融活动实行管制和调节。

（2）财政改革。为了正确地建立和发展过硬经济，需要有十分充实的和无赤字的国家预算。维特继续把维什涅格拉德斯基提出的消灭财政赤字作为自己的目标，并且取得了显著的成绩。1895 年，预算收入实际超过支出达 1.385 亿卢布，1898 年达 2.279 亿卢布。在维特任财政大臣期间，岁入超过岁出数额共达 18 亿卢布，值得指出的是，在审计预算收支时，把许多最经常的岁出归入临时预算中，由增加信贷活动和国债来补充。这些临时预算的支出，除了偿还本年度的债务之外，主要去修建新的铁路，清偿旧债和赎回铁路。这种情况，使得国家预算和国家债务都急剧增加。这些数额构成了 19 世纪 90 年代俄国财政顺境和经济繁荣的基础。

19 世纪 90 年代的俄国预算的收入，不是靠资金支出的节省，也不是靠国内实际财政的财政顺境，而是靠课税制度和对人民大众的过重赋税。首先，维特宣布增加间接税，其中实行酒类国家专卖占有显著的地位。增加间接税，特别是增加对煤油、火柴、砂糖和烟草等的课税增加了人民的负担。直接税中，所得税并未实行，土地税又极不平等，对农民土地课税比对地主土地的课税还要高出数倍，同时不合时宜的农民赎金还在继续征收。很显然，19 世纪 90 年代俄国的财政顺境是以人民群众负担最重的课税为基础的，这种负担破坏了生产力，特别是破坏了农民经济的生产力。

为了发展和巩固俄国资本主义工业，增加外贸收入，维特继续推行保护关税政策。由于对进口原料课税高，对进口成品课税低，外国商品并没有停止进口，外国商品对本国商品的竞争也没有消除。但是总体来讲，保护关税政策还是使国内的物价高涨起来，保证了俄国大资本家的工业利润。俄国的消费者却不得不购买本国的低劣商品，付出比西欧质优的同样商品要高出一至两倍的价格。俄国的关税政策，引起了 1882—1894 年同德国的关税战。亚利山大二世在位的后期，俄国奠定了保护关税制度的基础，决定对钢铁和钢铁制品课以关税。这项措施引起了德国人的不满，并对从俄国输入的农产品和原料课税，以示报复。几经较量，双方都受到了巨大的损失。1894 年，双方谈判让步，协议降低关税。

为了吸引外资投入铁路和工业建设，必须有稳定的金属货币来代替原有的不稳定的纸币。从克里木战争以来，俄国一直采用纸币，完全失去了关于金属货币的理论和时间的观念。当时，俄国几乎所有人都反对实行金本位制的改革。同时，由于不稳定的和贬值的纸币有利于出口，出口商人在国内较高的和国外较低的纸币行市的差额上得到好处。因此，输出谷物的大地主和商人反对改行金本位制。但是，为了整个国民经济和资本主义的发展，必须巩固俄国的信用，过渡到稳定的金本位制，使俄国在财政方面能同其他欧洲大国并驾齐驱。1891 年 1 月 2 日，政府召开了财政委员会，决定在俄国采用金本位货币。币制改革需要积累大量的黄金，这种积累可以用减少输入和增加输出、举债和增加赋税，以及贸易顺差和收支平衡等来获得。同时，制订了条例限制国家银行的发行权。

四、斯托雷平改革

1875—1895 年的欧洲农业危机，对俄国农业的发展有极大的影响。危机给大量农户带来了深重的灾难，使财产的既定关系遭到了巨大的破坏，到处引起了技术的倒退，引起了中世纪关系及其经济形态的复活。危机的一切压力都压在农民身上，他们为了向地主和国库付清款项，不得不以明明知道吃亏的价钱在市场上出售粮食，同时，工役制的规模扩大，租佃条件恶化。俄国农业落后的主要原因是仍然保持着的农奴制残余，它阻碍农业经济的发展，使农民遭受饥饿贫困。沙皇政府为了改善农民的处境，采取了一些局部的、不成套的措施，但都没能从根本上摧毁农奴制的残余。

在俄国，农奴制残余不仅指地主土地占有制，而且也包括农民村社及村社形式的份地占有制。对份地，农民只有使用权，而无所有权，份地是严格禁止出卖或转让的。定期分配是份地制的原则。为使份地的分配能够做到均匀，特意将土地按土地的远近、质量的好坏搭配，其结果使得每户土地七零八落。这一制度妨碍了农村资产阶级对土地的购买和贫农同土地的彻底脱离，影响了土地集中和雇佣劳动的出卖，延缓了农民的分化，从而阻碍了农村资产阶级的成长和俄国资本主义的深入发展。为此，沙皇政府决定摧毁村社及份地制度，大臣斯托雷平由此制定和实施了这一新方针。

为了保证国库必要的经费，斯托雷平内阁财政部提出了实行新的征税原则。为了使税收和把没有财产的广大居民群众从附加税的负担中解放出来，对旧的税收原则进行改革，主要是制订了累进所得税草案，实行累计所得税制。政府所得的款项不仅用于实行改革，而且把一部分给地方自治局和城市自治机关使用。

俄国财政收入很大程度上靠征间接税，主要负担落在农民身上。1907—1913 年之间，间接税预算达到 95.564 亿卢布，其中 54.031 亿卢布为酒垄断税。在这些年，农业和土地规划总管理局的全部支出为 6.646 亿卢布。间接税可以满足土地规划贷款的全部要求。在改革时期，农业和土地规划总管理局支付给欧俄地区贷款 3420 万卢布，用于土地规划或土地整理，1150 万卢布津贴贷款用于土地改良。农民银行以份地财产作抵押保证贷款共 1090 万卢布。战前几年（1911—1914 年），国家银行增加用于购买农业机器的贷款共 4660 万卢布。

总起来说，斯托雷平改革的目标是通过普鲁士式的发展道路，实现俄国资本主义近代化，防止革命。但是，俄国专制制度僵化，等级利己主义和地方贵族保守主义，俄国资产阶级的社会政治上的目光短浅，以及国内基本群众的总体文化、政治水平不高等因素，阻碍了改革纲领的实施和俄国资本主义近代化的进程。斯托雷平改革方案的制定和实施的经验表明，已经陷于危机的沙皇专制制度迟迟不进行改革或拖延、耽误改革，所有这些都妨碍了斯托雷平改革的意图和各项措施的贯彻实行，不可能达到预期目的。改革的目标未能实现。

五、所得税的开征[①]

1. 所得税征收前的准备

同法、美两国一样，俄国所得税的出台和征收也经历了一个十分艰难的过程。早在1862年，俄国出于平衡国家预算的考虑，曾经提出过征收所得税的想法。当时的财政大臣赖藤负责起草了《所得税征收法案》，但是这项计划在当时却并没有得以实现。以后，每当国家预算紧张的时候，征收所得税的问题就会被提出。比如，俄国在1877—1878年的俄土战争中花费了10亿卢布，19世纪90年代初俄国农业发生的严重歉收使得大量农民破产，面对这些严重的经济困难，征缴所得税问题一再被提出，但最终仍然没有得以施行。1892年，维特还在财政部工作的时候曾经在所得税征收方案上写道："到目前为止，我国还有很多新税种没有执行，我们的税务机关对于这些新税种的征收还没有做好任何准备。在这种情况下开始征收所得税，纳税人肯定要想方设法隐瞒自己的实际收入，而对于政府来说就只有长期和纳税人的这种行为作斗争了。"这样一来，所得税征收计划被推迟，直到财政部认为是最佳征收时机时才会执行。1893年，俄国制定了房产住宅税征收方案，这项新税种其实就是所得税的一种替代税种。

1905—1906年俄国的财政危机使所得税征收问题被再一次提上了议事日程。1907年由财政部制定的《所得税征收草案》被提交给俄国国家杜马审议。这部《所得税征收草案》是1905—1906年由当时的财政副大臣、税务司司长尼古拉·尼古拉耶维奇·库特列尔任主席的特别委员会依据1891年普鲁士《所得税法案》起草出来的。库特列尔十分清楚俄国税收体制的症结所在，他认为所得税的发展前景必然是所有税种的替代税种，但是出于对所得税实行之初不能立即取代所有原有税种的考虑，故特别委员会建议所得税应与其他税种同时进行征收。

2. 所得税征收障碍及政府对策

对征收所得税持否定态度的人认为，俄国人比较贫困，因此只有那些为数不多且诚实守信的人才会去交纳所得税，税收监督也不能解决隐瞒收入的

---

① 此部分参阅裴然：《沙皇俄国的所得税诞生始末》，《西伯利亚研究》2009（4）。

问题，纳税申报制度是对公民权利的严重践踏。针对这些论调，财政部认为，隐瞒收入的现象的确存在，对于所得税征收过程中存在的包括隐瞒收入等违法现象，应该通过税务监督的办法予以揭发和查办，这对暂时还没有违法行为的纳税人来说会起到很大的震慑作用。俄国财政部对税务监督人员的工作总体上说还是比较满意的，因此它认为在税务监督工作上，俄国不会逊色于德国。此外，俄国还规定，在纳税人中选出若干代表一起参加税务监督工作。很显然，财政部认为纳税人比政府部门更能了解彼此的纳税能力。对于是否以所得税取代其他所有税种的问题，财政部认为，直接税每年可以给国库上交115亿卢布的税款，而税率只有5%的所得税每年却只有4000万卢布，而如果考虑到将会出现的大量逃税现象，所得税的年收入可能只会有2500万卢布。普鲁士《所得税法》规定，对于收入只达到最低生活费用（900马克，约合420卢布）的人可以不征收所得税。俄国财政部认为普鲁士《所得税法》的这一条不适合俄国，因为俄国人口中的绝大部分都处于最低收入标准范围内。这样一来，在保留直接税和间接税的情况下，所得税的征收无疑对平民的生活产生了严重的影响。《所得税征收方案》在社会各界产生了巨大的反响，工商业界对这一方案进行了尖锐的批评。根据莫斯科证券委员会主席良布申斯基的计算，所得税法执行后企业家阶层的纳税负担将会从23%提高到30%。在《所得税法案》中规定，财政监管部门有权对所有的政府机关、工商业企业和金融公司以及不动产所有者进行监督，在对全部有收入来源的个人进行监督时，要对他们的工资收入和各种形式的奖金进行登记，以便能够对其在纳税申报表中的申报内容进行审核。莫斯科税务局在给国家税务司的信中说："银行和储蓄所有义务向所得税征收委员会提供储蓄业务数据以及储户使用储蓄资金的资料，而我们则应该根据这些数据和资料对纳税人所提交的报税单进行审核，只有这样做才能迫使纳税人放弃隐瞒实际收入的想法。"对货币资本收入进行监督，是政府和纳税人之间一个十分敏感的问题，《所得税征收法案》也正是因为这个问题争论了较长时间。而对于其他种类收入的报税单，税务检查机关还是有办法对其进行有效监督的。

在农村，土地评估事宜由土地管理局负责。而城市评估费和房产住宅税的数据则反映了城市不动产的收入，同样，营业税的统计数据也反映出工商和金融企业的收入。对于货币资本的收入，税务监督人员只能从纳税人的外部表象上来计算他们的实际收入，这些外部表象包括纳税人出租房屋的价值、雇佣女工的数量和是否拥有马车等，但是这些纳税人的外部表象所反映出的仅仅是对纳税人实际收入近似的估计，因此税务监督人员强烈要求对这些纳税人的银行资料进行核查。莫斯科证券委员会的代表们坚持“商业秘密”的原则不动摇，坚决反对将银行客户的资金往来信息纳入税务监督的范围内。政府对个人银行业务的监督引起了整个工商业阶层的强烈不满，他们认为这种监督其实就是政府对个人商业行为的侦查和审判，这种行为严重侵害了纳税人作为公民的权利，政府的这种怀疑将会直接对纳税人造成伤害。根据企业家的说法，为了新税种的实施，政府建立了庞大的税务管理机构。在所得税问题上，企业家们反对实行比西欧国家还高的级差税率，他们认为这种税率极高的税种实际上是对人们的工作能力和工作热情征收税款。企业家们建议所得税应该作为取代其他税种的替代税种出现，而不是作为其他税种的补充税种出现，而所得税首先应该替代的就是现在实行的营业税。企业家们还认为，所得税的征收标准应该从 10 卢布收入开始，按照合理的比例征收。有产阶级对所得税的强烈反对，使得国家杜马对《所得税征收法案》进行了长时间的讨论。第一次世界大战的爆发，使俄国普通预算平衡受到了威胁，这成为政府开始征收所得税的直接原因。

3. 所得税的正式施行

第一次世界大战的爆发，使俄国政府开始加速推进滞留在国家杜马的《所得税征收法案》的审议进度，1915 年夏天《所得税征收法案》从杜马财政委员会被移交给杜马全体会议讨论。杜马审议并通过了政府的《所得税征收法案》，随后该法案被提交国务会议批准。由于国务会议处于休会期间，该法案实际上于 1916 年 2 月才被提上国务会议的议事日程，并在 1916 年 3 月 14 日获得通过。1916 年 4 月 6 日，该法案被沙皇批准后生效，并于 1917 年 1 月开始正式实施。

被通过的《所得税征收法案》有比较大的改动，如纳税门槛（最低生活费用）被降低到了年收入 850 卢布，这一变动意味着中产阶级将全部被纳入所得税的征收范围中来。此外，所得税的累进税级差被从年收入 10 万卢布增加到 40 万卢布，最高税率从 6% 提高到 12% 。年收入超过 40 万卢布的纳税人，其所得税按比例征收，即 40 万卢布以下按 12% 征收，超过 40 万卢布的部分，每超过 1 万卢布征收 1250 卢布的所得税。在俄国除芬兰外的全部领土上，从 1917 年 1 月开始全面征收所得税，纳税人范围既包含了俄国人，也包括了在俄国取得永久居留权的外国人。除了自然人以外，证券公司、寺院、教堂、工商业股份公司、财务股份公司（银行）、劳动协会和消费合作社的法人也被纳入所得税的征收范围内。根据《所得税征收法案》，俄国的皇族可以免缴所得税，此外，外国的外交官也被免除缴纳所得税（须满足两个条件：一个是该国为强国，一个是俄国外交官必须也在这个国家享有同等的待遇）。

在被免除缴纳所得税的人中还包括现役军官和士兵。根据该税法，在计算纳税人收入时，应将纳税人的遗产继承、赠与、保险佣金、国债利息、有价证券盈余排除在外。此外，对宗教事业、慈善事业和教育事业的捐赠也不应该计算成收入。待所得税征收完毕后与其他各税种的税收总额一并上缴国库。

财政部税务司是税务的中央管理机关，在各地方由省税务局负责对各省的税务征收工作进行。省税务局在各省建立了所得税征收委员会并对当地的税务检查工作进行监督。省所得税征收委员会又在各地区建立了所得税征收分委员会，这个委员会的委员包括地方自治局、城市自治机关和纳税人的代表，当地的税务监督人员担任这个委员会的主席。这种将各方代表统一到一个组织里的做法，能够有效地对纳税人的纳税申报表进行监督。

长达半个世纪之久的关于所得税问题的争论，终于尘埃落定，但是这部《所得税征收法案》来得太迟了，它对俄国财政的稳定并没有起到什么作用。按照财政部的计算，第一批 113 亿卢布的所得税税款应该在 1917 年年中征收完毕，然而，这项税款还没有来得及征收，沙皇政府就被 1917 年二月革命推翻了。

第四节
两次大战时期的俄国财政

一、资产阶级临时政府的改革

1914—1918 年的世界大战是帝国主义国家为了重新瓜分殖民地、争夺世界霸权而进行的大规模战争。沙皇俄国站到英国协约国方面参加帝国主义战争。但俄国参加的是一场没有准备的战争。参战后，首先就是扩军，从工农业生产中调出大量青壮年直接参加战争。同时，要求国家杜马批准军事预算拨款，通过一些与战争爆发有关的立法，把整个国民经济转入战争轨道，实现完全军国主义化。战争一开始，俄国国民经济就陷入了困境。军工厂劳动力不足，因而前线武器弹药也严重不足，交通运输阻塞，给养困难，士兵忍饥挨饿，赤脚露体，伤兵有的几天都得不到食物和纱布。对外战争屡遭失败，国内政局的动荡，导致了 1917 年二月革命的爆发。

二月革命胜利后，资产阶级政府和苏维埃政府两个政府并存。为了维护自己的统治，资产阶级政府颁布了一些改革措施。在经济方面，临时政府宣布，冬宫皇宫地产和内阁财产属于国家所有的财产，即把土地转交给农业部，工业企业转交给工商业部，资本和珍贵物品转交给财政部。资产阶级临时政府设立了经济委员会和经济总委员会。经济委员会的任务是制定一个全民经济的和金融的计划。经济总委员会则根据经济委员会制定的一般规则，制定出具体的经济措施。其余行政领导机构差不多保留了原沙皇政府的那一套，如工商部、财政部、农业部以及与城市有关的机关——国际、燃料、冶金、粮食和运输等专门会议。

在财政和赋税方面，资产阶级临时政府完全遵循了沙皇政府实行的那些方法和纲领，并宣布承认沙皇政府的一切货币和债务。特别是全部的新的外债以及对这些外债的支付。

1917 年军费开支总数为 226 亿卢布，为了弥补财政赤字，临时政府采取老办法：一是增发纸币。纸币的发行达到了全部预算支出的 65.5%。滥发纸币和卢布贬值，引起物价飞涨。1917 年下半年流通中的纸币量比 1914 年战前半年增加到 8.2 倍，而物价增长 11.7 倍。二是赋税增加。主要靠提高间接税，此外就是提高垄断的烟草、火柴和煤油的价格。三是借款，国债从 1913 年的 88 亿卢布增长到 1917 年的 500 亿卢布。

经济的混乱和国家财政的危机，进一步把俄国推向灾难。为了挽救自己的政权，资产阶级临时政府决定采取极端的办法，过渡到公开的反革命，无产阶级政府成立。1917 年 10 月 25 日，俄国十月革命爆发，仅用了四个月，俄国十月革命就顺利完成。无产阶级专政完成了资产阶级民主革命尚未完成的一些内容。第一，退出帝国主义战争，实现公正的和平。第二，废除地主土地私有制，实现劳动农民获得土地的要求。第三，消灭民族压迫，实现民族平等。第四，消灭了封建等级和特权，实现了全体公民平等的地位。

二、列宁时期的政策

1. 战时共产主义政策

十月革命后，年轻的苏维埃政权获得很短的和平喘息的时间。1918 年春，国内反革命叛乱和外国帝国主义势力对苏维埃政权发动了武装干涉，企图把它扼杀在摇篮里，致使刚刚开始的和平经济建设停了下来。当时，列宁提出了一切为了前线的口号，把整个经济转向军事轨道，实行战时共产主义政策。

在否定与消灭商品生产和货币的同时，产品生产和分配中的实物化得以迅速发展并日趋扩大，这主要是通过以下几个途径实现的：

首先是余粮征集制。苏维埃国家借助于这个办法把全部余粮集中在自己手里，然后有计划地以实物形式分配给全国各城市职工和居民。

其次是货币结算的取消，国家与企业之间、企业与企业之间的经济关系实物化。

再次是在分配领域逐步把货币关系排挤出去，日益实物化。例如，各生产单位把全部产品交给国家，并从国家那里无偿得到原材料；职工的工资日趋实物化，到 1920 年，职工工资的食物部分已占 92.6%，国家还逐步取消给广大居民的商品的贷款和劳务收费。

在军事共产主义时期，苏维埃国家随着形势的变化，从对大企业实行逐步国有化发展到加速全面国有化的政策。1918 年 5—6 月召开的全俄国民经济委员会第一次代表大会作出决定：从个别企业的国有化转向全行业的国有化。在 1918 年 6 月 1 日之前，国有化企业还只有 500 家，但 1918 年底举行的全俄国民经济委员会第二次代表大会宣布：工业国有化已经基本完成。通过国有化把基本生产资料集中在国家手里，并形成了大量的国有企业，从而建立了计划经济制度的基础。

战时共产主义的苏俄经济体制模式有如下的主要特点：

第一，除了农业化外，几乎对全部经济都实行国有化，以此来最大限度地扩大国有制企业。在农业方面，通过余粮征集制把全部农业剩余产品集中在国家手里。第二，把从生产到分配的全部经济活动的决策权与管理权都集中在国家手中，用强制的行政方法进行管理。第三，在消灭商品、货币的条件下，经济关系实物化。第四，国有企业与国家的关系是一种行政隶属关系，各企业从国家那里获得全部物资供应，而企业生产的全部产品上缴国家，是完全的统收统支制。第五，分配上实行高度的平均主义。第六，实行劳动力的强制分配和普遍劳动义务制。第七，当时很不发达的对外经济完全由国家控制。这与十月革命后不久列宁对外贸实行国家垄断制的措施有关。

2. 新经济政策

1920年底、1921年初，战争结束了。苏维埃政权取得了战争的胜利，但这期间，经济遭到了严重的破坏，整个国民经济处于极端困难的时期。表现在：

农业状况严重恶化。1921年全国播种面积为1913年的86%，其中技术作物的播种面积下降幅度更大。

工业遭到更为严重的破坏。1920年，工业产值只等于1913年的13.8%，冶金企业和机械工业几乎全遭破坏。由于缺少燃料与原料，国家企业的开工率只有3/5。

整个国民经济遭受严重破坏，通货膨胀加剧。到1920年底，纸币的购买力仅为1919年的1/13000。

国内战争使本来就十分落后的俄国经济又倒退了十年。十分明显，战争结束后，苏维埃国家急切需要以最大的努力和最快的速度医治战争创伤，恢复经济。1921年2月召开的俄共（布）第十次代表大会通过了由军事共产主义转入新经济政策的决议，使苏维埃俄国转入在整个苏联时期最符合客观实际与最富有成效的新的经济体制。

新经济政策的主要内容是：

（1）取消余粮征集制，改行粮食税。粮食税比余粮征集制的数额一般要低一半。粮食税实行累进制，对贫困农民予以减免。上缴税收后剩余的粮食、原料以及饲料，完全由农民自主支配，即可以在市场上自由买卖。这大大促进了农民生产的积极性，并有助于建立正常的商品交换关系。

（2）实行商品自由贸易。1921年5月召开的俄共（布）第十次全国紧急会议决定称商品交换是新经济政策的基本杠杆。

（3）在农村允许农民出租土地和雇工，在城市允许私人占有中小企业，把原来收归国有的小企业归还私人，还允许私人开办不超过20人的工厂。

（4）在工矿企业实行经济核算制，发挥经济杠杆的作用。

（5）以租赁或租让形式发展国家资本主义，即允许外国资本在苏维埃俄国开办工厂和开采自然资源。

（6）进行货币改革，同时消灭预算赤字。这是为了稳定货币，为正常的商品流通打下了基础。

新经济政策的实质是发展商品货币关系，在社会主义发展过程中运用市场机制，通过市场和贸易、工农业之间的经济交流，达到从经济上巩固工农联盟、活跃经济和迅速恢复濒于崩溃的经济的目的。

3. 斯大林模式

斯大林模式是前苏联工业化和经济发展过程中所采用的、并且延续约70余年的一种经济体制。它形成的标志为苏联1936年宪法的通过。这种经济体制是一种高度集中的计划经济模式，即通过国家权力，全面干预和管理国民经济各部门，通过指令性计划集中进行资源配置，进行社会生产活动。具体表现为经济运行排斥市场和价值规律；政府通过计划确定全社会的产、供、销和企业的人、财、物等。由于苏联是在斯大林取得领导权后开始全面执行计划经济，斯大林从理论上对计划经济进行了概括，并使其成为苏联乃至于其他一些苏式社会主义国家实行工业化的指导思想，所以，通常人们把计划经济体制称为斯大林模式。斯大林成为苏联最高统治者之后，很快结束了列宁的新经济政策，击败了坚持新经济政策的布哈林，实行工业计划。

在工业化初期的第一个五年计划时期，除了对工业化管理体制进行改革，进行不断调整与重组外，还在信贷与税制方面做了重大改革。

（1）信贷改革。根据苏联中央执行委员会和苏联人民委员会《关于信贷改革的决议》，从1930年1月开始进行信贷改革。改革的目的是加强有计划地组织社会生产与流通，加强对企业生产经营活动；加强卢布监督，最终使银行信贷制度适应集中的计划体制的要求，使其承担计划经济管理职能与执行国家预算的职能。取消了商业信用，改由银行直接向基层企业发放短期贷款，这项贷款集中由国家银行办理，从而使专用贷款同生产计划与产品的销售计划直接发生关系，从而，也可以消除采用商业信用形式与集中的有计划地领导整个国民经济之间发生的矛盾。取消了自动贷款制，改为对经济机构间按签订的经济合同进行的实际交易提供贷款，即只有在订货方同意承付后才支付供货方。这次信贷改革还把企业的流动资金明确划分为自有资金与借入资金，这有利于信贷原则的巩固。

另外在长期贷款方面也做了重大改革。按苏共中央执行委员会的决议，用于工业、运输业和邮电业国营企业的基本建设拨款的一切预算内和预算外资金均告无需偿还，企业欠银行的债务也宣告取消。这样，除农业银行继续对集体农庄发放长期贷款外，各专业银行成立了对各部门基本建设无偿拨款的机构，或者说成了财政部门的出纳机构。

至于短期信贷，它主要用于补充季节性的资金短缺。到第二个五年计划期间，信贷投资结构的一个重要特点是对轻工业、食品工业和农产品收购机构短期贷款大大增加。30 年代初的信贷改革与 1936 年进行的银行合并及调整，形成了斯大林时期的银行信贷体制：全部短期信贷集中在国家银行，它变成了唯一的短期信贷与结算中心，还垄断了货币发行和现金拨付业务。银行体系由苏联国家银行、三个投资拨款银行（工业、农业、公用事业和住宅建设）、一个外贸银行与国家劳动储金局组成。这一银行信贷体制一直沿用到 50 年代中期，中间没有发生过大的变革。

（2）税制改革。在 1930—1932 年税制改革以前，国营企业向预算缴款的制度，基本上是在实行新经济政策的第一阶段形成的。当时，苏联国家虽然掌握了国民经济的主要部分，但私人资本主义和小商品经济在国家经济中仍占不小的比重，在商业中尤为突出。当时，国营企业的经济核算工作水平很低，加上革命初期还顾不上对税制进行根本性的改革，因此，当时企业的上缴制度存在着缴款的多样性、课征的多次性、计征手续的复杂性等特点。另外，当时也没有把社会主义企业缴款与私人经济的纳税区别开来。因此实行两个渠道的缴纳制度可以保证预算收入的稳定性。因为国家预算可以以周转税形式取得固定的、稳定的和均衡的收入来源、周转税是商品价格中硬性规定的一部分，它不取决于企业降低产品成本和积累计划的完成情况。另外，有利于促进经济核算制原则，因为，一方面企业可以利用一部分利润用于企业扩大再生产和对工作人员进行物质鼓励；另一方面向预算缴纳利润提成，能消除多余的资金自周转中的积压。

经过一段时间的讨论和准备，在 1930—1932 年间对原来的税制实行了根本性的改革。1930 年对周转税和利润提成制度作了以下具体规定：①对商品一次性并在一个环节课征周转税；②对应课征周转税的商品实行统一的部门平均税率；③采取同预算集中的结算方式，这就是说，周转税和利润提成的缴纳者不是单个的企业，而是联合组织；④规定利润提成的最高提成率为 81%，但用于建立鼓励基金的利润不再其内。之后，在新的缴纳制度实行过程中，根据暴露出来的问题又做了不少调整。例如，采用统一的部门周转税率难以保证统一部门内所有品种的产品获得必要的盈利率，即使在联合组织内部按商品规定税率也是如此。这样就出现了某些商品利润过多，而某些商品则亏损，对各企业来说，也出现了类似的情况。后来，针对这种情况取消了统一的部门周转税率，实行按商品类型规定的税率。在以后的时期，两条渠道的缴纳制度虽然进行过不少修补，但在1965年经济改革以前，基本上一直采用着。只是随着1965年实行经济管理体制改革，企业向预算上缴的制度才发生了重大的变化。

本章参考文献：

[1] Riasanovsky, N. V., Steniberg, M. D., "A History of Russia", Seventh Edition, Oxford press, 2010.

[2] [俄] 安德烈·鲍里索维奇·祖波夫：《二十世纪俄国史（1894—2007）》，阿斯特（ACT）出版社。

[3] 张建华：《激荡百年的俄罗斯——20世纪俄国史读本》，人民出版社，2010年。

[4] 张建华：《俄国史》，人民出版社，2004年。

[5] （美）沃尔特·G. 莫斯，张冰译：《俄国史（1855—1996）》，三环出版社，2008年。

[6] 裴然：《1881—1917年俄国财政研究》，吉林大学2010年博士论文。

[7] 裴然：《战争和革命对20世纪初俄国货币体系的影响》，《西伯利亚研究》2010（4）。

[8] 黄亚丽：《19世纪末至20世纪初俄国经济政策解析——维特的经济思想与经济改革视角》，《东北亚论坛》2006（5）。

[9] 张广翔、袁丽丽：《19世纪下半期俄国税收改革的若干问题——斯杰潘诺夫博士吉林大学讲学纪要》，《世界历史》2008（4）。

[10] 赵志星：《18世纪—19世纪上半叶俄国税制研究》，吉林大学2009年博士论文。

[11] 裴然：《19世纪末俄国两任财政大臣税收政策比较研究》，《黑龙江社会科学》2010（7）。

[12] 陶惠芬：《俄国近代改革史》，中国社会科学出版社，2007年。

[13] 裴然：《沙皇俄国的所得税诞生始末》，《西伯利亚研究》2009（4）。

[14] 赵锡：《战后苏联经济状况浅析》，《四川大学学报》1986（10）。
[15] 赵晓雷：《外国经济史简编》，华东师范大学出版社，1994 年。
[16] 韩毅：《外国近现代经济史》，高等教育出版社，2011 年。
[17] 高德步：《世界经济史》，中国人民大学出版社，2005 年。

第六章
日本财政史

这是一个孤悬于太平洋西北部的岛国，四个不大的岛屿及周边若干小岛组成了这个地貌狭长的国度。多山的地形、漫长的海岸线、贫乏的矿产资源使这个本就危立在火山地震带上的国家显得万分贫困，仿佛永远要与饥饿和落后为伍，与谦卑和懦弱相伴。这里没有发展农业的有利自然条件，更没有发展工业的丰富矿产资源，有的只是漫长海岸带来的肆虐的台风，复杂地貌带来的频繁的地震。

这个贫乏又多灾多难的国家，中世纪经受了近乎无止息的战乱与纷争，150 多年饱受了西方列强的欺凌与压迫，近代又用屠刀亲自为自己挖掘了一个阴森黑暗的坟墓。

那么这个看似不幸的国家究竟如何走出困境？它又缔造了什么样的文明，书写了怎样的历史？

就让我们沿财政史的清晰脉络走近与我们一衣带水的日本，以财政史的崭新视角透视历史真相，去观察这个善于模仿又勇于创造的奇异国度，何以在思想贫瘠之地种出科学灿烂之花；去探索这个自然条件恶劣又饱经沧桑的国家，如何能在世界经济史上书写奇迹和辉煌；去思考这个曾经懦弱矮小的国家，近代为何残忍地向亚洲近邻举起屠刀，走向了一条充斥着血腥与野蛮的不归路。

第一节 古代日本的财政概况

日本在奈良时代前，总结起来有“三文化、二时代”，即绳纹文化、弥生文化、古坟文化和飞鸟时代、奈良时代。此前因史料缺乏，无法了解其财政情况。

一、奈良时代的财政概况

710 年，日本天皇迁都平城京（今奈良），开始日本历史上知名的“奈良时代”（710—794 年），此期间历代天皇注重农耕，兴修水利，奖励垦荒，社会经济得到大为发展，此时的奈良朝受中国盛唐文化的影响，又通过唐朝接受到印度、伊朗的文化，从而出现了日本第一次文化全面昌盛的局面。奈良时代仿照唐朝的均田制而制定班田制，是律令制土地制度的根本法。班田制实行班田收授，首先须编定全国的户籍。正仓院所存 8 世纪初的户籍详细地记述了姓名、年龄、受田额、家属关系、人口数、疾病、贫富等级、租税的课与不课等。户籍每六年编制一次。班田的具体作法是：凡六岁以上公民，由政府班给口分田，男子二段（一段约 1983.4 平方米），女子为男子的三分之二。官户奴婢与公民相同，家人、私奴婢则给公民的三分之一。有位、有职、有功者，按位的高低，功的大小，班给相应的位田、职分田、功田等。除口分田之外，还相应给以若干宅地和园田，为世业田，若绝户还公。班田每六年一次。所受之田不准买卖，若受田者死亡，由国家收回。

与班田制相适应，奈良朝的租税实行租庸调制。租按田地面积征收，一段口分田征稻谷二束二把，约占收获量的 3%。庸是代替劳役而交纳的实物。正丁（21—60 岁）每年去京城服劳役十天，相应的庸则纳布二丈六尺；次丁（61—65 岁）二人的庸布相当于正丁一人。除布外，还可按当地所产交纳米、盐、棉等，并运往中央，脚夫由纳庸户负担。调只限男丁负担，按照正丁、次丁、中男（17—20 岁）等不同等级交纳绢、絁、布、绵、染料、油等土特产品。调和庸每年8月中旬开始征收，近国于10月末、中国于11月末、远国于12月末以前上交大藏省，充作中央的费用。

除了交纳租庸调之外，百姓还要负担沉重的徭役。兵役是一种很重的徭役。根据大宝令的规定，有四分之一的正丁被指名服兵役。到军团当士兵的被分为十班，每十天轮流值勤，粮食、武器自备，免除其他徭役。若是去京城当卫士则须一年，去九州当防人则长至三年，免除调庸和其他徭役。还有一种徭役是出“仕丁”，每五十户出二人，到京城为朝廷服役三年，免除调庸和其他徭役。至平安时代允许出钱代役。

在赋役令中未作出具体规定的徭役称为“杂徭”。正丁每年限六十天，次丁三十天，中男十五天。一般由国司征调，从事官衙、道路、堤坝的修建等，原则上不供饮食。

此外还有雇役，即雇佣公民修建都城或耕种官田。虽名为“雇”，但报酬甚少，实际上也是一种徭役。

723年颁布的《三世一身法》，规定凡新修沟池开垦的土地，多少不限，允许开垦者三代占有；凡利用原有沟池开垦的田地，只准一代占有。由于农民倦怠，收效不大。但此法的实施却成为国有土地私有化的契机，是日本封建庄园发展的起点。743年，政府又颁布了《垦田永世私财法》。规定按位阶限定开垦土地面积。申请获准后，三年内必须结束开垦。在以上规定下的垦田，永世归开发者私有。有势力的寺社、贵族、地方豪族均利用此令，大肆垦殖扩大领土，促进了庄园的发展。

二、平安时代的财政概况

平安时代（794—1192年），是日本古代的最后一个历史时代，从794年桓武天皇将首都从奈良移到平安京（现在的京都）开始，到1192年源赖朝建立镰仓幕府一揽大权为止。

由于班田制的崩溃，国家为保证财源，便不得不采用新的租赋征课方式，“田堵制”（负名制）于是出现。田堵制就是让较殷实的农户每年承包一定面积耕地的经营，担负纳租责任。这种承包人称“田堵”（亦作“田刀”、“田部”），所承包的耕地称为“负名”，“田堵”承包耕地每年春天要向国家提出申请书（“请文”）订立契约。田堵制的采用，一方面表明在班田停止后国家力图通过这种方式来阻止土地归农民所有，继续维持土地国有制；另一方面又表明国家在某种程度上承认了8世纪中期以来班田农民斗争的成果，即承认了农民对实际耕作的土地的占有。随着田堵制的推行，政府征课租赋已不再按照公民户籍上的人头，而是按照登记在土地册上的田堵实际耕种的土地面积了。

田堵制大约出现于公元9世纪，后来田堵由于坚持斗争，得以逐步加强耕地的占有权，对耕地的占有相对稳定，给所占土地加上自己的名字，称为“××××名”。于是产生了“名田”，它的所有者称为“名主”。“名田”可以继承和转让，“名主”对“名田”的这种权责称为“名主职”。大名主是“领主名主”，多在边疆地带。他们的名田经营方式不尽一致，或全部出租，或部分出租，没有出租的部分作为直营田自耕。在直营田里往往以具有半奴隶式依附农民身份的“下人”充作主要劳力。名主虽然有大小之分，包括不同阶层，但在对国家的关系上他们的立场基本一致，因为国家对他们都同样征租和征调徭役。

第二节
中世纪日本社会财政概况

一、镰仓时代的财经状况

镰仓时代（1185—1333年），是日本历史中以镰仓为全国政治中心的武家政权时代。始于1185年镰仓幕府成立，终于1333年幕府灭亡。镰仓时代初期，仍旧延续了平安时代的古代庄园制。一个庄园由数个“名田”组成，名主从庄园领主处获得名田的私有权，进行自主经营。名主向庄园领主交纳租税，农民向名主交纳“加地子”这种体制称为“名田经营”。镰仓中后期，庄园内的大名主、土豪成为了幕府的地头。

在这个时期，地头势力逐渐强大。庄园内征收年贡是地头的任务之一。12世纪末，源赖朝受封征夷大将军，并在镰仓建立日本历史上第一个幕府政权。从此诞生了武士政权，并由此产生了武家政治和公家（指朝廷公卿，贵族）政治的对立。幕府统治的物质基础是附以各种名称的庞大的“关东御成败地”，即将军的管辖地（“关东”指幕府将军，“成败”意为“处分”）。13世纪后期，幕府的武士统治开始面临困难，镰仓幕府逐渐走上灭亡的道路。

1. 庄园制经济的进一步强化

庄园制是镰仓时代封建土地所有制的主要形式。这个时代虽然也存在着少量国衙领即国有地，但基本上也已庄园化。庄园的统治者是庄园领主（国司）和由御家人担当庄官（在厅官人）的地头。地头拥有“下地”（产生收益的土地）的管理、征税、警察和裁判等职权，因此也就拥有与这种地头职权相应的收益权。收益所产生的对象按当时语言称作“所领”。地头所领按其收益形态计有“给田（上白下田）”、“杂免地”和“免在家”等。“给田（上白下田）”指地头的宅地及其附属土地，不负担任何年贡、“公事”（劳役、杂税），地头把它作为完全的私有地领有，收益全归自己。“杂免地”亦称“给名”，只向庄园领主交纳少量年贡，年贡以外的赋课（“公事”），成为地头的收益。“免在家”是免除“在家”赋课的意思，即庄园领主免征对农民房屋、宅地、园田的赋课，而将这些转作地头的收益。此外，地头的收益中还有加征米和“检断得分”（从对犯人的处分中取得的收入），以及其他等。

庄园农民大体可分为四个阶层：大名主、小名主（“百姓名主”）、作人（“小百姓”）、“下人”和“所从”。拥有 3 至 10 町名田的大名主多将自己名田相当部分交给因失去名田而变成“作人”的佃农耕种，余下的直营地则役使半奴半农身份的“下人”和“所从”。大名主是名主中的少数，他们往往取得御家人身份，爬到地头、庄官的地位。拥有 1 至 2 町名田的小名主是名主的多数，他们以自家的劳动为基础，以 1 至 2 名下人、所从的劳动为辅助进行生产。小名主和作人、下人、所从是庄园里的基本劳动群众，是被统治阶级。

名主向领主交纳的贡租分田租（水田租）和皂租（旱田租）两种。田租包括“本年贡”和“付加米”。“本年贡”相当于产量的 30%—40%。名主的负担还有“万杂公事”和“夫役”。前者是对农副产品、家庭手工业产品、山野产品、水产品等的课税，后者是被征课的徭役，主要是为领主和地头群种直营田，修建和维修水渠、堤坝，警卫领主住宅、仓库，搬运贡租等无偿劳动。名主的负担繁杂而沉重，只是大名主例外，因为他们总是把这些负担转嫁给手下的“作人”和“下人”。

2. 地头制的确立

随着幕府权力的扩大，并不把征收来的年贡交给庄园领主，而是攫为己有，引起同庄园领主的不断纷争。庄园领主大多住在京都、奈良，距庄园较远，自己又缺乏实力，不能制止地头的横暴。庄园领主索性将庄园的一切支配权都交给地头，而靠地头包收年贡（“地头请”）的办法来取得年贡的一部分。幕府从保护御家人的立场出发，肯定了这种办法，使它得到推广。13世纪中叶，40余所庄园中就有8所是实行“地头请”制的庄园。然而地头往往不交足他所承包的年贡额，后来庄园领主便干脆采取分庄园土地（包括土地上的农民）为两部分的“下地中分”的办法，以保证双方互不侵犯对方权益。地头以分得的一半庄园为阵地，蚕食其余部分，在乡领主阶级于是日益壮大。后来这些地头又处于守护支配之下，全国庄园就逐渐掌握在守护之手，奠定了守护领国制形成的基础。

二、室町时代的财政

室町时代（1338—1573年），是日本史中世时代的一个划分，名称源自于幕府设在京都的室町。足利尊氏对应后醍醐天皇的南朝建立了北朝，两个朝代对峙持续到1392年，最后被北朝统一。由于室町幕府是聚集了各有力大名而建立的，因此幕府本身的统治能力薄弱。应仁元年（1467年）一月，应仁之乱爆发，全国各地的大名纷纷而起，室町幕府摇摇欲坠，日本进入战国时代。战国大名成了统治当地土地、人民的强有力的独立政权。

1. 守护领国制度的形成与庄园制度的衰落

和镰仓幕府不同，足利幕府并未拥有御家人那样封建主从关系很强的家臣，为了对抗皇室、贵族、大寺社等旧势力，为了压制在动乱期间增强了抵抗力量的农民，巩固封建主专政，只有依靠各国守护的力量。正平7年（北朝文和元年，公元1352年）足利尊氏以其子足利义栓的名义发布了“半济法”，法令赋予守护以征收“兵粮米”的名义来征收属于公家、贵族和寺社庄园一半年贡的权力。这一半年贡由守护和国内武士瓜分。此法令的范围最初仅限于京都周围8国，后来扩大到日本全土。法令的有效时间也从临时的一年无限期延长下去。从此守护实际上合法地支配了庄园一半以上的土地。

以南北朝时代的内乱为转机，名主和农民们逐渐团结起来，形成一支对抗封建统治阶级的强大力量，领主征收年贡受到影响。幕府便开始赋予守护以承包征收“公领”年贡（“守护请”）之权，不久将这个权利扩大到本所、领家的庄园。守护也获得了在其任国内征收“段钱”（土地税）、“栋别钱”（房税）及其他赋税的权力。守护极力使手中权力为扩张自己势力服务。他们无视关于“守护请”的契约，总是拖延交出承包的年贡，进而以实力为后盾完全侵吞这些年贡；以实施“半济令”为借口侵入庄园，掠夺年贡和土地，把家臣派入庄园；运用对“割田狼籍”的处理权和“使节遵行”的执行权，在处理庄园领主与庄官、在乡领主间的土地纠纷时，总是做有利于后者的处理，以便把他们培植成为自己的家臣。这样，守护通过这种手段蚕食庄园，将国内庄园逐渐收归自己。另一方面，守护还利用军事上的指挥权，变庄园代官和武士为自己的家臣。

总之，守护以扩大了的权限为基础，控制庄园，把国内武士编进自己的家臣团，成为领有自己领地、统治农民、与国内武士结成主从关系的大封建主。当时称这种守护为“守护大名”，称其国为“领国”或“分国”，守护大名领国化开始形成。“半济法”的实施，“守护请”的推行及守护在辖地行政、司法权的获得，使得庄园的剥削和统治体制更难维持。足利尊氏为防止守护大名势力过强及地方割据倾向的增长，以便在各种势力均衡下保持幕府统治地位，曾于正平 12 年（北朝延文 2 年，1357 年）发布禁止守护蚕食庄园保护贵族财产的法令，但无济于事。随着守护大名领国制的形成，庄园制日益走向衰落。

2. 其他财政来源

在日本的室町时期，手工业者和商人还按行业组成“座”（行会），由座头或长老统管，垄断着某一地区某种行业的手工业生产和商品的销售。座隶属于大名或寺社大封建主，以负担贡纳和劳役为条件，在领主的保护下，获得专业权和免税的权利。原来为领主输送税品的“问丸”，这时变成纯粹的商业机构，除批发各种商品外，还经营汇兑业务。幕府还在畿内的交通要道设“关所”，征收“关钱”，或在渡口收取“津料”。并且对京都内外的“土仓”（当铺）与“酒屋”（酒坊）课征“仓役”、“酒屋役”。如遇事而经费不足时，也向“有德人”（富豪）告贷。所以室町幕府的财政自始至终很不稳定。为了解决经济拮据问题，与中国的明朝政府进行“勘合贸易”，也逐渐成为幕府的重要财源。

第三节
封建财政解体和资本主义的发展

从1573年室町幕府灭亡至1868年明治维新、1871年明治废藩，是日本封建社会的后期，日本史学一般称为近世。近世经济的基本特征是以幕（将军）藩（大名）领主的土地所有和小农耕作的农奴经济为基础的幕藩制。是以领主剥削农民实物地租为基础的自然经济，但领主必须出卖所得实物以购买其他生活必需品。同时由于大名对将军履行参觐交代和军役等义务，负担着多项的领外支出，因而也必须出卖所得实物。为了方便大名出卖米谷，幕府设立了全国中心市场大阪，出现了特权商人和同业行会（株仲间）。这种比较发达的商品货币经济，是幕藩体制必不可少的经济支柱。与此同时，随着近世本百姓自给自足经济的部分解体和剩余生产物的商品化，农村的商品经济也日益发达起来。18世纪，幕府为增加收入，实行商业统制政策，确认了江户、大阪和京都的商人公会。同时，实行殖产兴业政策，准许农民经营副业，以强化地租。商品经济发展的结果，从根本上动摇了幕藩体制的经济基础。19世纪，幕藩经济陷于严重危机，幕府虽然多次试图进行改革，但毫无结果。封建经济日趋解体，终以开港为契机，爆发了倒幕维新运动。

一、日本封建财政的解体

1. 幕藩财政的困难

18世纪初，以京都、大阪、江户为中心，商品经济迅速发展。特别是当它渗入农村后，对于向农民征收实物贡租并把它商品化来维持财政的幕府是最大的威胁。因为商品经济发展的成果（例如商业性农业发展创造的剩余部分）不能作为幕藩领主的收入加以剥夺，反之，由于商品经济发展，城市生活费用增大，幕藩财政支出，把德川初期积蓄都消耗掉了。而且收入不能同它相适应，收支失去平衡，财政发生危机。其次，由于幕府和大名、武士的礼仪、服饰及娱乐享受日益繁缛奢侈，刺激物价上涨，幕藩财政逐渐困难。幕府年收入46.7万两，支出却达140万两以上。幕领的代官或中饱年贡，或受贿降低租率。元禄时定额平均为35%—38%的租率，享保时降低到平均28%。依靠禄米养家的武士，生活日益窘迫，有的聚集要求上层救济。公元1640年，会律藩士联合向藩主呼吁，设置了“拜借金”制度。随着财政的困难，统治层内的矛盾尖锐化，集中表现在诸侯家骚乱。宽文8年（1668年），九州的岛原藩主高力氏，由于对武士也征课赋役，激起武士、商工业者、农民在领土内发动暴乱，因而被剥夺武士身份。宽文11年（1671年）的伊达骚乱、延宝7年（1679年）的越后骚乱等，都是由于大名宠信暴发户新权贵，压榨武士，引发武士的反抗。幕府也于庆安4年（1651年）连续发生藩主松平定政事件和“庆安之变”，暴露了幕政的破绽。

由于物价上涨，各藩大名由于财政困难，以所谓“借知”名义，削减家臣俸禄，使武士生活更困难。18世纪初，太宰春台写道：“许多大名，无论大小都低三下四地向商人借钱，只靠江户、京都、大阪和其他各地富商的援助才能维持生活。从农民那里征来的年贡，全都用来还商人的借款……还常被指责，要为赔礼而摆设宴席招待高利贷者。有的大名则无故给高利贷者俸禄，使加入家臣行列。”这段记录生动地说明了领主和武士已经“部分地由于货币的缘故而在社会上处于依靠地位”。

幕府为救济武士，享保4年（公元1719年）公布法令，宣布不管旗本、御家人向高利贷商人借款的诉讼，令相互协商解决。这实际上是使武士赖债合法化。江户商业公会——“12帮批发行”向町奉行提出抗议，一般商人债主则打着纸旗拥向武士家宅，张榜揭贴要求还债，迫使幕府不得不撤销这项法令。各藩财政更困难，大名们按规定须在江户和领地两处各设邸宅，他们和大批武士在藩地过着奢侈生活，还得隔年去江户参觐，在外要担负幕府临时性徭役。因此，各藩比幕府更早陷于穷困。例如，佐贺藩元禄11年（1698年）亏银10000余贯，公元1703年欠款达23万余贯；萨摩藩享保4年（1719年）亏银2900贯，濒于破产境地。

2. 德川中期的改革

17世纪后半期，幕府政治集中于挽救幕藩财政困难和防止武士浪人的背离，但封建经济破绽百出，商品经济发展势不可遏，用行政措施弥缝，显然是徒劳的。幕府以为恢复德川前期安定局面，照搬“古法”，便能解决危机，结果未能如愿。

（1）掠夺农民的新制度。幕府为增加收入，最大限度掠夺农业生产的全部成果，享保7年（1722年）起，征收年贡时实行“定租制”（固定租率制），取消过去每年秋季检查收成丰歉以确定租率的“勘查制”。其办法是选择收成变化较小的地区过去10年平均收获量定出租率。过去的年贡各地虽有不同，大体上为四公六民，即税率为收获量的40%，从享保10年起提高为收获量的60%，即六公四民，但由于农民到处掀起反抗，享保13年（1728年）定为五公五民，并规定非遇荒年，全村减产三成以上不减免。定租期满后，重新检查农作物，另定租率，产量增加时年贡也相应提高。

幕府实行“定租制”，目的是增加税收，所以督促代官尽力征收贡租。但元文2年（1737年）神尾春央任“勘定奉行”后，又全面恢复实行“勘查制”。他不按幕府初期查田定级（土地分上、中、下三级，按级定税）征收年贡，而是以土地实收量按五公五民征税。这样，农业生产力提高的果实被掠夺殆尽。

定租制对拥有肥沃土地的地主有利，对耕种多为贫瘠土地的农民不利。实行新的勘查制后，农民更加贫困，进一步促进了农村阶级分化。幕府拉拢地主，允许“苗字带刀”（即准许平民称姓佩刀）提高地主在农村中的威信，阻止农民的反抗斗争。

（2）开垦新田与增产兴业。幕府增加收入的另一措施是开垦新田。享保7年（1722年），幕府奖励在幕领或与它交错的地带开垦新田。规定幕府垦地虽为藩领，贡租亦归幕府征收，商人出资开垦者，其贡租十分之一归开垦者称为“町人请负新田”，允许他们将与投资相应的利润以地租形式收回，这就公认地主制的形式。当时著名的新田有武藏野、摄津川江、越后的紫云寺沼泽等新田。

开垦新田的目的是扩大税源，幕府于享保11年（1726年）制定征收新田年贡的规定——《新田丈量条项》。将享保以前开垦的新田贡租提高到与“本田”（一般土地）同等的税额，对于火田（焚烧野草开垦的田地）和山坡田，也都列入征收年贡的对象。还积极检查“隐田”，千方百计增加贡租。商人出资开垦新田，许多人便成为地主。

在开垦新田的同时，幕府还致力“增产兴业”，奖励种植经济作物，并推行当时主要靠输入的药材、人参、甘蔗等的栽培，以增税收。改革使幕府的财政暂时得到改善，物价一时也趋平稳。但改革本身包含着各种矛盾，而这些矛盾在幕藩体制下是无法解决的。

在幕藩领主经济中，米具有中心商品的作用，米价与其他物价的关系直接影响领主及其家臣们的生活。享保15年（1730年）起，米价一再跌落，其他物价则不下降，这对于把年贡米换成货币作为难一财源的领主及其家臣武士们的生活威胁很大。因此，调整米价成为幕府的重要政策。为防止米价跌落，幕府除自己大量买米、囤米外，奖励各大名、商人也来买米、囤米，并限制向江户、大阪运米，或默许投机商买空卖空。此外，在大阪设置官办的米谷交易所（堂岛米市场），企图通过它操纵、管理米价。

享保17年（1732年）近畿以西发生虫灾歉收，米价猛涨，结果1733年，江户发生饥民捣毁米店的暴动。第二年丰收，米价又跌。公元1735年，幕府规定了“法定米价”，但亦无效；因为幕府调整米价，实行买米、囤米，需要大量资本，只能依赖大商人，准许米商成立行会，并给予行会特权，米商因此得肆意投机操纵。另外，也由于米的生产、贡租的分配上；封建主一味诛求，没有固定政策，以致米价涨落无常，使农民、市民、下级武士的生活极不安定。幕府依靠增加贡税、徭役来维持其不断增长的需要，但由于他们的经济也受商人高利贷支配，所以幕藩财政基础愈不巩固。

3. 幕藩体制的动摇与宽政改革

（1）田沼的增产兴业策。继吉宗之后，明和4年至天明6年（1767—1786年），田沼意次（1719—1788年）、意知（1749—1784年）父子分任老中和若年寄，执掌幕政，推进吉宗改革后期的增产兴业政策。首先是继续开垦新田事业，安永六年（1777年）颁布新田开发令，鼓励江户、大阪商人出资，排干下总（今千叶县北部）印檠、手贺等湖沼，进行造田，但因洪水而未成功。开发虾夷地（北海道）也是新田开发计划之一，当初曾订立过一个年产量600多万石的庞大开垦计划，但因当时技术水平的限制，计划没有实现。其次，发展经济作物，甚至贵重药材人参等的种植，经营专卖事业。奖励开发矿山，设立铜座、铁座、黄铜座、朱座、银座、石灰会所等专卖机构，指定御用商人对这些矿产实行专卖。此外，还准许工商业者成立各种“株仲间”（特权行会），由幕府征收称为“运上金”或“其加金”的营业税。行会人数有限制，新参加的必须出重价购买特权，这种特权被称为“株”。因为行会间禁止竞争，更抑制行会外竞争者，所以它阻碍工商业的发展。在这种政策下，幕府勾结特权商人垄断了三都的生产事业，获取巨利。天明年间（1781—1788年）仅大阪一地就发展了130多个行业的“株仲间”。

幕府的专卖事业和特权行会的政策，目的全在摄取商品货币经济利益。

例如，关西产的油料作物一律须运交大阪行庄处理，禁止农村榨油买卖，甚至对农民的零星副业也要征税，所以农民及农村商人生活很苦。在对外贸易方面，同过去限制输入品不同，奖励向中国输出铜和海产品——海参、干鲍、鱼翅及海带等，设法输入金银。还企图同出现在北海道周围的俄国人进行贸易；派人对虾夷地（今北海道）进行调查，准备开发，但这些都因田沼被免职而没有实现。

在物价政策方面，采取压制各种商品价格及米价保持回升的政策。宝历11年（1761年）禁止开空米票（指大名为需要现金而开出空头米票），它会使米价下降。与禁止空米票的同一天，开始实行御用金（摊派金）政策，计划向大阪富商征收170多万两御用金。幕府将这笔钱分摊借给大阪各城镇，后者将其中三分之二购进米，剩下的三分之一借给大名。这样可以防止米价下降，同时解决大名的财政困难，但实际上征得御用金不到70万两。天明5年（1785年）又向大阪商人征收御用金。次年更向全国居民征收御用金，从而引起了各界的不满，田沼政权终于倒台。

（2）田沼政策的特质及其失败。田沼的政策是根据当时的现实情况制定的，因为商品经济已发展到单靠复古主义政策不能应付了，田沼认识到当时商业高利贷资本对幕藩财政的支配力量，采取了勾结、利用商业资本的方针。通过商业高利贷资本，攫取农民商品经济发展的新成果，以解救幕藩的财政危机。他企图在封建体制所允许的范围内，把幕藩制的社会基础向货币经济方面扩大。

田沼政策虽有适应现实的一些特点，但由于他是站在维护封建统治的立场上来发展生产的，结果必然导致商品经济与幕藩体制间的矛盾进一步扩大和加深。田沼一方面坚持向农民征收实物质租，一方面让特权商人支配商品流通机构，攫取农民商品经济的新成果。结果是特权商人势力增大，广大生产者除受封建剥削外，还受特权商人垄断经济作物，压价购买，更加贫困化。田沼意次一伙却卖官鬻爵，过着奢侈颓废的生活。天明4年（1784年）意知受贿食言，被纳贿的武士杀死，意次地位也日趋动摇。

3. 松平定信的“宽政改革”

天明大饥馑后，松平定信出任老中，当时的情况是：农村阶级分化加剧，破产农民不断流入城市；特权高利贷商人财势日益增长，市民生活贫困；武士债台高筑，幕藩财政更加拮据。在城乡人民暴动压力下，幕府被迫拿出20万两，高价买米配售市民，但仍无济于事，连旗本俸米都不断拖欠。

定信为解救危机，进行了一系列改革，史称“宽政改革”。

宽政改革的重点是稳定封建的小农经济。由于田沼时代农村阶级分化剧烈，农业人口减少，贡租收入难以保证，定信采取了如下的农村政策：

（1）强制外出农民还乡，1790—1794年一再发布《旧里归农奖励令》，劝导城市游民归乡务农，奖励种植粮食作物。

（2）禁止堕胎、溺婴，发给抚育幼儿费。

（3）设立“人足寄场”，即劳动收容所于江户石川岛（1790年2月）。收容捕来的所谓“浮浪之徒”，包括流入城市的农民、城市贫民或刑满无家可归者，强制劳动，学习技艺3至6年后，使就业或归农。这一制度也具有维持社会治安的作用。

（4）设立义仓。在各地把军用米作为种子和调节米价用，贮入社仓，也用以备荒，称为“围米（常平仓）制”。

（5）限制种植经济作物。为保证领主贡租收入，除米、油菜籽及棉花外，一律禁种。

在稳定农村经济的基础上，公元1770年起，便加紧征收贡租。当时定信指示地方官吏：“税重不会给农民造成困难，宽延则使村纪松弛，实衰微之根源。”继而命令对已实施定免法（定租制）地方贡租较轻者，改为检见法（勘查制）。经勘查增租后，再按新增标准定租。这种横征暴敛，激起农民的激烈斗争。

对于城市经济，定信采取了与田沼扶植特权商人、发展并垄断工商业等方针完全相反的政策。他压抑商品经济，企图倒退到自然经济。首先撤销田沼时代为实行专卖制而设立的人参座、铁座、黄铜座及批发行对油菜籽、棉子油的垄断，撤销大阪原棉定期交易所（棉花投机机构），排除商业尚利贷资本势力，由幕府直接统制商品流通。为解决幕藩财政困难，定信采取了一系列措施：

（1）厉行节约，整顿财政。1788年8月发布3年俭约。1789年3月又发布禁奢令，规定细则，严禁武士、人民服饰华美及制作买卖奢侈品。同年5月又发布5年俭约令，半减幕府支出，府内费用也削减三分之一，连同江户城削减下来的经费中提取七成，作为救济贫民的费用和低贷资金。称为《七分金积存法》。

（2）废弃债务。为救济武士，1789年9月发布《弃捐令》，强迫“札差”商人高利贷放弃6年前的债权，减轻5年以内的债息，分期偿还。

（3）物价、货币的调节。为制止涨价，1789 年发布降价令，并加强 10 帮批发商公会。又为稳定货币行情，停止铸钱，收买铜钱，禁向江户运输钱币，但收效不大。为贯彻这些措施，布置密探，实行特务政治。

（4）肃正纲纪，要求官吏廉洁务实，反对贿赂和贪污挪用公款。

宽政改革不是在风平浪静中进行的。以农民为主力的广大人民不断掀起反抗，统治阶级内部也出现了反对派。上层权贵们不满定信的节约禁奢政策，和定信发生对立。正在这时，西方资本主义侵略势力开始逼近日本，国内矛盾和外部侵略使统治阶级日感危机的来临。宽政 5 年（1793 年）7 月，松平定信被解除老中职，宽政改革前后 7 年告终。

宽政复古主义的各项改革政策没有解决幕藩体制的根本矛盾，只是凭借幕府专制权力作的表面修改。作为改革最重要的经济政策，完全无视现实，遭到各方面强烈抵抗，没有取得成效。无论是对物价的统制，改铸货币，对“札差”的“弃捐令”，都不是用一纸法令所能解决的。因为经过田沼时代成长起来的商业高利贷资本势力，已经不是强制所能处理的了。不过，宽政改革在整理财政上多少取得一些成就，暂时解决了幕府长期的财政赤字问题。因此，使幕府寿命又得以延长 30 年。

二、日本资本主义的发展

江户幕府末期，天灾不断，幕府统治腐败，民不聊生。且幕府财政困难，使大部分中下级武士对幕府日益不满。同时，西方资本主义列强以坚船利炮叩开锁国达 200 余年的日本国门。

在内忧外患的双重压力下，日本人逐渐认识到，只有推翻幕府统治，向资本主义国家学习，才是日本富强之路。于是一场轰轰烈烈的倒幕运动展开了。在这场推翻幕府统治的运动中，萨摩、长州两藩武士起着重大的作用。1868 年 1 月 3 日，代表资产阶级和新兴地主阶级利益的倒幕派，在有“维新三杰”之称的大久保利通、西乡隆盛、木户孝允的领导下，成功发动政变，迫使德川幕府第 15 代将军德川庆喜交出政权，并由新即位的明治天皇颁布“王政复古”诏书。这就日本历史上的“明治维新”。日本从此走上资本主义道路。

1868 年（明治 2 年），明治天皇迁都江户，并改名为东京，之后进行了一系列重大的改革。

1. “废藩置县”

版籍奉还后，明治政府为了划一藩政，加强监督，着手改革各藩藩政。1870年9月公布了藩政改革纲要即《藩制》。其内容：①精简各藩的行政机构，选拔人才，淘汰冗员；②取消封建武士的“知行地”（采邑）；③改革禄制，把藩米产量的十分之一作为知事的家禄，其余按比额依次充当军事费、行政费、士卒俸禄等；④藩知事的家计和藩的财政分开；⑤限制藩的自主权、实行禄制改革。这种改革使士族不满，以致激成暴动。1870年11月至次年4月长州发生了反对新政府的暴动，政府动员四国、九州42藩的兵力镇压了暴动。当时一些小藩由于财政穷困和农民、市民的暴动，难以维持藩政，主动向政府申请废藩。首先是古井、狭山两藩申请废藩（1869年），接着盛冈、长冈两藩请废（1870年），后来多度津、丸龟、龙冈、大沟、津和野等藩请废（1871年）。于是岩仓、大久保、木户等决定采取统一国家的第二个步骤，即“废藩置县”。

全国废除260余藩，划为1使3府302县（同年11月合并为3府72县，1888年合并为3府42县）；免去藩知事的官职，由中央政府任命府知事和县令。并命令藩知事离开原有领地迁至东京居住即所谓“定居辇下”。府县之下设小区、大区，大小区之下有镇、村。大区设区长，小区设户长、副户长，废除过去的庄屋（名主）等名称。区成了中央政府统治下的行政单位。1872年编制了户籍。政府对旧藩主给予“华族”特权身份的称号，发给旧藩主和藩士以家禄，承担了各藩的内外债7813万余日元，并接收各藩的纸币2493万余日元。1873年发行《新旧公债证书条例》，将旧藩债务全部变成政府的公债。这也是明治维新后以赎买手段废除封建制度的一种政策。废藩置县的成功，标志推翻封建制度的日本资产阶级革命基本完成，为建立一个中央集权国家和发展资本主义经济奠定基础。

2. 明治政府的财政经济改革

（1）土地改革。废藩置县后的1871年9月，大藏卿大久保利通、大藏大辅井上馨建议正院，废除旧法，允许买卖土地，然后再设新法，按照地价征收地租。同年12月，太政官发布废除“武家地”和“町地”的告示。1872年1月，大藏省颁布东京府地契（地券）发行章程，2月，解除《永远禁止土地买卖令》。四民可以自由买卖土地，否定了过去的领主权。使自耕农从土地封建束缚下解放，成为自由的土地所有者，经过全国土地丈量、划价，1880年土地改革基本结束，这是一种确认土地私有权的近代土地所有制，比封建领主土地所有制是一个进步。

第一，土地改革废除了土地所有的封建限制，促进了日本农业生产力的发展，耕地面积不断扩大，1874 年为 4129800 町步，1890 年为 5029886 町步，16 年间增加了 22%。稻米产量也迅速增长，1878 年是 23276200 石，1880 年是 28727729 石，1890 年是 43037809 石，12 年间几增 1 倍，基本上满足了日本资本主义发展的需要。

第二，土地可自由买卖，成为商品和私有财产；土地所有者还可自由支配自己的劳动时间，根据市场情况自行安排生产，由此提高生产积极性。

第三，农民人身自由与地主没有依附关系，不受超经济盘剥，只须交纳地税，有利于活跃商品货币经济，新兴地主（或寄生地主）还可利用剥创佃农的剩余价值，投资于工业和金融，促进资本主义发展。

第四，近代土地所有制及高额地税，为国家推行原始积累、发展资本主义提供了物质基础。如 1883 年职工数为 91716 人，1884 年为 110132 人，1885 年为 138227 人，1888 年为 214579 人。职工人数如此迅速增长，主要是由于农民能自由离开土地，不断为资本主义提供劳动力。

然而，土地改革还存在消极的方面。首先，新兴地主（寄生地主）和富农几乎都是由过去村吏和商人、高利贷者演变而来，封建家长制关系根深。表现在地主对农民既进行资本主义剥削，也保留着封建剥削方式。地主一般不愿经营资本主义农业，自己住在大城市里，宁肯出租土地，坐收租米，也不肯改进农业，以至定型为寄生地主阶级。最后，土地改革后，耕地极端分散，始终处于零星的佃耕状态，未达到资本主义经营的发展阶段。

（2）地税改革。废藩置县后，明治政府依靠征收地税，建立了财政基础。但随着支出的不断增大及推行“殖产兴业”策的需要，如继续按旧幕藩制度征收地税，便无法满足形势的发展，加之因要求减免租税而不断爆发的农民起义，促使政府决心改革地税，建立有稳定收入的租税体制。

早在 1870 年 6 月，集议院副议长神田孝平即提出《田租改革建议》，批判贡纳制的旧税法，主张土地买卖；申报买卖地价，按地契价格确定地价，按地价征收货币租税。1872 年 5 月，神奈川县令陆奥宗光也提出了“田租改正建议”，提倡收益地价方式。神田的地契方式和陆奥的收益地价方式，形成了以后地税改革的基础。

1872 年 8 月，在大藏省租税宏内建立了地租改正局，陆奥宗光与松方正义分别任租税头（主任）和租税权头（副主任），进行地税改革。1873

年4至7月，大藏省召开全国地方官会议，讨论地税改革。同年7月28日，政府颁布地税改革法，其要点是：

第一，旧地租（年贡）以土地收获量为标准征收，新地税则按地价征收，每经五年，按平均米价更改地价；

第二，旧地租的征收率从收获量30%至50%不等。新地税则按地价3%征收，镇、村征收不超过地税三分之一的地方税，欠丰无减增；

第三，过去水田交米，旱田交实物或现金，新地税一律按地价缴纳现金；

第四，纳税者过去是土地耕种者，现在改为土地所有者。旧年贡根据每村总产量而定，村内拖欠者的年贡也要由五人组成全村负责交纳；而新地税规定，本人无法交纳，别人不连坐。地税改革从1873年底开始，到1881年基本完成。

地税改革对明治政府具有十分重要的意义。

第一，地税改革后政府每年在全国征收统一稳定的货币地税，解决了过去存在的收入是实物，支出是货币的矛盾，建立了正常的预算制度，确立了明治政府的财政经济基础。当时日本工商业还不发达，短时期内不可能大量征收物品税。海关税也因不平等条约的压制为数很少。明治政府为实现“殖产兴业”、“富国强兵”所需资金只能求诸农村，即征收地税。以1875年为例，地税收入5034万余日元，占国税收总额5072万余日元的88%。表明地税在国家财政中的重要作用。另一方面也反映了征课地税之重。统一按地价3%征收的货租，平均占农民收获量的34%。这意味着农民受沉重的剥削。

第二，地税改革虽承认农民的土地所有权，但国家也由此取得了大批土地。旧领主直辖的山林原野以及过去的“入会地”不能证明是个人所有的山林、原野等土地都收归国有。

第三，地税改革使寄生地主制确立起来。地税改革承认新地主和自耕农的土地所有权，但没有承认佃农的权利。当时全国耕地大约有三分之一是佃租土地，佃农必须向地主缴纳沉重的实物地租。改革地税后，佃农得把收入的68%交给地主，而自己只得到32%（其中包括15%的种子、肥料费，佃农净得只有17%）。地主剥削所得米量比佃农所得多一倍。地主将其中一半以货币形式交纳地税和地方税，其余34%归自己。可以说，地税改革的实行，给地主增大剥削量和兼并土地提供了有利条件。而且明治时代的米价一般每年都有所上涨；地主向国家缴纳的地税却是定额货币。这样，地主需要卖出掠自佃农的实物地租（米）的比例越来越小，所得收入的比例越来越大。这对寄生地主制的扩展，无疑是有利的。于是出现了像新泻县的伊藤家、市岛家，酒田的本间家，岛根的田部家等大地主。地主土地所有制成了土地所有制的基础，佃农向地主缴纳的实物佃租成为地税的源泉。为此，政府用国家权力保护地主对佃农的剥削，决不允许佃农拖欠佃租。过去幕藩领主不满地主的中间剥削，而现在地主却受到国家的保护。以改革地税为中心的土地改革，给予寄生地主阶级以最大的利益。从此寄生地主阶级成为新政府依赖的另一个社会支柱，日本农业也走上了一条类似普鲁士近代资本主义农业发展的道路。

第四，地税改革规定用现金缴纳地税，因此不仅把正在经营商业农业的富裕农民，而且也把贫困的农民投入货币经济之中，强迫他们在困境中出售农产品，甚至最后丧失土地，沦为佃农。佃农在农村只靠农业无法生活，于是有的在农村资本主义家庭手工工场劳动，有的流入城市，到工厂劳动，形成雇佣劳动者，成为近代工人的来源。

（3）发行纸币与金融机构的建立。政变后成立的维新政府，没有触动各藩的经济，所以明治初年，政府财政基础十分薄弱。就米的产量论，废藩置县前，全国米总产量为 3 千万石，而明治政府统治所及领地的米产量仅 730 万石。这样，财政经济上只有依靠大阪、江户、京都的大商业资本。1868 年正月，明治政府以年贡作抵押，向三井等大商人借到“会计基金”300 万两，同时发行政府纸币。1868 年 5 月至 1869 年 5 月发行称为“太政官札”的政府纸币（不兑换纸币）4800 万两。1869 年 9 月至 1870 年 10 月又发行民部省纸币 750 万两。为筹措激增的行政费用，1871 年 10 月至 1872 年 2 月，利用三井组的信用，由三井发行大藏省兑换证券 680 万日元。当时政府本身还没有建立金融机构，只有利用建立了信用的大商业资本三井组、小野组及岛田组管理公金的收支和汇兑。这些在 1868 年即被政府任命为汇兑员的大商业资本家，可以自由地无息利用公款为自己营利。也就是从这时起，三井等大商业资产阶级和政府建立了十分密切的关系。

明治政府为加速经济发展，在成立初就废除了限制自由往来的封建关卡和限制工商业者自由活动并拥有特权的手工业行会、商业同业公会。为统一币制，掌握全国商品流通，管理对外贸易和对抗外国资本，1869 年 2 月组织三井、小野、岛田、鸿池等大商业资本建立通商司。在它管理下，于东京、大阪、京都、横滨、神户、新潟、大津、敦贺设有掌握全国金融和商品流通的半官半民汇兑公司和通商公司。政府企图依此把三井等封建特权商人转变为近代资本家。

在确立近代币制的过程中，明治政府于1871年5月制订了新货（币）条例，过去的一两改为一圆，并确立金本位制。此后政府为建立近代银行，清理汇兑公司债务，整顿政府纸币，并于1872年11月15日公布了《国立银行条例》。从1873年7月到12月，先后建立由三井、小野出资的东京（第一）、由横滨汇兑公司转变而来的横滨（第二）、由新潟大地主市岛出资的新潟（第四）、以鹿儿岛士族为中心的大阪（第五）四个国立银行（即与国际银行相对的国家银行或国民银行），最初发行纸币，作振兴产业的基金。从此国立银行取代汇兑公司办理公款出纳和经理政府税收业务（三井组等继续营业）。后因纸币贬值，现金外流，银行营业不振，1876年8月政府修改了条例，以金禄公债充国立银行资本，银行纸币不须兑现，直接替政府纸币。为此国立银行增多，到1879年共有国立银行153家，同年末便停设。1877年由华族出资建立的第十五国立银行，其资本占全部国立银行资本的40%以上。此外还设立了横滨正金银行，专门从事外汇业务。1876年三井银行建立，这一特权豪商转化为近代资本家的同时，也成为新政府的经济支柱。

3. 明治时期的税收制度①

日本现代税制的建立是从明治维治维新以后开始的。1868年明治成功后，政治上实行废藩置县，打破封建割据，实现了国内政治的统一。但是，新政府一方面继承了以前各藩的债务，另一方面税制上仍实行原来各藩中实施的劳役、年贡等，财政收入严重不足，致使新政权陷入了财政困难的泥潭。鉴于这一情况，明治政府于1873年公布了地租条例，着手对原来的年贡的改革。地租与年贡的区别在于：首先，在通过发行土地所有证书确认土地所有者的基础上，把纳税人由原来的耕作者改为土地所有者；其次，计税依据由原来的产量改为依据土地生产能力所决定的地价，实价地价的3%的统一税率。被称为“地租改正”的这一工作用了7年时间，在全国确立了统一的地租制度，不仅为全国统一的税制建立开发先例，而且使地租成为国家的主要税种，1873年地租收入占国家税收的比重达93.2%，1877年为

① 本部分内容以及相关表格数据均来自 www. ykds. gov. cn。

82.3%。明治时期，日本政府为了实现“富国强兵”，推行军事扩张战略，支出大幅增长。在收入方面，由于地租增长比较缓慢，因此明治政府一方面加强已有税收的征管，另一方面积极寻求新型财源。正是在这一背景下，新设了许多种税，如1873年设置的证券印花税，1875年设置的烟税和酒税，1896年设置的注册税和营业税，1905年酒税收入占中央税收总额的比重达35.5%，超过地租，成为第一大税。尤其是1887年设置地个人所得税，可以说具有划时代意义。当时新设个人所得税，除了财政支出压力外，还有平衡产业间税负的意图。当时的税收以地租和酒税等与农业及农产品有关的税收为主。而到1880年，以国事工业等为主导的工商业有所发展，在非农部门中出现了许多较高收入者，但他们的税负很轻。原有税制既导致产业部门的税负不公，又限制了税收收入的增长。1887年新设的个人所得税以高收入者为课税对象，起征点定在年收入300日元以上，税率为1%—3%之间的5档，当年全国只有12万人纳税。个人所得税收入占中央税收总额的比重1887年仅0.8%。1899年对所得税制度进行全面改革，一方面实行分类所得税，扩大了纳税面，纳税人上升到34万人；另一方面开始对法人也征收所得税，所得税收入逐年扩大，到明治末期的1909年，所得税收入占中央税收总额的比重上升为7.2%。

总之，在明治时期，迫于其侵略扩张战略的压力，日本政府开设了许多税种，税收收入也由地租为中心向地租、酒税、所得税、营业税等多种税配合转换，而且关税的收入功能也逐步加强了都道府县政府的税收，其后随着市町村制度的建立，开始设置市町村税制度。但当时的地方税主要是中央税的附加。到19世纪末20世纪初，随着日本法制的进展，与税收有关的法律已有了相当大的进展，相继制订了国税征收法和国税滞纳处分法等法律，同时在全国各地设置了税务署负责国税征收工作。明治时期国税收入结构见表6-1。

表6-1　明治时期国税收入结构　单位：%

税目	1870年	1877年	1887年	1897年	1909年
地租	88.1	82.3	63.5	37.6	22.6
贸易港口有关税	1.7				
蚕种及生丝税	1.0				
酒税		0.4	19.7	30.8	20.8

续表

税目	1870 年	1877 年	1887 年	1897 年	1909 年
证券印花税		6.4	0.9	1.2	
邮政税		1.0			
矿山税		1.7		0.4	0.6
官禄税		0.0			
烟税		0.1		4.9	
所得税		0.5	2.4	2.1	7.2
营业税			0.8	4.4	5.4
酱油税				1.5	1.5
砂糖消费税			1.9		4.3
纺织品消费税					5.1
证券交易税			0.3	1.1	0.7
纸币发行税				0.5	0.9
通行税					0.7
继承税					0.5
关税	7.0	4.9	6.2	8.0	13.3
印花及专卖利润				5.9	16.1
其他税	2.2	2.7	4.2	1.6	0.2
合计	100.0	100.0	100.0	100.0	100.0

第四节

日本工业革命时期的财政状况

19 世纪 70 年代到 20 世纪初，日本机器大工业代替工场手工业和资本主义制度确立的历史过程。亦称日本工业革命。

日本是在特殊的历史条件下进入资本主义阶段和开始产业革命的。当它 1868 年建立明治政权跨入资本主义门槛时，欧美先进国家已经完成了产业革命，并开始从自由资本主义向垄断资本主义过渡。为了避免沦为欧美国家的殖民地、半殖民地，日本在明治维新中，提出了“富国强兵”、“殖产兴业”、“文明开化”的目标，在改革落后的封建制度的同时，从增强军事力量和培植资本主义经济出发，在1868—1885年间，在接收幕府和各藩经营的军工厂和矿山的基础上，引进英国等西方先进国家的技术设备，聘用外国专家和技术人员，建设了一批兵工厂、采矿场，以及以生产纺织品、水泥、玻璃、火柴为主的民用“模范工厂”。这批官营工厂企业的建立，标志着日本产业革命的开始。

进入19世纪80年代以后，明治维新各项重要改革陆续完成，政局日趋稳定，并在1880—1885年整顿了货币，稳定了通货，为集中力量发展经济，大规模地输入外国技术设备，促进私人向工矿业投资创造了有利条件。以1880年后明治政府廉价地向私人转让官营模范工厂为契机，出现了私人创办和经营近代企业的高潮，产业革命进入了迅速展开的新阶段。1884—1893年的10年间，工业公司的资本增加了14.5倍。1893年拥有10个工人以上的工厂已达3019家，其中使用机械动力的675家，职工38万人，产业革命已逐渐扩展到一切主要工业部门。其重点也从过去以官营军事工厂为中心的重工业转移到以私营纺织业为中心的轻工业。1885—1894年，纱锭增加5.8倍。到1890年，日本就从棉纺织品进口国变成了棉纱出口国。

但是，日本资本主义工业的发展一开始就没有稳固的基础。发展工业的资金来源，大部分靠农民缴纳的地租和地税，进口机器设备主要靠出口生丝的收入，工业品的市场也主要靠占人口70%的农民。而农业是沿着半封建的小农经营的道路发展的，广大农民长期呻吟在高额地租和地税的压榨之下，生产和生活都极为低下。主要来自农村的工人，工资也极低，并受着封建性的盘剥。落后的农业、狭小的国内市场同迅速发展着的大工业之间的尖锐矛盾，使刚刚发展起来的纺织工业，在1890年就陷入了生产过剩危机。

明治专制主义政权，为了转移国内矛盾和进行对外掠夺，走上了对外侵略的道路。1894年7月25日未经宣战发动了侵华战争——甲午战争，迫使中国清政府与之订立了《马关条约》。这次战争是日本由被压迫国家变为压迫别国的国家的转折点，也是日本产业革命进入完成阶段的转折点。战争中比战前高出两倍的军事开支，使资本家得到大批军事订货，积累了巨额资本。战后日本靠从中国索取的巨额赔款作基金，在1897年10月实行了金本位制，提高了日本的金融地位，并利用战争赔款大规模加强陆海军建设，扩建铁路网，极大地推动了私人资本的发展；同时，战争也使日本独霸了朝鲜市场，夺占了部分中国市场，扩大了日本商品的销路。因此，以甲午战争为起点，日本再次出现了投资热，工业、交通运输业以及金融贸易，都获得了大发展。到1898年，纱锭突破了100万支，机器纺纱占了绝对优势，1900年机器缫丝也占了生丝总产量的51.7%，日本进入了世界纺织工业发达国家的行列。在军事工业带动下，重工业也开始改变面貌。1897年开始动工兴建的最大钢铁厂——八幡制铁所，于1901年投产，使日本迈出了钢铁自给的第一步。20世纪初煤产量自给有余，1905年已有260万吨出口。以钢铁工业和采煤工业的发展为基础，造船、铁路和航运发展很快。1898年，三菱的长崎造船所建造了6172吨的大型轮船“常陆丸”，接近了世界水平。这一年建造轮船总吨位达到10万吨，日本成为造船大国。经过中日甲午战争（1894年），日本走上日益扩充军备的道路，岁出规模不断扩大，1897年中央政府的一般会计岁出超过2亿日元，相当于1894年和1895年的7000万—8000万日元的约3倍。因此，尽管由中日甲午战争后获得高达2亿3150两白银的战争赔款（约3亿6400万日元，相当于1895年一般会计岁出额的4倍多）支撑一时，终于不得不依靠发展实业设施，如建设工厂、改建铁路、扩充电信电话设施、奖励海运造船、设立特殊银行、修建治水工程、普及教育等等，加快了走向“大财政”的步伐。

日本跨入20世纪时，近代工业的主要部门都已经建立起来，大机器生产明显地占了优势，基本上实现了产业革命。

第五节

两次大战时期的日本财政

一、第一次世界大战期间及战后日本的财政状况

明治末年，日本爆发了一次经济危机。从1907年至1908年上半年，日本有许多企业和银行倒闭。当时，美国也正处于经济危机之中，由于美国经济危机波及欧洲，又使依赖欧美市场的日本出口贸易受到很大的打击。日本政府采取增加公债偿还额和由日本银行发放救济贷款等种种补救措施，到1908年下半年，经济危机的风波才大体上平息下去。但是，由于1907年危机的打击，日本黄金外汇储备枯竭。而企业投资热潮又造成长期贸易入超。

至于向外国举债的大批外债，每年需付大约1亿日元的利息，而外国资本输入后，又促使企业的大发展达到饱和状态，从而生产能力同市场的矛盾陡然尖锐起来。结果，从1909年起，日本经济转入萧条的局面。针对这种情况，明治政府在谋求财政平衡，实行财政紧缩方针的同时，前后整顿了两次行政、财政和税收制度。作为当务之急，日本政府利用1900年建立的国债整理特别会计，对在中日、日俄中积累的内外公债进行了处理。当时，日本统治阶级中强烈要求扩大军事力量的呼声很高，致使日本政府彻底地紧缩财政的打算难以实现。

正当日本苦于持续的不景气，担心要不了几年，黄金储备即将付空时，爆发了第一次世界大战。大战前不久的1912年7月，日本嘉仁天皇即位，改年号为“大正”。一次大战被看成是“大正时代的天佑”，使日本萧条的经济一下活跃起来。

在第一次世界大战中，西方国家由于战场上的大量消耗，生产一时供应不上，日本垄断资本就趁机大做战事生意。沙俄、英国等协约国在日本采购军需品和日用品的大批订单，雪片似地飞来。原来主要靠欧洲国家供应商品的东南亚和非洲国家，也因为战时商品供应来源中断，转而购买日本商品，大战爆发的1914年，日本的出口贸易就出现增长的趋势。从1915年中期起，日本的出口贸易猛增。1915年，日本出口贸易总值达7亿日元，创日本对外贸易有史以来的最高纪录。1916年增为102000万日元，1917年更增为160000万日元，1918年，一跃而为196000万日元。从1915年到1918年4月间，日本出口贸易额总计540000万日元，相当于1915年以前10年的贸易额，而且进口增加不多，顺差庞大，获取巨利。与此同时，日本的海运业，在大战期间有了空前的发展。日本轮船公司在大战期间开辟的远航线达20条，通往欧美各地。这时，日本海运业上升到世界的第三位。而且对外贸易商品的70%，用日本船只运输，再加上对出口协约国的货物和从西方进口的货物的垄断运输，日本海运业牟取了暴利。也正因为这样，从1915年起，日本的国际收支开始出现顺差。到1918年为止的4年间，日本国际收支顺差总计达28亿日元。黄金滚滚而来，日本的黄金储备激增。1914年日本的黄金储备还只有21800万日元，五年后就增为125000万日元，几乎增加五倍之多。由于获得一时的暴利，日本将大战前夕11亿日元左右的债务一概偿清，并且一跃而为277000万日元的债权国。

日本政府为了适应大战期间的武器技术的变革，实行了新的军备扩充计划。因此，尽管日本没打什么大仗，军费却照样有大幅的增长。陆海军两省的军费开支，1914 年为 17000 万日元，1918 年增为 36700 万日元。大战期间还有临时军费开支，总计达 9 亿日元。这笔庞大的军费，通过军事订货同样流入了垄断资本家的腰包。总之，通过第一次世界大战，日本垄断资本大发其财，成了举世公认的“帝国主义暴发户”。

正是在第一次世界大战中，日本开始建立起比较完整的重工业体系，日本垄断资本主义的经济结构也发生了新的变化。在第一次世界大战开始时，日本的农业产值还高于工业。1914 年农业产值为 14 亿日元，工业产值为 13.7 亿日元。到大战结束的 1919 年，农业产值增为 41.6 亿日元，工业产值则增为 67.4 亿日元，工业破天荒第一次超过了农业。尤其是，日本资本主义经济摆脱了历来以轻工业为重的局面，确立了现代重工业的基础工业部门，日本成了名副其实的资本主义工业国。

在如此繁荣的经济形势下，当时的日本政府推行了积极的财政政策，即一边以增税确保财源，一边进行扩充军备、整顿铁路、通信网及教育设施的建设等。1915 年的日本的税收总额为 31700 万日元，1920 年即达到 73000 万日元，比 1915 年增长了一倍多。在税收的构成中，所得税与法人税的比重分别为 9.8% 和 2.2%，到 1920 年这两种税的比重分别达到 26% 和 17.4%。在财政支出方面，1920 年比 1910 年财政之初总规模增长了近 1.4 倍，而其中的军费支出增长了 2.6 倍，产业经济费支出增长了 1.7 倍，国土保护与开发费支出增长了 3.5 倍，教育文化费支出增长了 3.7 倍。

但是，在 1920 年，由于西欧各国又恢复了经济竞争，根据华盛顿裁军条约缩小了军备，以及世界范围萧条的影响等，使日本经济也陷入了萧条之中，税收明显减少，公债市场也显著缩小。为此，1922 年加藤内阁采取了缩小军备与紧缩财政的方针。但是翌年 9 月，突然爆发了关东大地震。为了抗震救灾，复兴经济，遂不得不采取积极的财政政策。当时的山本青浦内阁一方面发行巨额外债，促进复兴事业，同时了防止经济崩溃，采取了让日本银行对因震灾而不能支付的民间票据进行再贴现等措施。这样的政府措施，虽然大大的有助于震灾后的恢复，但是由于复兴所需物资的进口增加，贸易收支出现了显著的逆差，同时，由于震灾使收入减少，救灾复兴费便成为财政的沉重负担。对此，从大正末期到昭和初年，推行了财政的整理紧缩方针。但由于新实行的社会改革的各项措施，要压缩已一度膨胀了的财政规模是困难的。大战前不满 6 亿日元的税出规模，到了大战结束后的 1918 年，已超过了10亿日元，1925年膨胀到167亿日元。为此，在1923年与1927年，对税收进行了全面改革，以均衡负担（特别是减轻中低收入者阶层的负担）和发展产业为目的整顿了税收体系。

1929年，兵口内阁成立，当时就任大藏大臣的井上准之助推行了所谓的“井上财政”。其重点是：彻底紧缩财政，并恢复1917年9月停止了的金本位制，以期将国内物价降低到国际水平，来扩大日本输出的竞争力，改善国际收支与恢复汇兑市场。基于这一方针，兵口内阁压缩了已经成立的1929年度预算，并在被标榜为“无借债的财政”的1930年度预算中，实行了停办新企业和减少公债发行额的政策。

正在此时，1931年9月，爆发了日本侵略中国东北的“九一八事变”。接着，又发生了英国停止金本位制这一意外的形势变化。这样一来，井上财政的崩溃便成了注定之事。

二、侵华战争到二次大战结束时期日本财政概况

1. “九一八事变”与高桥财政（1931—1937年）

1931年12月，继若规内阁之后，成立了犬羊内阁。新上任的藏相高桥再度禁止黄金的输出，使日本脱离了国际金本位制度。为了解决由于“九一八事变”而引起的社会不安与军费增大，实行用赤字公债来维持财政支出的所谓“积极的财政政策”，以谋求繁荣。同时通过低汇率平价政策，来力争输出的振兴。其结果，从1932年起，国内产业活动出现恢复的趋势，物价也回升，经济逐步地摆脱了不景气。此外，在国际收支方面，也由于再度禁止黄金输出，出现了汇兑行市的低落，加强了日本的国际竞争力，以棉制品为中心的输出急剧增加。

由于筹措因侵华战争而急剧膨胀起来的军费主要靠发行赤字国债，而且国债发行采取的是日本银行认购方式，结果必然导致通货膨胀，于是，大约从1935年起，高桥藏相采取了逐步减少公债发行额的方针。但经1932年“五一五”事件，军部加强了政治发言权，强烈要求增加军费，这样，1936年度预算案虽然大幅度削减了军部的庞大要求，但预算通过后，议会即被解散了，预算以不成立而告终。而且紧接着就发生了高桥藏相被暗杀的“二二六”事件，从此，日本的政治、经济形势发生了很大的变化。

高桥财政一边打算以赤字公债来促进繁荣，一边预期通过长期均衡来恢复健全的财政。它虽然由于军部的势力抬头而未能实现，但它所提出的实行

财政政策诱导的设想，却早于凯恩斯《通论》的财政理论。

2. 大战中的统制型财政（1937—1945年）

1937年7月，日本侵略中国的战争全面爆发，日本由准备战时体制转入战时体制，从而实行了经济军事化。当时的近卫内阁决定了“生产力的扩张”、“国际收支的平衡”与“物资供需的调整”等财政经济三原则，对于大部分原料资源依赖外国的日本来说，在扩充生产时，如果无计划的放任，势必导致国际收支的恶化。因此，政府在对国际汇总与外汇实行统制的同时，在资金与物资方面，也于1937年9月分别宣布了“临时资金调整法”和“输出入品等临时措施法”等，还从翌年5月起，颁布了“国家总动员法”。从此，日本走上了全面的战时统制经济的道路。

与经济体制的军事化转变相适应，财政体制也发生了重大变化。从1939年9月起，成立了“临时军事费用特别会计”；它不同于一般会计，是一种战时财政制度。设立的目的在于“以事件的结局作为以会计年度，进行特别整理”。其财源主要依赖于国债收入，支出则迅速积累，1941年度为94.87亿日元，而到大战即将结束的1944年则已达到734.93亿日元之巨。

在税收方面则采取了增税措施。如1938年8月起根据所谓“华北事变特别税法”开征所得税，增加临时利得税，新设物品税。1938年开征法人资本税，增收砂糖消费税，新设通行税，入场税等。

在国债方面，由于推销困难，遂以金融统制为中心，对各种金融机关进行强制分摊。此外，还通过按“邻组”组织的国债储金制度等实行国债的大众消化。

1940年的税制改革，是继1928年税制改革之后又一次大规模的中央、地方全面税制改革。这次改革的中心内容，在国税方面，包括：①改造以所得税为中心的直接税体系，废止收益税，将地租和营业税换付给地方；②法人税从原来的第一所得税变为独立的税目；③将个人所得税分成分类所得税和综合所得税两种。参考法国的税制，分类所得税实行比例税率，综合所得税实行累进税率，并利用源泉课税方法；④废止昭和12年的临时租税增收法和昭和13年的“华北事变特别税法”，以基本法作为临时立法，制定新的税目，通过整理收入税和支出税体系来实施增税。税收的结构从以前的消费税占主导地位，变为以所得税为中心辅以临时利得税、法人税的形式。这次改革可以说是二战后税制改革的“原型”，它规定了战后日本税制的基本模式。

在这次改革中，关于地方税进行了三项重要改革：①随着直接国税体系的改造，相应地创设了偿付税制度，即将以国税名义征收的地租、营业税、家屋税等，作为道府县的财源偿付给他们；②同时建立交付税制度，将所得税、法人税、入场税、游乐饮食税等的一定比例，依照道府县地方团体人口、课税能力、财政需要等标准，作为道府县的财源，道府县对市町村也要进行调整性的交付；③整理地方税制，废止户口捐和所得税附加税，设立新的市町村居民税，以货物税作为地方的主要独立税种。这一改革确定了具有中央集权色彩的地方让与税制度，它成为战后国家交付税制度的“原型”。

三、战后经济恢复与自立时期的财政（1945—1955 年）

1. 战后初期的经济困境

第二次世界大战结束后，日本不但政治上陷入战败国的深渊，而且战争导致经济崩溃，使战前经济规模居资本主义国家第五位的日本退至发展中国家水平。国家财富损失巨大，物资短缺，国土荒芜，民不聊生，失业严重。当物质资产损失、生产力急剧下降，遭遇过剩的货币购买力时，通货膨胀便是不可避免的。日本政府在战争期间便采用向日本银行借款和发行赤字公债的方式来筹集战费，公债余额到 1945 年底达到 1439.72 亿日元，遭遇了战后初期严重的经济危机。

2. 经济重建和自立过程中的财政政策

日本战后的经济重建进程可以说是由政府触发的，其原因在于由于战争的摧残，民间经济极度贫弱，生产和消费的循环被打断，根本无力承担经济恢复的重任。在消费者一方，有限的收入和存款被通货膨胀所吞噬，填饱肚子都有困难，哪有余力购买工业产品。在生产者一方，首先在战争期间，日本军国主义政府通过“国家总动员法”、“军需公司法”等要求企业响应国家战争的要求，发挥全力满足军需生产需要。许多企业因此自筹资金进行设备投资，导致企业负债增加。不仅如此，企业生产出的军需产品出售给政府后，往往被拖欠货款。因此，战后日本政府负债十分严重。在销售低迷的情况下，资金十分紧张。

战后初期，美国为实现日本全面的非军事化和民主化，从政治、经济、文化各方面对日本采取了严格的占领政策。在经济方面，战争补偿金的支付在 1946 年 8 月被中止，更多的限制也接踵出台。主要措施有：①限制日本的产业结构。破坏所有制造兵器用的特殊机械和设备，禁止生产武器、弹药、军用器材、海军舰艇以及非军用的一切形式的飞机与它们的零件，限制主要重化工品的产量。②具有强烈惩罚意义的赔偿方案。1945 年 12 月，美国人埃德温·鲍莱为团长的赔偿调查团提出了关于赔偿方案的“中间报告”。按报告中的赔偿方案，赔偿对象包括：机床制造能力的一半，全部陆海军工厂、飞机工厂、轴承工厂等。③解散财阀。在占领初期，美国怀有财阀万恶论的思想，认为财阀是与军阀并列的日本发动侵略战争的推进者。按照美国的指示，日本政府于 1945 年 11 月 24 日公布《限制公司令》，限制被指定公司的财产和权力的转移，冻结其财产。同时把三井等 56 个家族指定为财阀家族，勒令财阀家族持有的股票全部交给解散财阀的执行机构。勒令财阀家族和财阀所属主要公司领导人一律辞去公司领导职务，禁止他们在 10 年内重新任职。日本政府还勒令 2500 家战时的主要公司和银行领导人辞去领导职务。④直接管理日本对外贸易，未经盟军驻日最高司令部的事先批准，日本不得进行任何进出口。

面对美国严格的占领政策，日本采取了“倾斜式生产”的经济发展路线。

（1）倾斜式生产的提出及其实施结果。尽管经济形势严峻，但是战争还是给日本留下了经济恢复的基础。尽管房屋和船舶受损严重，但是生产设备和基础设施比战前却有了较大规模的扩张。日本为战争需要重点发展的钢材、机床、化学制品等重化产业的大部分生产能力在战争中得以幸存。

日本政府因此得出结论：生产不振的最大原因，既不是设备不足，也不是劳动力不足，而是原料、煤炭、电力不足造成的。其中最大的障碍是煤炭供应的不足。基于这种认识，当时的吉田茂内阁接受了有泽广巳的建议，从 1947 年初开始实行“倾斜式生产”。所谓“倾斜式生产”就是把进口的重油、焦炭等有重点地分配给钢铁生产部门，把增产的钢铁投入到煤炭部门，再利用增产的煤炭来促进钢铁的生产，如此往复，实现这两个部门的良性循环，并带动其他产业部门的发展，实现整个经济的恢复。

应该说，持续约两年的倾斜式生产政策的结果是令人满意的。1947 年煤炭产量达到 2934 万吨，基本实现了 3000 万吨的目标，钢铁产量比上年增长 60%，达到 74 万吨。

（2）倾斜式生产中的财政政策。在实施倾斜式生产方式的过程中，日本政府对煤炭和钢铁业的资金支持起到了关键的作用，可以说倾斜式生产是靠政府投入的资金加以驱动的。持有凯恩斯思想的吉田茂内阁认为，在生产设备和劳动力过剩的情况下，要使生产恢复必须注入财政资金，即使出现赤字、增发货币、引发通货膨胀，在生产恢复的条件下，也是可以接受的。另外在经济整顿过程中，一般金融机构的功能受到削弱，不能顺利迅速地向企业提供资金。因此需要设立政府性金融机构来分担一般金融机构不能胜任的融资任务。于是日本议会在1946年10月通过了“复兴金融金库法”，创立复兴金融金库，对钢铁、煤炭等重点产业进行融资。所需资金由日本银行担保发行“复兴金融金库债券”筹集。除复兴金融金库贷款外，差价补贴制度也是用于资助重点产业的另一个财政政策手段。

复兴金融金库是日本政府拨款40亿日元，在兴业银行1946年8月1日成立的复兴金融部的基础上成立的，资本金全部由政府出资，工作人员由政府任命。因此，复兴金融金库实际就是政府政策的代行机构。从1947年1月开始，复兴金融金库开展了“不能指望普通金融机构贷款情况下的特别金融服务”，即向煤炭、钢铁、化学、电力等“倾斜产业”提供低利率的设备贷款。1947年度复兴金融金库发放贷款535亿日元，超过当年全国银行的贷款总额。1948年度，复兴金融金库的贷款额为725亿日元，达到全国银行贷款总额的三分之一，在设备资金方面的放款余额是银行放款余额的3.2倍。从1947年1月到1949年2月，煤炭、钢铁、电力、海运和肥料等部门设备投资的70%—90%来自复兴金融金库的贷款，其中尤以煤炭行业的所得最多。1947年度和1948年度对煤炭的贷款额分别占到复兴金融金库总额的35%和38%。到1949年3月复兴金融金库停止活动时，煤炭业设备投资借款余额的98%是复兴金融金库提供的。复兴金融金库贷款是倾斜式生产政策所确定的重点产业设备资金的主要来源，其中采煤工业设备资金几乎全部来源于复兴金融金库贷款，复兴金融金库贷款占其总额的98.1%。企业运转资金贷款主要依靠一般银行贷款，但是在采煤工业、电力工业中，复兴金融金库的运转资金贷款所占比例也相当大。在利率方面，复兴金融金库对重点产业的长期贷款利率也比银行贷款利率低。根据日本银行资料，1947年全国银行贷款利率平均为7.19%，而该年7月，复兴金融金库对重点产业的长期贷款年利率为6.6%，到9月份也只提高到7.0%。

复兴金融金库贷款以国家信用为担保发行债券，并通过日本银行持有复兴金融金库债券的形式来筹集资金、发放贷款，属于政府间接地向企业提供资金。相比之下，价差补贴制度是直接的财政支出措施。日本投降后，由于各种原因爆发了严重的通货膨胀。为应对这一事态，日本政府于1946年3

月建立了“公定物价体系”，依据政府的指定价格、统制机关的认可价格、行政官厅的分配价格等三种价格来统制主要物品价格，即“三三物价体系”。1947年7月、1948年6月相继进行了修订。因为公定价格赶不上通货膨胀的速度，结果造成公定价格与黑市价格的巨大差异，钢铁、煤炭等生产成本高于公定的消费价格。这部分成本与销售价格的差额由政府通过公团提供补贴，即价格调整补贴。钢铁业成为这项制度的最大受益者。

复兴金融金库和价差补贴金都是为倾斜式生产作出的配套措施。虽然价差补贴金打着稳定物价的旗号，但是它通过向企业提供资金，加速资本周转，发挥了重要的融资作用。应该说，就恢复生产而言，他们发挥了应有的作用。但是，在日本政府财力困窘的背景下，他们的资金来源实际都是政府信用的膨胀，这加剧了当时严重的通货膨胀，因而被后来的道奇路线取代。但是财政为产业发展提供资金的功能却为后来的财政投融资制度所继承而延续至今。

3. 道奇路线

朝鲜战争的爆发不但加速了美日结盟的过程，而且战争期间，日本成为美国的后勤补基地，日本出口急剧增加，出现了所谓的“特需景气”。这场战争彻底改变了战后日本经济举步维艰的状况，影响深远。日本经济学界一直认为，朝鲜战争为日本在追逐欧美的过程中赢得了至少10年的时间。企业利润增加，企业经营靠政府信用的膨胀来维持的局面被打破，日本财政政策从维持产业运转的角色中解脱出来，开始着力于产业的重建和调整以及政策的完善。借着美国对日政策缓和的有利时机，日本不断突破战后初期美国划定的政策框架，逐步形成了自己独特的经济体制结构，其中也包括与财政政策相关的一系列体制。

底特律银行家约瑟夫·道奇到达日本后，认为日本经济是踩在美国援助和以财政赤字为代价的补助金这两个高跷上的“高跷经济”。道奇指示日本政府进行如下改革：①编制包括一般会计预算、特别会计预算和政府有关机构预算在内的所有财政收支都平衡的“超平衡预算”，而且一般会计预算内还包括巨额债务的偿还。根据这一思路编制的1949年度预算，出现1567亿日元的预算黑字。②全面停止价差补贴等所有补贴。③停止发行复兴金融金库债券。④确定1美元兑换360日元的单一汇率。⑤以出售美国对日援助物资的贷款建立“美援对等资金特别会计”，以此为基金，把他们作为重要产业设备投资的资金和外汇供求调整资金。这就是所谓的“道奇路线”。

道奇路线的主要成果是遏制了日本战后的恶性通货膨胀。日本银行券的流通额在1948年和1949年间稳定下来，几乎没有增长，物价上涨率开始降低。在物价稳定的形式下，1949年4月起蔬菜类的统制价格取消了，此后配给制度和价格统制相继放宽并且废除了。另外，道奇路线停止日本政府对企业提供价差补贴，禁止复兴金融金库为企业提供贷款，这样就斩断了企业对政府资金的依赖，恢复了市场机制。另一方面，日元与美元的固定联系建立，使日元重返国际货币体系，从汇率方面为日本开展正常的国际经济往来打下了基础。总之，在道奇路线下，日本开始向自由经济过渡。

道奇路线的另一个后果是银根紧缩。尽管道奇认为他的政策是消除通货膨胀而不是通货紧缩。但是道奇路线是一项严格的紧缩政策是很明显的。首先，价差补贴大量缩减，其次，美元对等资金曾希望在停止复兴产业金融金库贷款后能顶替其产业投资的作用，但是为了贯彻道奇路线紧缩的政策意图，运用该资金的第一年目标是配合紧缩银根。第三，预算平衡的取得是靠税收的大量增加。

即使萧条现象比较严重，道奇仍主张在1950年度继续实行超平衡预算，综合预算岁出比上一年度减少15.2%，预算黑字为415亿日元。恰在此时，朝鲜战争爆发，来自美国的特需巨额增长解除了萧条警报，出现“特需景气”。

4. 夏普劝告与战后日本税制重建

夏普劝告是道奇路线在税制方面的补充。1949年5月，美国派遣以哥伦比亚大学教授夏普为团长的税制考察团来日，9月考察团提出“日本税制报告书”，即“夏普劝告”，主要内容是：

（1）贯彻公平课税的原则，建立以所得税为中心的直接税制。在直接税制方面，除了对所得税、法人税做了重大改革外，又增加了富裕税，作为对个人所得税的补充。间接税则向减轻和废止的方向发展。充实烟酒消费税，保留货物税、游兴饮食税、入场税等奢侈品课税，废止国税中的有价证券转让税、消费品消费税、交易税，在地税中废除了不动产所得税。

（2）确立中央和地方的税源分配制度，根据税源的不同性质，按“纵向分配”原则，在中央、道府县、市町村三级财政之间分配税源，防止同一税目在中央和地方重复课税。废除附加税制，建立地方独立税制，创立地方财政平衡交付金制度，实现地方财政平衡。

（3）个人所得税的改革要考虑到：确保所得税作为日本政府收入的主

要税源；为促进执行税务行政和促进国民合作，要降低税率，规定扣除额；免除现有最低纳税者的过重负担。

（4）改革法人税，避免个人和法人重复课税，促进资本积累，废除超额所得课税和清算所得课税，保留一般所得课税，税率35%。设立分红扣除制度，从所得税额中扣除分红所得的25%。对企业的保留盈余课征1%的利息附加税。要求重做资产评估，消除企业因通货膨胀带来的吃老本的情况。

（5）采取“蓝色收入申报制度”，普及按法定账簿记账、根据账簿准确申报。对满足税务机关要求者，在课税手续和税率上给予优待。

5. 对夏普税制的修改：产业税制的形成

虽然夏普建议的主要内容在1949年和1950年的日本税制改革中得到落实，但是日本政府很快就以“他们的意图似乎有些过于理想主义，与日本经济现实和日本人民的生活水平不相适应”为由，对税制进行修改，夏普建议被精心设计的以产业优惠为核心的税制取代。这种税制是以产业合理化为宗旨，以特别折旧为主要手段，偏向大企业的加速资本积累的税制，主要内容有：①设立多种准备金，专用基金制度，如呆账准备金、特别修缮专业基金、退休金专用基金、价格变动准备金。②1951年8月起对大藏大臣指定的机械设备，在取得后的3年内可以增加相当于普通折旧额50%的特别折旧。另外，对于制造特定重要产品的新增设备，该设备的生产所得在一定时期内免税。③1951年5月1日起，对重要机械类的进口免税，1951年到1956年免税额累积为77亿日元。④1952年3月制定《产业合理化促进法》，扩张了上述优惠。

本章参考文献：

［1］邱科平：《世界全史》，光明日报出版社，2005年。

［2］辽宁大学日本研究所、南开大学历史研究所日本史研究室撰写：《日本史》，南开出版社，1982年。

［3］（日）大江志乃夫：《日本的工业革命》，东京岩波书店，1968年。

［4］（日）大石嘉一郎：《日本工业革命的研究（上、下册）》，东京大学出版社，1975年。

［5］李建昌：《当代日本财政简明教程》，中国财政经济出版社，1989

年。

[6] 陈共，宋兴义著：《日本财政政策》，中国财政经济出版社，2007年。

[7]（日）高桥诚：《明治财政史研究》，青木书店，1964年。

[8]（日）大野瑞男：《江户幕府财政史论》，吉川弘文馆，1996年。

[9]（日）铃木武雄：《现代日本财政史》，东京大学出版社，1970年。

[10]（日）平井广一：《日本殖民地财政史研究》，Minerva书房，1997年。

[11]（日）扳入长太郎：《日本财政史研究》，酒井书店，1989年。

[12] 湛贵成：《幕府末期明治初期日本财政政策研究》，中国社会科学出版社，2005年。

[13] 王章耀：《关于战后日本财政的几个问题》,《日本问题》1989(3)。

[14] 孙雅娜，边恕：《战后日本财政制度在经济发展中的作用》，《辽宁财税》1998（12）。

[15] 韩丽珠：《战后日本经济发展中积极财政政策的研究》，《现代日本经济》2004（4）。

[16] 蔡永贵：《战后日本的积极财政政策及其启示》，《亚太经济》2002（2）。

[17] 余昺雕：《日本的财政制度及其特点》，《日本问题》1990（3）。

[18] 俞子辰：《战后的日本财政》，《现代日本经济》1998（6）。

[19] 刑成：《战后日本财政在经济发展中的作用》,《现代财经》1985(3)。

[20] 赵晓雷：《外国经济史简编》，华东师范大学出版社，1994年。

[21] 韩毅：《外国近现代经济史》，高等教育出版社，2011年。

[22] 高德步：《世界经济史》，中国人民大学出版社，2005年。

第七章
印度财政史

印度位于亚洲南部，是南亚次大陆最大的国家，与巴基斯坦、中国、尼泊尔、不丹、缅甸和孟加拉国为邻，濒临孟加拉湾和阿拉伯海，人口近11亿（2007年），居世界第二位。印度是个民族、宗教众多，文化各异的国家，被誉为世界上“保存最完好”的“人种、宗教、语言博物馆”。21世纪以来，印度第三产业迅速崛起，电影、软件业均居世界领先地位，被誉为“世界办公室”。

印度是世界四大文明古国之一，公元前2000年前后创造了灿烂的印度河文明。约在公元前14世纪，原居住在中亚的雅利安人中的一支进入南亚次大陆，并征服了当地土著，建立了一些奴隶制小国，确立了种姓制度，婆罗门教兴起。公元前4世纪崛起的孔雀王朝开始统一印度次大陆，阿育王统治时期疆域广阔，政权强大，佛教兴盛并开始向外传播。中世纪小国林立，印度教兴起。

公元1600年，英国侵入印度，建立东印度公司。1849年，英国侵占印度全境。1947年6月，英国通过“蒙巴顿方案”，将印度分为印度和巴基斯坦两个自治领。同年8月15日，印度在与巴基斯坦分治后实现独立。

现在让我们走进与我们一样同是文明古国的印度，透过层层历史迷雾，细细打量印度——这个与我国国情颇为相近的国家的财政史吧。

第一节

中世纪印度社会财政概况

中世纪是印度朝代更迭不断的时期，北部经常遭受到外族入侵，几度易手，南部长期处于割而治之的状态。同时也伴随着城市商业活动发达及行会的出现，对传统种姓制构成了挑战。民族大融合，出现了“变质刹帝利”(沙卡人)，后期婆罗门再一次取得统治地位。

向农民征税依然是中世纪印度主要的封建税收。每次收获以后，农民的一部分产品就被国家取走，另一部分产品被地主取走——两项合计，从50%到90%不等。税收或通过本地地主，或由官吏来征收，并以实物和现款两种形式支付。除了地税外，向农民征收的其他赋税有：①贡品——没有递归的特种税；②祭祀捐——向农民集体征收的一种税；③军事捐——农民向国王提供军粮的一种负担；④维维塔——一种牧场税；⑤拉久——查勘与定居时所付的特种税；⑥乔拉拉久——一种警察或看守税。除这些外，对农民的其他征课包括：①什一税或原料税；②强迫劳动；③为应对战争或饥荒等紧急情况而设置的国家粮仓征收的产品特种税；④有时向国王缴纳的献金，如在太子出世时的“奶钱”。

在他们的权限之内，没有什么东西不抽封建税。这包括：入市税、海关税或照价抽2.5%到5%的商业税；照价征收买卖税，从谷物、油、布匹和糖等物的二十分之一到酒类等奢侈品的五分之一；灌溉税，约相当于产出产品的10%；矿藏、埋藏的金银宝物和战利品，征收总收入的五分之一。

除了赋税以外，封建国家还运用其他的狡猾手段榨取人民。利用密探来欺骗人民；利用人民的迷信、轻信和敬畏；在保护财产的借口下，侵占异教徒、各种公共机构和死人的财产；以合伙和债主的资格来欺骗商人；借助于无赖之徒和各种虚伪的借口，没收人民的财产。

一、笈多王朝时代的财政概况（320—540 年）

笈多王朝是以恒河流域中下游为基地的大帝国，是印度历史上其中一个最强盛朝代，标志着印度由奴隶社会过渡到封建社会，在历史上占有重要地位。

笈多王朝地区行政区划分为若干省，称为“提舍”或“布克蒂”，由中央政府派总督或副王统治。在省以下划分专区，由中央政府派专区行署长官“阿尤克塔”管辖。强大的地方封建主担任重要的地方官吏。君主承认各省总督有相当的自治权力，因而削弱了中央政府对各省的控制。由于王朝土地分封制度广泛实行，永久赐地大量出现及其私有化的发展，因而削弱了国家的财政基础。国家不能向大多数农民征收田赋，所以政府无需登记全国户口。法显在《佛国记》中记述说：笈多王朝时期的印度，“无户籍、官法”，正反映了上述情况。

二、戒日帝国时代的财政概况（606—647 年）

戒日帝国是从笈多分裂后的一个小邦中发展起来的。戒日帝国的土地原则上仍属国王所有，称为“王田”。国王有权处理王田。据玄奘《大唐西域记》所载，王田分四种：一为帝国占有地；二为官僚占有地（禄田，食邑）；三为婆罗门（硕学高才者）占有地；四为寺庙占有地（福田）。戒日王对教俗地主的布施和封赐，是将土地连同农民一起封赐的。教俗地主的土地均由村社农民耕种，农民不仅被束缚在土地上，而且随着土地占有权的转移而转换主人。农民要向领主交纳收获物的 1/6，还要交“费用”（货币）和服劳役。农民还得通过村社向国家缴纳捐税。村社组织依然保留，并保留着公共土地，公社首领和公社会议的权力还比较大，有自治特点，由于社会发展的不平衡，有的村社仍以大家庭为单位，并保留着定期重分土地的习惯。戒日王对教俗地主布施或封赐的土地，其数量很大，多者可达百邑（一邑相当于一个村社，200 户农民），如那烂陀寺就拥有土地 200 邑，依附农民多达 4 万人。教俗大土地所有者对其领地具有世袭权或自由支配权。封建主还握有领地上的行政、司法权，他们可以任意处置农民。因此，戒日王时代，印度的封地、赐地已脱离政府的管辖而具有独立性。戒日王死后，大封建主纷纷割据称雄。

戒日帝国时代的封建剥削形式以实物地租为主。关于地租率，立法文献没有明文规定。根据公元674年访印求法的义净在《南海寄归内法传》中记载："僧家作田，须共净人为其分数，或可共余人户，咸并六分抽一，僧但给牛与地。或可分数量时斟酌，西方诸寺多并如是。"可见凡租佃佛教寺院土地耕种并由其供应耕牛的，所剥削的地租率一般为土地总产量的六分之一，有时因季节有所增减。但义净在《南海寄归内法传》中也反映了另外一些地方的地租率高达土地产量的三分之一。

三、德里苏丹国家统治时期财政概况（1206—1526年）

德里苏丹国家统治时期印度农民遭受沉重的赋税剥削。苏丹政府向印度教农民征收的田赋"卡拉吉"，数额高达土地收成的三分之一到三分之二，此外还征收灌溉税。村社农民还要缴纳放牧税、房屋税、人头税、胡特税等。在苏丹菲罗兹·图格鲁统治时代，全国田赋总额达到8220万银坦卡。阿拉—乌德—丁为加强苏丹的中央集权和扩张领土，建立了一支庞大的中央常备军，为解放财政收支问题，首先将田赋率增加到土地收成的二分之一，其次是实行限制全国粮食和日用品价格的统制政策。勒令农民在粮食收割后，在田里就得按低价卖给向军队供应粮食的商队商人。物价统制政策的实行不但变相加重了对农民的剥削，破坏了农业生产，导致粮食减产，而且阻碍了商品流通，引起普通商贩和各阶层人民的不满。到苏丹穆罕默德·图格鲁克统治时期，他也企图穷兵黩武地在印度次大陆建立一个庞大的伊斯兰教帝国。为了满足供养庞大军队及官僚贵族奢侈生活的财政需要，他横征暴敛、倒行逆施地实行了一系列丧失民心的政策。1326—1327年，将恒河—朱木拿之间的河间地区的田赋增加一倍以上。造成土地荒芜，粮价飞涨，河间地区爆发饥荒，农民被迫起来造反。1326年，强迫德里居民跟随政府迁都到德干的德瓦吉里，结果不但使德里社会经济急剧衰落，变成十室九空的废墟，而且迫使南迁的居民长途跋涉，因饥饿、疫病和疲惫而毙于旅途的不计其数。1329年，为了弥补不断增加的军费支出，防止国库金、银币流失，穆罕默德下令大量铸造铜币以代替金、银币作为合法货币使用。但新铸铜币质量低劣，投机商人、高利贷者、封建主和村社头人竞相大量私铸伪币、劣币，伪劣铜币泛滥成灾，贬值得如一堆废铜。通货膨胀造成物价昂贵，货币交换停滞，市场萧条，进出口贸易额猛降。

苏丹菲罗兹·图格鲁克（1351—1388年）在德里苏丹国家由鼎盛走向衰落时期被迫采取了一些改革性措施。他首先对各地大伊克塔尔封建主采取让步政策，放弃对他们的斗争，恢复并扩大曾经被阿拉—乌德—丁一度废除了的伊克塔制度，大肆封赐伊克塔军事采邑，以代替高级官吏的现金俸禄制度。他放弃了军事征服及领土扩张政策，尤其是放弃了对德干和孟加拉的控制，竭尽全力确保对古吉拉特及西印度沿海港湾地区的统治。通过这些港口，与阿拉伯世界及欧洲保持贸易往来，为国库取得巨额商税收入。他取消许多苛捐杂税，免征阻碍商品流通的强制性入市税。国家财政收入有了很大的增加。

四、莫卧儿帝国统治时期财政概况（1526—1761年）

莫卧儿帝国统治时期，迪万任国家财政、税务大臣，由于财政和税务对维持莫卧儿帝国统治起着关键作用，所以迪万是国家最重要的大臣。

阿克巴统治时期最重要的改革是田赋制度的改革。改革的目的在于增加财政收入、恢复和发展农业生产，而且借此削弱大扎吉达尔的经济实力以加强中央集权。田赋制度的改革先后进行过3次。第一次于1570—1571年在中央政府成立整顿财政的机构，在托达尔·马尔的协助下调查了某些地区村会计“昆鲁果”的土地账册，对田赋额作出了新的估定。第二次改革是1575—1576年实行分区包税制，除古吉拉特、孟加拉、比哈尔3省外，将全国划分为182个“克罗尔”即“1000万卢比税区”，每个税区设置一名“千万总管”为税区长官。但分区包税制实行的结果失败了，首要原因是“千万总管”穷凶极恶地勒索，使农民陷于水深火热之中。第三次改革是实行“统括课税制”（柴布特）。1582年阿克巴任命托达尔·马尔为中央政府的迪万（财政、税务大臣），主持田赋制度的彻底改革，在北印度广大地区推行统括课税制。其要点如下：①认真丈量土地，并划分为四类，对实际耕种的土地才征税。②规定固定的货币税率以代替涨落不定的实物税。折算时有两个依据，一个是税率表，一个是有关谷物产量的资料。土地总产量按上、中、下三等产量的平均数计算。根据土地产量确定实物税率，约占实际产量的三分之一。这一实物税率再根据最近10年（后改为5年）全国各地区农产品的平均市价换算为固定的货币税率。允许农民按照此固定的货币税自由地选择缴纳现金或缴纳实物。赋额不是草率确定的，10年以后才有所增减。③田赋由国家直接向农民征收，废除包税制度，减少了中间剥削。由于扎吉尔未完全取消，所以阿克巴的财政部门就设有两司：一司专管各省税吏征收的田赋；另一司专管扎吉尔上缴的田赋。统括课税制实行的结果，大大地简化了估税的过程，使全帝国的田赋接近统一。稳定的田赋收入，保证了国库财政收入的充裕和增加。在阿巴克时代，全国每年田赋收入达到13210万卢比。田赋制度改变的成功不但有利于加强莫卧儿帝国的中央集权制，而且减轻了农民的负担，有利于农民生产的恢复和发展。马克思在《印度史编年稿》中充分肯定了它的意义，指出：阿巴克废除了土地税交人承包的陋习，这种陋习是虐政及勒索的根源。

第二节

印度殖民地财政的形成

自18世纪，印度沦为殖民地半封建国家，先后被英国、法国、葡萄牙统治。殖民地半封建国家强加在人民身上的负担，较封建国家有过之而无不及，几乎一切的东西都要征税。土地税仍然是赋税的主要形式，其他税收有海关税、执照税、盐税、鸦片税、印花税、杂税等。

殖民统治者把赋税的主要重担落在劳苦人民身上，而剥削者和压迫者却很少纳税。在1888年终止征收所得税的时候，其比例还不到2.7%。它不包括下列项目：土地和种植园收入，工资和养老金，以及在英国支付的休假津贴，在英国备案的航运公司的利润，在英国支付的证券的利息及不超过保证利息数额的铁路利润。因此，向英国垄断者及其印度走狗的征税，都有名无实。结果，在19世纪初，所得税的总收入只有1.9亿卢比，而盐税一项就有8.8亿卢比。

1838—1839年度，向印度人民征收的税收总额是16.389亿卢比（中央税8.447亿卢比，地方税7.942亿卢比）。这意味着，1838—1839年度，在每人收入56卢比中，负担的税额是4卢比。在1886年，英国每人平均负担的税收为国民收入的6.92%，同年在印度则达14.3%。

殖民地半封建国家将税收制度发展得更加横征暴敛。据估计，在殖民地半封建国家存在的近200年中，它加在人民身上的税收总额为1600亿卢比——比过去统治的一切剥削阶级所征收的全部税额还多。

一、英国统治的孟加拉殖民时期的财政概况

根据1717年莫卧儿皇帝批准的贸易特权，英国公司的货物只要有英国商栈负责人签发的通行证就可以免交过境税，进行自由贸易。这种特权不仅使英国公司大发贸易横财，同时还被滥用——公司职员用这种通行证从事非法的私人贸易并倒卖给印度商人，这就使纳瓦布的金库受到巨大损失。为此，孟加拉王公米尔·卡西姆多次提出抗议无效。1772年末，范西塔特赴芒吉尔与米尔·卡西姆会谈，双方达成一项明确的协议，公司的货物需缴税9%，而印度商人的货物需缴税25%—30%。但是加尔各答的参事会坚持英国货要免税贸易，最多硝石贸易缴税2.5%，从而拒绝了范西塔特和米尔·卡西姆达成的协议。这个消息使孟加拉的纳瓦布大为愤怒。后来他索性对印度商人和欧洲商人一律取消过境税，推行平等的自由贸易方针，这就影响了英国人的特殊地位，因为从此他们不得不在相同的条件下和其他商人进行竞争。这种自由贸易方针执行了两年，印度商界欢迎，英国人反对。

二、东印度公司控制下的殖民地财政状况

东印度公司是英国殖民者统治印度的工具。东印度公司在印度垄断了食盐、烟草、鸦片、稻米、鱼、糖和其他一些商品的内地贸易。公司职员享有内地免税自由贸易的特权，而印度人却被课征重税，甚至印度王公们也休想幸免。孟加拉米尔·卡西姆仅1762年就在内地贸易中被课税250万卢比。当然，作为统治者最终还是要把这笔损失转嫁给印度劳动人民。

英国殖民者通过各种方式对印度进行直接或间接的掠夺，使印度债务扶摇直上。1792年，包括利息在内的印度债务稍稍超过700万英镑，1799年便达到了1000万英镑，到了1807年，其总数已达2700万英镑。

饥荒起于干旱，但是，东印度公司的横征暴敛和大量囤积粮食却人为地加剧了饥荒的可怕程度。哈思汀斯曾得意地向公司董事会报告道："虽然全国人口至少饿毙三分之一，耕地面积也随之减少，但公司1771年土地税的纯收入甚至超过了1768年的收入。"东印度公司征收的赋税要比印度历代封建主苛重得多。它往往派军队下乡，动用严刑酷法强征税款。公司所征得的孟加拉田赋税，在纳瓦布统治的1764年为81万英镑，而在公司接管的第一年（1765年）就激增至147万英镑。印度已经走到被彻底毁灭的边缘。即使是英国政府的《福克斯东印度法案》也不得不承认，是英国的"保护"

毁灭了印度。

自1813年起，英国工业品开始大量涌入印度市场。英国殖民者依仗它的宗主国的地位强制而片面地推行“自由贸易”政策。英国工业品输入印度时，只课税2.5%，某些工业品还享有免税或实际上免税输入印度的特惠。印度商品输入英国时，则被课以高额关税或干脆被禁止入口，最高课税率曾达400%，即使一般印度商品在英国缴纳的关税也远远超过英货输入印度时的关税。

英国殖民者为巩固其殖民统治，加强对农民的田赋搜刮，先后对印度各地的土地田赋制度进行了调整，在充分利用印度封建土地关系的基础上，建立了一套新的田赋制度。

1793年，康华里颁布了“永久租佃法”。根据该法，东印度公司在孟加拉、贝拿勒斯、比哈尔、奥利萨、德里、亚格拉、阿拉哈巴德以及马德拉斯北部地区，于1795年起先后推行永久租佃制，承认柴明达尔（世袭领地的所有者）地主为永久世袭的土地占有者。柴明达尔每年应该按1790年田赋额的90%缴纳固定田赋，否则其土地将被拍卖。

18世纪初的柴明达尔是孟加拉等地的世袭包税人。他们通常还些许考虑一下农民的利益或农田基本建设，如水利灌溉工程。殖民者认为，“他们的做法同政府的真正利益完全相悖”。1765年东印度公司接收孟加拉财政管理后，经常以拍卖方式把原来的包税区承包给投标最高的人。很多旧柴明达尔被一批对英国人更俯首帖耳、对农民更凶狠的新柴明达尔所取代。1795年永久租佃制的推行，目的之一就是要把这批新柴明达尔封建主变成巩固英国殖民统治，加紧田赋掠夺的社会支柱。

1822年，东印度公司把田赋降低为土地总产出的83%，并允许随年成的好坏随时调整田赋额。1833年，公司将田赋额再次降低为土地总产出的66%，同时宣称，这个数额将保持30年不变。然而，即使如此，殖民者的田赋仍不能如数催交上来。1838—1848年，公司拟征收田赋42459万卢比，而实际只征收到39510万卢比。不考虑实际情况而硬性规定的高额田赋，往往使印度农民在缴纳田赋和地租后所剩无几，这当然给维持社会安定、发展农业生产、巩固殖民统治带来很多困难。东印度公司认识到，“经验证明，征收66%的田赋也是过分而不切实际的”。1855年，殖民政府通过“萨哈兰浦尔条例”，把田赋从66%降到50%，不久这一规定推行到奥德、旁遮普，在东印度公司解体后的1864年又推行到马德拉斯和孟买地区。

19 世纪初，马德拉斯地区主要实行永久租佃制、农民租佃制和农村租佃制。英国殖民者在推行永久租佃制的过程中，发现固定不变的田赋额对自己很不利。伴随着印度逐渐沦为英国的原料市场和印度农产品渐增而来的收入，多半落入柴明达尔和其他土地租佃中介人手中，东印度公司在农民缴纳的田租和地租中所占份额逐渐缩小。印度农民也对永久租佃制的盘剥进行了激烈的反抗。1820 年，东印度公司开始在马德拉斯的若干地方大力推行农民租佃制。在托马斯·蒙罗出任马德拉斯省督期间（1820—1827 年），农民租佃制逐渐推行开来。农民租佃制规定，村社农民直接向东印度公司缴纳田租。公司将根据收成的好坏，同每个租种土地的农民分别制定田赋额。田赋额将每年或几年确定一次。租佃期通常为 30 年。一般说来，公司从农民的纯收益中征收 50% 的田赋（后来降为 33%）。这种租佃制还确认，农民在按期如数缴纳田赋的情况下，对租种的土地有自由使用权，可出卖、转租或转让。如遇饥荒、干旱或收成不好，公司还可部分减免田赋。

1816 年后，孟买、古吉拉特、阿拉哈巴德等地也推行了农民租佃制，但情形有所不同。孟买当局直接向每个收税区任命一名“塔拉蒂”征收田赋。田赋额由塔拉蒂按行政区确定总额后，再按每户农民的作物种类、土地肥力等级逐一摊派。公司通常提取农民土地纯收益的 55% 作为田赋，租佃期亦为 30 年。其他方面规定同马德拉斯地区规定大体相同。

农民租佃制的推行，基本上取消了印度封建主的领地。初看起来，农民在这种制度下似乎比在永久租佃制下保留了更多的权利。然而，殖民者在最大限度地榨取农民劳动果实的动机下，往往在确定田赋额时过高估计土地收益。这样，东印度公司尽管用尽一切办法也常常不能征缴到预定的田赋。孟买和马德拉斯的殖民官员为此曾互相指责对方征税过高。

农村租佃制。这种田赋制度主要在旁遮普地区实行。英国人到来前，旁遮普并没有成文的土地法。兰吉特·辛格时代只在理论上征收占土地总产值二分之一的田赋，实际上只征收了土地总产值的 33%—40%，田赋也多以实物形式缴纳。在东印度公司的专横压榨下，农民们每况愈下，他们的土地也逐渐转入高利贷者、商人、投机者等城乡有产阶级的手中。被英国人标榜为“低田赋率”的农村租佃制引起旁遮普农民的普遍不满。1848 年，农村租佃制从农民手中搜刮走 820 万卢比。1850 年搜刮额猛增至 1000 万卢比。旁遮普农民要求按季节和作物种类重新划定田赋。英国人摄于当地人民的反抗，于 1852—1855 年间将田赋率降为土地总产值的 25%，以后再降为

16.6%。即使如此，在东印度公司行将解体的1858年，英国人从旁遮普掠夺的田赋仍比1850年高出920万卢比。

第三节
两次大战时期的印度财政

一、第一次世界大战对印度财政的影响

第一次世界大战于1914年8月全面爆发，印度作为英国的殖民地被拖入战争，成为宗主国的兵员、财力、物资的重要供应基地，从而给印度人民带来了无比深重的灾难。

英国对印度进行了空前的物资掠夺。战争期间，英国加强了对印度原料的榨取，按照比世界市场低得多的固定价格收购农产品和各种原料。殖民者从印度运出大批粮食、油料作物、生丝、黄麻、茶叶和毛皮、从1915年底到战争结束，英国以低价收购走各类印度产粮食800万吨。尽管大战期间印度农业收成一直较好。但由于当局对粮食实行政府管制和压价收购，使印度农民遭受强制的财政掠夺，帝国主义战争机器所耗费的庞大的军事开支已成为“印度财政的顽症”，引起印度民族主义者的深切关注。仅此一项开支，就几乎占去印度国库年收入的50%左右。殖民当局还巧立名目，以战争“捐款”的名义迫使印度转给英国1.09亿英镑。后来，英国人虽然将这笔“捐款”降为1亿英镑，但却提高了印度原棉出口税以弥补上述900万英镑的差额。然而，即使是1亿英镑的“捐款”，也已经使印度国债增加了30%。

战争结束前夕，殖民当局向印度转嫁战争负担，又决定“捐款”4500万英镑（战争结束时，实际支付1550万英镑）。殖民者还以“支持宗主国正义战争”的名目，两次强行摊派战时公债7350万英镑。英国还利用英联邦其他成员国的名义，从印度财政中花掉了2.03亿英镑。英印政府在战时提高税收50%以上。例如，战争爆发前殖民当局曾对食盐实行专卖政策，战争期间虽取消专卖，但却开征沉重的食盐消费税。战争结束时，英印政府的税收总额比战争初期增加了4220万英镑。殖民当局花样翻新的财政掠夺，

给印度社会经济造成了严重的恶果。其直接后果：一是战争末期印度通货严重膨胀。1918 年 4 月，当局用美国贷款进口 2 亿盎司白银以铸造银币，否则，殖民者已经无法继续维持巨额军事开支了。同时，当局又在缺少物资保证的前提下强制发行 13.4 亿卢比纸币，用通货膨胀的办法加紧对印度的掠夺并转嫁战争负担。第二，印度国债激增。殖民者的巧取豪夺导致印度国债从 1902 年的 2.08 亿英镑增加到 1918 年的 3.7 亿英镑，而 1918 年的财政总收入只有 1.1 亿英镑。印度的国债，是殖民者罪恶统治的见证。上述数字中，还不包括亲王国费（1918 年比 1912 年增长 1114 万英镑）和土邦王公对宗主国的"捐款"在内。第三，物价不断上涨、高利贷和投机活初的猖獗，同殖民者的榨取所产生的社会经济后果一起转嫁到印度人民，特别是劳动人民的肩上，使他们的生活更加困苦不堪。1918—1919 年，由于殖民掠夺和农业粮食歉收 1400 万吨，致使饥荒、瘟疫蔓延全国，约 1200 万人丧生，相当于 1911 年以来自然增长的全部人口。

战争环境既冲击了印度民族工业，但同时也为它的发展带来了某些有利的条件。民族资产阶级多年来一直要求殖民当局实行保护印度工业发展的关税政策，但没有取得任何进展。可是，帝国主义战争却给它带来了一种特殊的保护性关税。战争开始后，印度的贸易对象国发生了重大变化。英国在印度进出口贸易中所占的比重从 1914 年的 64% 下降到 1918 年的 46%，日本和美国则从 2.6% 分别增长到 20% 和 10%、这是英国对印度经济的垄断地位的一次严重动摇。为遏制其他西方国家的渗透并增加印度财政收入，英印当局于 1916 年开始对印度商品实施保护性关税，对一切进入印度的外货征收 7.5% 的关税，这比印度自 1896 年以来实行的 5% 的关税有了可观的提高。不过，棉花进口税和国内消费税仍维持在 3.5% 上。直到 1917 年，棉花进口税才提高到 7.5%，国内消费税仍维持在有利于民族资本的 3.5% 上未变。

无论英国殖民出出于何种动机在战时印度采取了保护关税政策，它在客观上限制了外国商品对印度民族工业的冲击，为印度产品占领国内市场和民族工业的发展创造了有利条件。

为了缓和国内的反英情绪，英国殖民者对印度建立责任政府，1921 年 2 月，《印度政府法》在印度正式颁布实施。法规规定总督立法会议由两院制的立法机构代替，级国务会议和立法大会，两者具有相同的立法权力。在中央立法机构的职权范围为：有权为整个英属在印度制订法律，只要涉及军事、土邦、税收的法案须事先征得总督同意才能表决。财政方面，可以讨论预算，拒绝或减少某些项目的开支，可以对预算提出补充建议并表决通过。政府所有涉及全国的征收新税的打算都须经立法机构批准。政府每年拨款要以申请批准方式，由立法机构投票表决，省的立法机构仍采取一院制，即保留原来立法会议的形式。

二、一战战后初期的印度财政

第一次世界大战结束时，英国负债54.5亿英镑。为向印度转嫁这笔战争负担，英国政府迫使印度缴纳高额的宗主国费，以“偿还债务”。这些债务有东印度公司统治印度期间迫使印度缴纳的军费、政治性捐款、英印政府向公司商人的借款和各种沉重的额外负担，以及上述款项未及时支付所应缴纳的利息积累而成。实际上，正如印度著名经济学家K. T. 沙和卡姆巴塔所指出的那样，宗主国费是一种以印度国民收入为抵押的费用。1918—1921年的三年内，该项费用总和已达12.3亿卢比。在12.3亿卢比中，还不包括英国之外的其他欧洲商人、律师、自由职业者汇往本国的存款，不包括政治性原因的宗主国费5亿卢比和各省累计欠款2460万卢比。英国还通过高额军事开支来掠夺印度的财富。1919年，英印正规军和辅助部队（不包括印度士兵）为8.6万人，军事开支6.22亿卢比，占当年印度财政预算的40%，而1914年的同类开支仅为2.61亿卢比，占预算的12%。

庞大的宗主国费和军费开支，使印度国民经济入不敷出，国债剧增。1914年8月时，印度国民收支基本平衡；1918年9月，国债已达3.7亿英镑，而当年的印度国民总收入只有1.1亿英镑，还不及国债的30%。国债的增加驱使英印政府在印度巧立名目，用各种手段聚敛民财，把负担转嫁给印度人民。

英国资产阶级还用不断提高的卢比对英镑的汇兑比价的方法，对印度进行敲骨吸髓的盘剥。19世纪90年代，殖民当局关闭了印度铸币厂，印度货币在既无金本位保证的情况下，又失去了实行多年的银本位，开始对英镑所紧紧束缚。英国所以要保持卢比的高兑换率，是因为卢比下跌或不稳限制了英国向印度投资。英国资产阶级抑制卢比跌价的目的在于为英国向印度进行商品倾销和资本输出创造有利的条件。卢比对英镑的起价从战前的每卢比兑换一先令四便士，先后被提高到兑换一先令六便士和两先令。印度资产阶级对此评论道：“执行这种新的卢比汇率，无形中等于把印度出口货物的关税提高了30%……有助于英镑回流母国。”新的汇兑比价削弱了印货在国际市场的竞争力，刺激了外货大量涌进印度，致使印度战后初期贸易入超严重，仅在1920—1921年印度外贸入超即达7.98亿卢比。又据印度经济学家杜德的统计，1921年英国资产阶级利用卢比的高兑换率，从印度掠夺了2900万英镑，约合3亿卢比。

1920年，英印政府颁布印度货币修正法，在卢比兑换率提高到两先令四便士。这样，每兑换一卢比，英国人就从印度多搜刮走四便士。他们用不断提高卢比牌价，加速向印度输出资本的方法，基本控制了战后初期印度的经济命脉。印度民族资产阶级的国外市场在暂短的“大创业”后开始萎缩，资本日感紧缺。虽然英印政府不久废止了货币修正法，但是，英国垄断资本对印度经济命脉的控制，在很大程度上限制了印度民族资本主义的发展。这种情况和小农大量破产，工人实际工资下降，物资指数飞速上涨，劳动群众的生活每况愈下等因素作用在一起，使得英国和殖民地印度的矛盾在战后初期逐渐从平缓转向尖锐，酝酿着一场政治风暴的来临。

三、第二次世界大战前印度的财政

1. 英国对印度财政的掌控

年轻的印度民族工业进入20世纪以来，不仅发展了已有相当基础的棉纺织业，而且开始进入冶金、电力、水泥、制糖和造纸等新领域。民族资产阶级的实力地位有所加强，但英国资产阶级依然牢牢地控制着印度的经济命脉。英国资本在商业、金融业、保险业、铁路、运输、采矿业、机器制造业、种植园业和经济作物种植与销售等方面，占有强大的垄断地位。

英国资本利用殖民政权对重要经济部门的控制，限制了印度资本主义的顺利发展。1937年印度民族资产阶级成立的新企业约有70%—75%处于英国资本不同程度的控制下。当这些企业与英国资本发生冲突时，来自殖民当局的打压便接踵而至。例如，1934年取消对新兴的印度制糖业的关税保护，颁布了“糖业监督法”并课征国内消费税。1937年又规定印度糖只能向缅甸出口。

2. 英国的安抚政策

英国政府为吸引资产阶级、大地主和土邦王公参加立宪运动，以维持殖民统治，瓦解民族运动，于1935年8月2日在1933年“白皮书”的基础上颁发印度新宪法，即1935年印度政府组织法。该法共478款，主要包括联邦制、省自治制和印缅分治三部分。新宪法拟于1937年实施。两院所通过的立法只对英属印度有效，对土邦无效。该法还规定，土邦只缴纳未来全印联邦税收的10%。很明显，新宪法的目的之一在于保存印度封建残余势力，竭力把它拉入中央政府的重要机关中去，以便作为英印统治的支柱。

1937年2月，英属印度11省根据1935年印度政府组织法举行了有印度各主要政党、宗教团体和在印度的欧洲人参加的立法议会选举。印度国民大会党在选举中获得重大胜利，随后，开始实施改革，国大党人在农村的改革包括：部分取消农民债务、限制债利率、禁止增加地租、限制欠租利息、在部分地区豁免田赋等。例如，国大党对1936年马德拉斯土地等级法的实施情况进行调查后，决定在全省范围内豁免田赋和水税每年达75万卢比。在国大党执政期间，马德拉斯省的农业债务从9388万卢比减少到4480.6万卢比。

四、二战对印度财政的影响

第二次世界大战时期，英国在对印度实行政治高压政策的同时，在经济上进行疯狂掠夺，完全把印度变成支持英国战争的人力和物力供应基地。一方面英国以宗主身份榨取殖民贡献，增加战时税收，发行10亿英镑的战时公债等办法，把战争重担转嫁到印度人身上。另一方面又为掩盖对印度赤裸裸的掠夺，1939年11月两国政府缔结一项双方负担国防经费的“财政协定”。根据这个协定，本应由英国负担的英印军队和驻扎在印度的英国军队的给养，绝大部分转嫁给印度，除此之外，印度还要从自己的财政预算的拨款中，支付下列两项军费：①一笔固定的每年为3.67亿卢比的国防经费，并随着物价上涨追补物价津贴；②为了印度本身的防务所募捐的英印军队的给养和装备，实行各种军事措施的费用。除上述战费外，其他费用均由英国承担。这个协定从表面上看似乎公正，没有要印度为帝国防务负担全部重荷，但实际上，英国在合理负担的外衣掩护下，把它所承担的军费支出，用设在印度的储备银行发行大量纸币来代替。同时，为了掩人耳目，在英格兰银行的印度账户上记入相当于储备银行发行钞票数的英镑额，作为印度在伦敦的英镑结账。所以巨额的军费实际上还是给印度人民单独负担的，而且人民的战争负担日益加重，军费由战前占预算的40%，剧增到79%，增长近一倍，即整个战争时期，印度军事预算增加了164亿卢比，约合12.75亿英镑。如此庞大的军费支出还不包括英国对印度人力和物力的掠夺，因为英国对这些资源的利用是从来不付钱的。

战争期间，英殖民者当局强加在印度人民身上的战争重担是史无前例的。1938—1939 年印度的防御费占总预算的 40% 余，但到 1944—1945 年战争结束时达到 79%。英国还通过发行债券的方式掠夺印度的物质资源，这样在印度储备银行的账目出现英镑款额，到 1945 年 6 月这种英镑结余已达 102 千万英镑。战争结束后，英国英镑冻结，拒绝支付，并利用印度多年来对英国的英镑债务来清偿，这是对印度更隐蔽的殖民掠夺。战争期间殖民当局为了获得印度商品和支付军费，大量发行纸币，1939 年纸币流通额为 23 亿卢比，到 1945 年暴升到 121 亿卢比，增加了 4 倍，结果造成严重的通货膨胀。印度官方物价批发指数，如果以 1939 年为 100，1945 年则增加到 248。印度有许多省区市进口谷物的消费区，战时日军占领东南亚，减少了印度的谷物进口。由于战争需要，英印军队从战前的 17 万人急增达 200 万人。印度不仅供给这支庞大军队的粮食，还有向驻扎在印度、缅甸的南非、美国和中国军队提供粮草。英国殖民者为了弄到粮食，不顾农民死活，对已经严重缺粮的印度农村进行野蛮搜括，特别是在邻近东部战区的孟加拉，强行低价征购大批谷物，其总量相当于农民当年收成的 3/4，这种残酷掠夺加剧了战后印度的粮荒。

本章参考文献：

［1］R. P. 萨拉夫：《印度社会——印度各族人民革命斗争的历程》，商务印书馆，1977 年。

［2］林承节：《殖民主义史（南亚卷）》，北京大学出版社，2003 年。

［3］R. C. 马宗达：《高级印度史》（下册），商务印书馆，1986 年。

［4］林承节：《印度近现代史》，北京大学出版社，1995 年。

［5］培伦：《印度通史》，黑龙江人民出版社，1990 年。

［6］李文业：《印度史：从莫卧儿帝国到印度独立》，辽宁大学出版社，1998 年。

［7］张象：《亚洲新兴国家的崛起》，《历史教学》1988（3）。

［8］赵晓雷：《外国经济史简编》，华东师范大学出版社，1994 年。

［9］（德）赫尔曼·库尔克、迪特玛尔·罗特蒙特著，王立新、周红江译：《印度史》，中国青年出版社，2008 年。

[10] 罗梅什·杜特著，陈洪进译：《英属印度经济史》，三联书店，1965年。

[11] Pradhan, R. G, India's struggle for searaj, Nai Sarak: Daya Pub. House, 1985.

第八章 拉丁美洲财政史

拉丁美洲是指从墨西哥起的西半球南部的整个地区。它东濒加勒比海和大西洋，西临太平洋，南隔德雷克海峡与南极洲相望，北界墨西哥与美国界河布拉沃河（即格兰德河），与美国为邻。它包括北美洲的墨西哥、中美洲和南美洲大陆。在历史上，这一地区主要是拉丁语系的西班牙和葡萄牙等国的殖民地，故称拉丁美洲。此外，加勒比海上的西印度群岛与拉美具有相同的历史遭遇，在地理划分上，习惯地把它同拉美划在同一范畴，统称拉丁美洲和加勒比。

拉丁美洲原是印第安人劳动生息的地方。自1492年西班牙、葡萄牙的冒险家踏上拉丁美洲以后，很快就全部沦为这两个国家的殖民地。16世纪末，英、法、荷等国从西班牙手里夺去了西印度群岛的一些岛屿，南美洲大陆边缘和中美洲地峡的少数地区。19世纪初，西、葡等国霸占的地区纷纷宣告独立。但经济上仍受到美国等西方强国的掠夺。让我们走进拉丁美洲，走进一部充满曲折与斗争的财政史册。

第一节

地理大发现以前拉丁美洲社会财政概况

在地理大发现之前，拉丁美洲一直都存在于人类社会的视野之外。事实上，在亚欧大陆的人们自以为自己处于世界的中心时，印第安人们在美洲大陆也创造了自己独特的文化。据考古学家研究，在距今2.6万至2万年前，人类就经由白令海峡到达了美洲大陆。他们到达阿拉斯加后，在北美大陆沿扇形展开，并沿落基山脉及西海岸向南，经墨西哥、中美洲进入南美洲。玛雅文明、阿斯特克文明和印加文明是古代拉丁美洲最具代表的三大文化中心。因玛雅文明史料缺乏，我们以阿斯特克文明和印加文明为例说明当时的财政概况。

阿斯特克文明：1325年，阿斯特克人在墨西哥河谷特斯科科湖中的岛上建立特诺奇蒂特兰城，并以此为基地，逐渐向外扩张，成为当时中美洲的强大“帝国”，人口可能达600万（一说1519年约达1100万）。他们依然维持着以氏族为核心的社会组织。每个氏族有自己的土地，并通过长老议事会管理氏族事务，氏族内部实行土地公社所有和使用的制度。不过，虽然公有制在阿斯特克人中占主要地位，但在征服时期也出现了私有制观念。阿斯特克人的财政属于典型的原始社会财政。由中央政府向被征服的部落征税，而课税形式则是把青年男女作为战神的祭品。其他的贡品则用羽毛和粮食来支付。为征收这些东西，中央政府需定时派出收税员，收税员的权威大大有助于被征服的部落就范。除此之外，阿斯特克人在其领地之内允许广泛的商业活动，他们的商人在帝国内几乎无孔不入，成为征服那些拒绝接纳他们的部落的重要代理人。

印加文明：15—16世纪时，印加帝国成为拉美主要文明之一。印加帝国是古代拉丁美洲最强大最有影响的文明社会。到15世纪中叶，印加人统治的区域扩及从厄瓜多尔的基多到智利中部的地方，向东延伸至巴西荒原和阿根廷北部。在这一广大区域内，据统计有400万到600万印第安人。印加帝国已经部分进入奴隶制阶段。印加人把他们的疆域分为四个行政区域，这四个行政区都被划成省份，由特定的官员管理。这一制度的建立，也是为了便于贡物的征集。除去免税的人群，其余所有20岁到50岁的男人，都有劳动的义务。少年和儿童负担较轻的劳动，超过50岁的人免除重劳动。同时，还需要交纳各种赋税。赋税大多为实物税，用各地的特产甚至家畜、驼马甚至纺织品、金属等缴纳。同时所有区域都必须提供个人为私人和公家服役。由于享有免税特权的人员数量较多，因而有理由相信赋税将会相当繁重。

总而言之，各地印第安人基本都处于原始氏族公社阶段，虽然某些发达的文明出现了阶级差异，但是仍有许多部落实行简单的公有制，土地为部落所有，由议事会掌管，其他公共事务也由议事会决定，耕种时集体劳动，所得结果平均分配。

第二节
拉丁美洲殖民地财政的发展

1492年8月3日，哥伦布率领3艘帆船由西班牙的班罗斯港起航，10月12日在西印度群岛的瓜纳阿尼岛登陆。从而开始了欧洲人发现并征服“新大陆”的征程。美洲的发现，是地理大发现史上划时代的意见大事。到1541年，北起加利福尼亚湾，南至南美洲最南端的广大地区，几乎完全为西班牙和葡萄牙殖民者占领。

一、西班牙的殖民统治

哥伦布结束第一次航行回国之后，西班牙王室就委派胡安·罗德里格·德丰塞卡去做殖民活动的准备。他们组织了一支17艘船的船队，带着一千两百多名移居者和多种家畜、建筑工具、谷物和果树种子等在新世界安家立业的一切必需品到达南美。殖民者先建立了定居点“伊莎贝拉”，但由于种种原因被迫放弃。1496年，他们在南海岸建立了世界上第一个永久性欧洲人殖民点——圣多明戈。随后，殖民活动开始在南美展开。可以说是西班牙在拉美殖民制度的发轫。

在早年的埃斯帕尼尤拉岛移民活动中，哥伦布已经开始了迫使印第安人成为奴隶而后运到西班牙去的做法。几年后，印第安人的奴隶身份被废止，但奴隶交易直到1542年为止并未有效中止。事实上，1493年之后到来的殖民者，一直对印第安人加以奴役，逼迫他们提供粮食，充当矿工。但是伴随着奴隶身份的废除，劳动力变得不足，当1502年奥万多上任时，殖民者粮食不足已成为迫在眉睫的大问题。为解决这一极端需要，他设法获得了女皇的授权，于1503年树立了所谓“监护征赋制度”。王室的命令规定，可以在被授予土地的受托者的监护之下，把土人集合在村落中，也可以强迫他们从事建筑、开矿和耕种土地等劳动。对于这些劳动，应向对待自由民一样给予报酬而非像对待农奴那样。对于受托人，他们应对印第安人施以保护和教化，使他们成为基督徒。作为报酬，他有权征收赋税或贡赋。这样，凡领受一起印第安人赏授的个人，就成为所谓“监护者”。这一制度本身则被称为“监护征赋制”。就其实质来说，监护征赋权就是从被征服者那里索取劳役和征收贡赋的权利。在监护征赋制度下，印第安人提供劳力，为西班牙人种地，而西班牙人既有权占有产品，又有权取得印第安人所缴付的人头税。18世纪末，监护征赋制度虽被废除，但印第安人作为劳动者的身份其实并未改变，由于被支付的工资太低，他们必须负债才能维持生计，而为了偿还债务，他又必须劳动。这样，印第安人就陷入了劳动偿债的怪圈，无法解脱出来。

西班牙殖民者依靠从本土经验中总结出来的思想来管理殖民地经济。具体地讲，这些思想表现为王家专利事业和王家税收，表现为提供给王室而非西班牙以最大利润而强加于殖民地的种种王室规章。这种思想指导下发展起来的制度就是重商制度。在这种制度的支配下，殖民地需为本国工业提供原料，为制成品提供市场。直到18世纪为止，为了控制贸易和征收赋税，国王把通商限制在西班牙的塞维利亚和美洲的某些指定港口，特别是诺姆布雷、德迪奥斯（1584年以后移到贝里欧港）、维拉克鲁斯、阿卡普尔科、利马、哈瓦那和这些港口中的某些西班牙商行。

西班牙国王对涉及殖民地的各种贸易活动征收很多赋税。在16世纪初，每当有船队离开西班牙，就要向商人们征收一种类似保险费的“损失费”。这种赋税有时也会针对商货课征，以便筹措资金修建道路。对于从西印度运来的货物，要征收百分之七点五的关税，到1543年则降为百分之五。此外，运货到西班牙的殖民地商人也要缴纳百分之二点五的进口税。直到1695年为止，税率屡次发生变动。为了终止由于征课这些关税而发展起来的广泛的欺诈行为，国王根据装运货品的体积、重量和件数在西班牙建立了一进出口付税制度。可是，要从事殖民地的贸易，仍然要为进口货物交付百分之五的税，为出口货物交付百分之二点五的税。菲律宾贸易是其中的例外。来自中国的进口货付税百分之十；对中国的出口货付税百分之三。1778 年，查理三世废除了在西班牙和新世界生产和制造的货物的关税，但是对于原产地是外国的货物则继续课以百分之七的税。

同关税紧密联系在一起的是对这些同一的货物所课的销售税。16 世纪后期，这种税赋在所有殖民地的税率为百分之二，是针对所有物品的销售征收的，不论它们被出售多少次。商人、拍卖者、地主、制造业者以及所有以任何形式出售货物的人，都在一套缜密的系统下缴纳关税。商贩们必须在二十四小时内报告销售额，地主则是每四个月一次。还有一个被称作“康苏拉多”的大组织替城市上任汇总缴纳税款。

除了针对贸易和商业征收的各种赋税之外，西班牙的君主还从向殖民地的农业、畜牧业矿业和制造业课征的捐税中获取巨额收入。在矿业方面，国王按金、银、水银、珍珠、翠玉以及其他宝石和半宝石的价值征收王家可得的五分之一，即五一税。国王抽取的份额常常随时间和地点的变化有所削减，以期鼓励对矿物的探索。经纪人在矿山所收集的金银块，一概送到政府的造币厂或者冶炼厂去进行审验，然后加上铸印，同时讫付五一税。没有铸印的金银被视作违法，要被没收。

此外还有对印第安人征收的人头税，这种税本来是按照固定的金银数量交付给国王的，但是后来地主们争取到了征收人头税的权利。这一特权又被许多督办滥用，导致了严重的腐败现象。

除了赋税收入之外，专利事业为国王提供了主要的收入来源。王室对水银的专利，为国王的官员们准确估算五一税增添了一种便利。在畜牧业、矿业和商业中广泛使用的盐，也属于王室专利范围。其他产生巨额收入的专利，还有烟叶的专产专销、娱乐场所门票、斗牛和斗鸡、指派销售、打猎和庆祝所用火药和纸张的专制和专销。在新君加冕或者王室大婚一类时节的强制借贷和勒索礼物，以及在战争之类事变中的经费需索，也构成收入的一种来源。

国王还通过出卖涉及政府各个领域的官职和教会职位获取了可观的收入。此外，按照 1508 年同教皇的协定，西班牙君主接管了向殖民地征收的全部什一税。从政治上说，征收什一税还增强了国王对教会的控制，但是从财政上来讲，王室得益很少。国王只保留所征什一税的九分之一，余数归还于主教和经管教会事务的其他执事人员。

虽然帝国是王室收入主要来源所在，但是治理帝国的开支却是很大，尤其在16世纪以后。只有在秘鲁和新西班牙的若干部分，收入才超过支出。其他所有殖民地都呈现入不敷出的状态。尤其在17和18世纪，当帝国的行政领域扩大之际，治理费用更是直线攀升。尤其是18世纪，舰队的扩大，加勒比海周围石块炮台的建筑以及殖民地军队规模的扩大都加重了政府的负担。

二、葡萄牙的殖民统治

1500年，葡萄牙人卡布拉尔在驶往印度的途中经过南美，随即宣称这一地区为其所有，现为巴西。为了强化统治，国王约翰三世决定用一个统一的、中央集权政府取代领主低效率的统治。为了加强王室的控制，他任命在印度有丰富经验的一个葡萄牙贵族索萨为巴西总督。他在1549年就任，为殖民地建都巴伊亚（萨尔瓦多），在此后214年中几届总督在这里进行治理。

与西班牙的殖民地相比，巴西的中央政府仍然是偏弱的。葡萄牙王室将巴西分为多个互不相连的将军辖区，将军有征税的权利。虽然在巴伊亚有一个司库负责监督殖民地贸易以及征收各种王室税收，但是由于葡萄牙王室早期对殖民地的忽视和授予领主们的巨大权力，将军辖区和此外的市政组织成为了殖民地的支配力量。

巴西殖民经济的发展明显地表现为两个时期，即蔗糖时期和黄金时期。在18世纪的后50年，葡萄牙的财政陷入极度困境。首先是来自巴西的宗主国收入因黄金产量下降而减少，其次来自亚洲的收入也大幅度下滑，再者，葡萄牙还需要在1755年大地震后重建里斯本。为了解决财政困境，葡萄牙首相庞巴尔进行了广泛的改良。他将耶稣会员赶出巴西，并将因此没收的巨额财产出售给富有的地主和商人。在随后的几年中，其他宗教阶层的大部分财产也被没收。

庞巴尔的改良使得葡萄牙在他死后仍然获益十年光景。但是葡萄牙的反动政府越来越依靠镇压措施来对付殖民地。为重振衰落的蔗糖生产，葡萄牙于1785年关闭了巴西的全部工厂，以便为甘蔗种植园提供更多劳动力。黄金开采业开始衰落了，钻石市场也变得供过于求。许多矿主被迫离开米纳斯—吉拉斯到巴西的其他地方，市镇荒凉也变成一种常态，农业也趋于崩溃。

其他人也由于国王盲目征税而变得焦头烂额。1789 年，一批知识分子在米纳斯成立了“米纳斯密谋社”，密谋反叛，虽然由于组织不善和缺乏支持，迅速遭到镇压。但是这次密谋结束了政府对试验生产的垄断和降低了赋税。更具深远意义的是，“米纳斯密谋社”标志着巴西共和国运动的开始。

三、拉丁美洲独立战争后的财政发展

18 世纪末，法国、英属殖民地和法属圣多明戈的起义，在拉丁美洲传播了民主信念，并且鼓舞着南美人民的斗志。在西班牙、葡萄牙两国实力日渐衰退的情况下，拉丁美洲开始爆发了著名的拉美独立运动。但是，与北美大陆的美国不同，拉丁美洲在独立之后并没有走上西欧北美模式的资本主义现代化道路。由于殖民制度遗产的拖累，至今仍属于发展中国家。西、葡两国在拉美留下的财政制度方面的遗产主要有：

1. 重商主义制度

在征服美洲时期，欧洲正盛行重商主义制度。西班牙将这一制度带到了拉丁美洲。随后的 1580—1640 年西班牙和葡萄牙合并的过程中，这一制度又被推广到巴西。后来葡萄牙虽然独立，但是重商主义制度却遗留了下来。这种制度的实施实际上就是西、葡王室成立一个垄断公司，在垄断公司控制下，拉美只是宗主国的经济附庸，只能为母国提供必要的矿产品和其他原料，却不能根据自己的需要发展经济和开发资源。

重商主义制度最主要的遗产是单一产品制和对“中心”国家的依附。殖民者通过各种强制性劳动制度剥削和压榨印第安人和黑人，发展了采矿业以及为采矿业服务的农牧业，并聚敛了大量的财富。这些财富最终以贵金属的形式通过贸易和各种税收源源不断地输入宗主国。据统计，在 300 多年的殖民地统治期间，总计约有 259 万公斤的黄金、1 亿公斤的白银被输入到宗主国，但殖民地本身的经济却未得到有效的发展。独立以后，新的民族国家发展工业化的企图受到了人均收入水平低，市场需求规模狭小；资本积累困难；金融机构短缺，资金融通不便；交通不畅，运输成本太高；外国廉价商品的冲击等的障碍。为了保持国际收支平衡，拉美国家不得不重新回到利用廉价的生产要素（劳动和资本）出口初级产品，换取外汇，进口工业品的传统道路。

2. 大庄园制

大庄园制始于 16 世纪中期，由于矿业经济的发展和人口增多，对农牧业产品的需求增长，加上随着印第安人的大量死亡腾出大片耕地，大庄园制便逐渐发展起来。到18世纪末，大庄园制已经在新西班牙和秘鲁占据支配地位。拉美独立后，由于各国的自由派政府采取了废除和剥夺教会地产和印第安人村社土地的措施，大庄园制得到了进一步的发展。据统计，整个拉美在19世纪一个世纪中并入大地产的土地，等于以前三个世纪并入大地产的土地。但是，作为经济单位，大庄园的生产是低效率的。大庄园主占据大片土地的目的既是为了满足“贵族”心理欲望，又是为了消除竞争者和获得印第安人劳力，但他却不能充分与合理的利用土地，对土地的投资很少，技术也比较落后，导致大片土地荒芜或粗放耕作，再加上劳动者缺乏生产积极性，农业产量不能提高。农村广大无地者的生活则极其贫困，形成严重的两极分化。

3. 种植园奴隶制

种植园奴隶制是殖民地时期盛行于加勒比群岛和巴西的重要经济制度。种植园奴隶制与大庄园制具有同等重要的地位。作为经济单位，它直接为世界市场生产单一的农业原料（蔗糖、咖啡、棉花、烟草），它的生产是建立在开发大片富饶肥沃的土地和对黑人奴隶进行残酷剥削的基础之上的。19世纪30—80年代，拉美国家先后废除了黑人奴隶制，种植园的奴隶逐渐转化为佃农和雇工，但这一制度的遗产仍难以消除。

由上可见，独立运动之后，原有的大庄园主、大地主们的利益并未受到太大的影响，反而进一步增加了。独立运动的一项重要成果是把地主从以前的王家赋税中解放出来，并且往往是从西班牙商人对他们的地产的抵押控制中解放出来。他们还无限制的享有了印第安奴隶以前以实物税和人头税的形式缴给国王的劳动产物。因此他们的财产有了巨大的发展，并且最终支配了政府。这种农业占先的情况，也导致了采矿业和制造业的衰落。

四、20世纪拉丁美洲财经发展概况

20世纪拉美的经济发展在发展模式上经历了两次大的转换，即从传统的初级产品出口导向模式向进口替代化工业模式的转变，从进口替代化工业模式向以非传统产品为基础的新的出口导向发展模式的转变。这两次转变可将拉丁美洲一百年来的经济发展历程分作三个阶段。第一个经济扩张阶段开始于20世纪初，结束于1929年的经济大萧条；第二个阶段开始于20世纪的30至50年代，1982年的债务危机为之画上了句号；1982年后进入了经济发展的第三个阶段。殖民地时期形成的初级产品出口导向模式在拉丁美洲独立后仍然占支配地位。这种模式适应了发达国家对拉美初级产品的需求，再加上拉美国家发挥当地的资源禀赋以及劳动力优势，利用外资建设本国的港口、铁路等基础设施，拉美国家在20世纪初期的经济形势相当良好。但是发生于1929年的经济“大萧条”结束了这一轮的增长。由于一战后世界金融中心由伦敦变为纽约，再加上美国政府的支持，大量美国资本涌向拉美。但是由于拉美国家严重的贪腐问题，大部分的贷款并没有被用于国家建设。当1929年的危机来临时，出口产品价格下降而公共、私人外债的固定名义利率保持不变。在这种还债支出不变和出口收入下降的压力之下，拉美各国被迫减少进口价值和数量，导致了作为政府收入主要来源的进口关税无法维持，进而就是政权的更迭和拖欠外债，此后15年内，流入拉美的私人资本几乎中断。

为缓解这一危机，拉美国家调整了发展方向，主要的几个国家放弃了黄金本位制，对消费品的进口实施了汇率控制和歧视性贸易限制，并采取了反周期性的财政和货币政策。国家通过保护贸易政策和税收、信贷激励为制造业提供方便，进口替代工业部门以及为满足这些工业发展需要的基础设施建设部门和服务业成为最有活力的增长部门。到20世纪50年代，更多的拉美国家转向了进口替代工业化模式。全地区的经济在整个50年代增长5.1%，工业年均增长达6.9%。到20世纪60年代，进口替代的初级阶段基本完成。但是不久之后，工业化的弊端开始显现出来，如内部市场狭小、外汇缺口加大、财政赤字增多，最重要的是没有利用资源禀赋优势实现内部资本积累的良性循环。拉美国家在市场饱和后并没有选择转向出口替代，而是选择转向耐用消费品、中间产品和部分资本货的高级进口替代。而本来有转向出口模式倾向的巴西、墨西哥也由于1973年大量低利率贷款的涌入走向了“负债发展”的道路。但是到1982年，世界性的经济衰退带来以美元计价的世界贸易价格下跌和发达国家保护主义的盛行使得拉美国家出口受阻，外汇收入减少，同时，国际金融市场的利率急剧上升，因浮动利率和私人贷款性质而形成的债务无形增加，从1979年至1982年，拉美债务总额由1840亿美元猛增至3140亿美元。以墨西哥于1982年宣布无力履行债务合同为标志，拉美国家陷入了第二次重大的债务危机。

这次债务危机后，拉美国家在债权国和国际货币基金组织的压力下，实施市场化、私有化、自由化、国际化的新自由主义经济政策，奉行新的以非传统产品为基础的新的出口导向发展模式。一方面，经过改革，拉美国家传统的进口替代工业化发展模式发生了根本变化，经济实现了由内向型发展向开放型发展的转变。另一方面，拉美国家的产业结构，特别是工业结构发生了明显的变化。一些国家按照新的发展模式对资源重新进行了配置，出现了非工业化的趋势。另一些国家在削弱传统的进口替代工业的同时，加快了面向出口的工业部门的发展。拉美国家走上了市场化、自由化、私有化的改革道路。

本章参考文献：

[1] 艾·巴·托马斯：《拉丁美洲史》，海南出版社，2007年。

[2] 韩琦：《辩证评析拉美百年的经济发展》，中国论文下载中心，2008年6月。

[3] 石建华，孙洪波：《拉美国家债务危机中的财政因素与启示》，《广西财经学院学报》2006（4）。

[4] 孙洪波：《20世纪90年代拉美国家财政改革综述》，《地方财政研究》2006（11）。

[5] 韩琦：《论拉丁美洲殖民制度的遗产》，《历史研究》2000（6）。

[6] （美）E. 布拉德福德·伯恩斯、朱莉·阿·查利普，王宁坤译：《简明拉丁美洲史》，世界图书出版社，2009年。

[7]（美）马丁、瓦塞尔曼著，黄磷译：《拉丁美洲史》，海南出版社，2011年。

[8] 林被甸，董经胜：《拉丁美洲史》，人民出版社，2010年。

[9]（英）贝瑟尔著，中国社会科学院拉丁美洲研究所组译：《剑桥拉丁美洲史》，当代世界出版社，2001年。

[10] 赵晓雷：《外国经济史简编》，华东师范大学出版社，1994年。

第九章
非洲财政史

非洲经济与亚洲同样受到越来越多的重视。21世纪的经济发展，非洲也起到不可或缺的作用，我国以及世界上许多国家都给以相当的关注。我国对非洲研究主要通过《西亚非洲》等期刊对其政治、历史、人文、经济等多方面进行研究，主要侧重于非洲各国独立以后的经济发展，涉及非洲国家独立以后进行的全方位改革，实行的相关政策，遇到经济危机时所作出的相关财税经济方面的决策以及进入21世纪非洲面临的发展瓶颈问题，还有对其将来发展的期望。但是对非洲各国独立前以及非洲古代的经济发展尤其是财政发展较少研究，对其研究较多涉及对非洲历史的研究，所以有必要将其单独列出来对非洲财政发展进行研究。

同时，非洲各国同我国一样都是经历了璀璨的古老文明后沦为殖民地和半殖民地的，通过对其财政史的研究，我们可以回顾古老非洲的上古文明和对比非洲与我国在半殖民地时期的财政发展状况。

以古鉴今，回头看现代，近几年来非洲呈现3个重要的经济特征：经济增长与严重的贫困化并存；注重资源开发的同时追求经济多样化发展；立足自主发展与争取国际协调并重。这3个重要特征均具有延续发展的共性，决定了未来非洲经济发展的主要走向：经济持续发展，但短期内无法改变世界上最贫困落后地区的地位；资源开发仍是主导产业，以信息产业为代表的多样化战略初显活力，但单一经济的改造仍然任重道远；《非洲发展新伙伴计划》在立足自主发展的同时争取国际社会的配合，为未来非洲经济振兴带来希望，但其目标的实现仍存在许多的困难与限制。

第一节 15世纪末叶以前非洲社会财政概况

非洲各地的原始社会，经过特别漫长的发展历程，在不同的历史时期先后瓦解而进入阶级社会。在非洲许多古代阶级社会中，存在着各种表现形式的奴隶制。北非地区的奴隶制，是非洲发展形态最高的奴隶制。在东北非地区，公元初年逐渐兴起的另一个著名国家阿克苏姆，也存在着奴隶制。自从伊斯兰文明兴起以后，一种有别于欧洲、也有别于远东地区的封建制度，在上述两大地区之间应运而生了。由于与古埃及、阿克苏姆国家的情况不同，它们已经处在欧亚大陆主要民族均已封建化的时代，外部世界给予它们的都是封建文明的影响，所以很难再把它们定为古代早期阶级社会。大致说来，凡是出现在公元10世纪以后的非洲阶级社会，一般均应称之为“非洲古代阶级社会”为宜。

下面以典型的北非地区奴隶制国家埃及来描述这一时期的经济财政形势。

农业是古埃及经济的基础，在整个社会生活中居于支配的地位。灌溉农业的发展使埃及国家走向统一并建立了中央集权制，中央集权的统一国家反过来又促使灌溉农业的大发展。因此不论是前王朝时代的埃及居民，还是法老埃及时代的统治者们，都把土地视为最大和最宝贵的财富，都把发展灌溉农业置于首位。

公元前332年，马其顿王亚历山大征服埃及，埃及成为亚历山大帝国的一部分。公元前305年，亚历山大帝国大将托勒密·腊加在埃及自立为王，建立托勒密王朝。官制也基本上沿袭了埃及旧制。财务大臣是国家的最高官职，相当于宰相，辅佐国王统治全国，掌管财政和行政。在地方上的行政官职中，财政官的权力也最大，负责管理王室土地，向王田农民收税收租，监督油、酒、布匹、食盐、矿山开采等专利产品的生产和销售，督促商业和包税收入的上缴，控制各王田、赐田、庙田、屯田的农业生产等等。托勒密一世为了笼络埃及世俗奴隶主，规定各州、县和村的行政官职大都由他们充任。实际上形成了希腊人专领军事，埃及祭司专管宗教事务，希腊人和埃及奴隶主共同掌管行政、财政事务的局面。

在经济上，托勒密一世继承了埃及法老的做法，埃及土地仍归托勒密王室所有，而实际经营上却分为两大类："王田"和"授田"。王田是王室贵族直接占有和经营的土地，数量最大，由王田农民进行耕种。授田包括庙田、赐田、禄田和屯田等。庙田是神庙祭司直接占有和经营的土地，免交赋税。赐田是国王恩赐给大臣或神庙的土地，也免交赋税。禄田是国王给予官吏作为俸禄的土地，同样免税。屯田是服役士兵的小块份地，与前三种土地不同之处是：要交一定数额的赋税，并可以继承和转让，但要在地方政府那里办理登记手续。

随后埃及被罗马征服。罗马元首屋大维把号称"东地中海谷仓"的埃及据为自己的私人领地，作为元首私人收入的主要来源。在经济方面，为了发展埃及经济，保证赋税的征收，实行了同托勒密一世几乎同样的经济政策。他注重水利灌溉工程的修建，促进农业生产的发展。他奖励工商业的发展，仍然把亚历山大里亚办成国际贸易的中心，中国的丝绸、漆器、铁器，印度的象牙、香料，阿拉伯的宝石等，依然运送到亚历山大里亚，然后再转销到罗马和其他地区。埃及被规定是元首屋大维的私产，埃及的全部土地名义上归屋大维所有。原托勒密王室所占有的大量肥沃土地被收归为"公有地"，托勒密王朝时期的赐田和军人份地也被没收，归元首私有。埃及神庙的大量土地也被没收殆尽。屋大维及其继承人宣称，不干涉埃及祭司的任何宗教活动，祭司的生活和公共祭祀活动的全部费用均由国家供应，而神庙土地及其收入登记入册，作为皇室财产的一部分。这些土地仍然租给托勒密王朝时期的王田农民耕种。后者向国家缴纳实物税和货币税。税收仍由国家官吏或包税人征收。在罗马统治时期，埃及的赋税特别苛重。埃及人除交土地税和人头税外，还要交纳各种各样的苛捐杂税，据统计，实物税达 50 种之多，而货币税更多达 450 种以上，每年的税款高达 7500 万德拉克马，谷物 2000 万麦斗。

公元395年，罗马帝国分裂为东西两部分，埃及划归东罗马帝国，即拜占庭帝国。公元7世纪，阿拉伯帝国兴起，埃及成为阿拉伯帝国的一部分。继阿拉伯法蒂玛王朝之后，由萨拉丁创建的阿尤比王朝统治埃及和叙利亚地区前后达80年。萨拉丁根据埃及的具体情况，在经济方面采取了两项重大措施。首先是建立军事采邑制。以前，埃及的税收、特别是土地税收沿用古制，将征税工作租让给包税人。包税人定期征税，交纳国库。军队则由政府支付一切。这样，每当国势衰败，税收往往难以保证，军队的给养无着，国家形势必然走上恶性循环之路。萨拉丁从塞尔柱土耳其人那里引进了新的、同样能适应埃及传统的新制度。他将所有的封地重新分配给手下的艾米尔和军官们，以及萨拉丁家族的成员，从而制造了一个新的统治基础。每一个受封的阿尤比封邑主同时领受两份封邑。一份名卡萨，是封邑主个人的封邑，另一份名伊克塔，是为了维持封邑主率领的军队的。国家一方面强制农民附着于土地上，另一方面也规定农民交纳固定之地租，禁止封邑主们滥用权力。为此，还专门设立了一个部门，管理封邑的分配收入，以及军队维持的有关事宜。埃及的封邑主享有封邑的收入，同时有着维持军队、随时听命出征的义务。其次，是执行了外贸垄断政策。土地与外贸，成了阿尤比王朝的两大财源。

1453年，奥斯曼土耳其人攻占了君士坦丁堡，开始成为世界上雄霸一时的帝国。1517年，奥斯曼大军进入开罗。从此，埃及成为奥斯曼帝国的一部分。

第二节

非洲殖民地财政的形成和发展

根据近代非洲社会的矛盾运动，将其分为三个阶段：16至18世纪为第一阶段；18世纪末到第一次世界大战前夕为第二阶段；两次世界大战时期为第三阶段。

16世纪到18世纪末，是非洲遭受殖民侵略、统治和奴役的初期阶段，是黑奴贸易兴盛并对非洲社会带来大范围灾难性破坏的时期，也是非洲古代大国衰落、分裂、瓦解和许多新的国家创立、发展的时期。18世纪末到第一次世界大战前夕是非洲受到进一步殖民侵略，许多国家沦为殖民地和半殖民地的时期，也是非洲人民进行民族自卫战争，进行近代化改革尝试和各种形式的社会变革，以挽救民族危亡的时期。两次世界大战是各项制度建立并完善，社会经济关系和阶级关系开始发生变化，资产阶级和无产阶级开始出现的时期。

一、第一阶段——16 世纪至 18 世纪末

奥斯曼帝国于 16 世纪先后占领了北非的埃及、阿尔及利亚、突尼斯、的黎波里塔尼亚，奥斯曼苏丹取代埃及国王，土耳其封锁了自古以来的地中海—红海—印度洋商道，实行闭关政策。除马格里布曾有一度的海盗商业繁荣之外，奥斯曼北非的农业、手工业和商业长期呈现衰落的趋势。随着奥斯曼帝国的衰落，苏丹的统治权已有名无实。到 18 世纪末年，奥斯曼北非四国相继成为西欧资本主义国家的猎获物。

土耳其在埃及任命了总督帕夏，执掌埃及政治经济及军事大权。帕夏一般任 1—3 年。在地方，埃及被划分为 24 省（区），每省设行政长官贝伊，由帕夏任命，土耳其保留了埃及原有的封建土地所有制，并把它法律化、固定化。在确立土地国有的前提下，土地占有分三种形态，即哈斯领地、寺院领地和马木路克领地。哈斯领地是饲料地，专为帕夏、近卫军和马木路克贝伊的马匹种植饲料。寺院领地是属于清真寺和其他穆斯林机关的土地，由统治者赐予或信徒馈赠，享有免税权，但原则上不准买卖。马木路克领地实行包税制度，是埃及主要土地制度，三种占有制中的核心部分，也是埃及独特的一种制度。土耳其占领埃及后，沿袭了当地普遍盛行的税制，把大批土地包租给土耳其贵族、近卫军官和当地马木路克贝伊经营管理。这些人称“穆尔塔津”，即包税人。他们再把土地出租给农民（“费拉赫”）耕种，自己只负责收取租税，所征税收按一定比例上缴政府。向农民征收的税主要有地税，又称国税（“米里”），此外还有一种余额税，这一部分归包税人自己所有。据统计，在包税人一年所收税款中，1/5 上交中央政府，1/5 上交地方政府，其余归己。包税人还享有一块免税地（“乌西叶”），是政府赐给他个人使用的土地，作为他们负责征税的一种酬劳，但规定不准买卖。

1798 年拿破仑远征埃及，以失败而告终，但它打开了埃及的大门，沉重打击了统治埃及的马木路克军事封建集团。随着埃及大门的打开，埃及从此却卷入了欧洲列强争霸的漩涡之中。穆罕默德·阿里敏锐地察觉到，埃及

人民与英法殖民者、奥斯曼宗主国以及马木路克封建军阀的矛盾已达到无法调和的地步。穆罕默德·阿里推行规模宏大的改革计划，其核心便是采取一系列强制性措施来促进埃及经济的振兴和发展。1814 年，阿里宣布彻底废除包税制，没收了全部包税领地。与此同时，阿里将原来由包税人随意确定的五花八门的苛捐杂税合并为一种土地税，由国家统一按土地优劣确定税额，简化纳税手续。穆罕默德·阿里紧接着采取了一系列扶助农业发展的配套措施。他组织力量兴修水利，疏通旧沟渠，开挖新运河，还加固、修筑各类堤坝。穆罕默德·阿里还采取限制私营手工业生产和大力发展官办工厂的方针，努力建立埃及自己的民族工业。他注重从西欧各国引进技术，购买设备，聘请专家，吸收资金，使埃及民族工业在初创时期便具有较高的技术水平和较快的发展速度。阿里采取提高关税、政府包办等手段来控制进口贸易，使国内市场和民族工业免遭外国倾销商品的冲击。

阿里发动的旷日持久的对外战争，又使埃及农民和城市贫民境况更趋恶化。为了将日益沉重的财政负担转嫁到下层人民身上，阿里政府千方百计地增加捐税的税额和种类。最终改革以失败而告终。

二、第二阶段——18 世纪末至第一次世界大战前夕

1. 法国侵占阿尔及利亚和突尼斯、摩洛哥的改革

从 18 世纪末到 19 世纪 70 年代，阿尔及利亚、突尼斯和摩洛哥不断遭到西方资本主义国家的殖民侵略和掠夺。阿尔及利亚西部抗法斗争的杰出领袖是卡德尔。卡德尔建立起以马斯卡拉为首都的独立国家后，决心仿效埃及的穆罕默德·阿里，实行改革，以达到富国强兵的目的。在政治方面，为了加强中央集权，他采取统一的行政管理制度，将全国分为八个区，委派行政长官管理，严禁卖官鬻爵和营私舞弊；建立了选举产生的最高咨询会议，讨论并决定战争、和谈和税收等重大问题。

在突尼斯，国家主权受到的威胁，严重的国内政治危机和经济危机，使突尼斯的一些封建上层人物感到，必须在外侮内忧的形势下作出变革的抉择。第一阶段是艾哈迈德贝伊统治时期（1837—1855 年）的改革，其特点是强兵。第二阶段改革的主要内容是推行以“宪政”为名的政治改革。他亲自倡议改革粮食税，废除原来任意估产征税的办法，按播种面积定出税率；而最重要的一项改革内容就是颁布了《基本公约》，把改革的重点从军事转向了政治领域。按照《基本公约》，突尼斯政府取消了专卖制度，实行

自由的贸易和企业活动，改造法庭。第三阶段是赫雷丁的改革。在社会经济方面，他减轻农民的捐税，取消了过去欠缴的税款，并要求地方官员每年必须提出税收情况的详细报告，建立会计账册，发给纳税人纳税收据。他将无人耕种的国有荒地分配给农民耕种。1874 年和 1875 年颁布的有关农业的条例，规定了分成佃农的地位和义务，他们的劳动所得为扣除捐税后收成的 1/5。① 为了重振日趋衰落的手工业，赫雷丁又下令制定规章，规定行会师傅与帮工之间的关系、行会会长的选举办法、工作制度以及产品的出售方法。1870—1875 年，各手工业行会都先后订立了规章制度。同时，政府还减轻了突尼斯商品的出口税。

在摩洛哥，也像突尼斯一样，在欧洲列强侵略的威迫下，进行了挽救危亡的改革。长期以来，面对资本主义的侵略，摩洛哥实行的是闭关政策。它只开放五个港口，每个港口的欧洲移民限制在十人，欧洲商人只同政府指定的商业代理人进行买卖；政府还实行垄断贸易，贸易垄断权由苏丹直接行使，规定价格和收购及销售事宜；并提高进出口关税，以限制外国商品的进口和本国重要产品的出口。为了加强中央政府的权力，穆莱·哈桑亲自处理政务，积极进行国家行政管理制度的改革。他取消中间人，直接向地方征收赋税。他废除了 18 个大的卡伊德辖区，划分为 330 个小的地方行政单位，任命一些小的卡伊德去进行管理。为了革除封建机构的弊端和防止海关人员受贿，他采取发薪和定期派出监察人员的措施，并严格规定各“维齐尔”（大臣）的职责，建立监察机关，防止越权和贪污。但哈桑的行政改革没有超出封建制度自我调整的范畴。

2. 殖民地化时期的各国财政

在突尼斯，法国、意大利、英国自 19 世纪 40 年代开始进行经济侵略，取得在突尼斯购地权，法国还取得水利和邮电建设特权，英国取得了铁路建筑特权。1863 年和 1865 年，法国通过两次大贷款，使突尼斯债务达到 1.25 亿法郎，单付息一项即占去突尼斯每年财政收入的一大半，致使突尼斯发生财政危机。1869 年，法、英、意合组“国际财政调查团”，宣布突尼斯财政破产，接管了突尼斯财政，突尼斯成为半殖民地。自英国 1882 年占领北非埃及后，埃及经济殖民地化的进程加速，主要表现在：1883 年，英国取消

① J. D. Fage, Roland Anthony Oliver. The Cambridge History of Africa, Vol.4, Cambridge University Press 1975, p441.

“双重控制”制度，独占埃及财政大权。英国还采取一系列措施，把埃及银币降为辅币，使英镑在埃及经济中起主导作用，使英资银行成为埃及的中央银行。1916年固定了埃镑对英镑的汇率，把埃及纳入英国货币体系，使英格兰银行得以主宰埃及的经济命脉。埃及的民族工业遭到严重打击。埃及原来就很微弱的工业在失去关税保护和英货倾销的困境中挣扎求生，外国企业却享有免税的特权。1907年，埃及工业和手工业从业人员为38.6万人，其中28.6万是外国人。第一次世界大战中，外国资本输入急剧增长，控制了埃及的财政、金融、铁路、航运、水利、土地经营、城市公用、采矿、制盐、大旅店等经济事业。1914年，外国在埃资本（包括政府贷款和私人投资）达2.5亿英镑，每年榨取利润900万英镑以上。

在阿尔及利亚，法国在阿尔及利亚实行军事统治和法阿一体化政策。其主要殖民化措施有：统一法阿关税，使阿尔及利亚成为法国国内市场的一部分。自1851年起，法国开始将阿关税与本土统一起来。1884年，又正式把阿尔及利亚并入法国关税区。法国法郎就是阿尔及利亚的货币，法国商品运销阿尔及利亚，犹如出入国内市场一样。由于法货充斥，阿尔及利亚手工业很快趋于衰落。法国资本控制着阿经济命脉，如航运、铁路、银行、外贸等部门，限制阿发展近代工业，使阿成为法国的农业和原料附庸。

在摩洛哥，法国在摩洛哥保留了原国家机构，自己在幕后进行统治。主要殖民化措施及其后果是：①控制摩洛哥财政、海关、银行、货币、铁路、矿山、外贸、运输等经济命脉，以“摩洛哥总公司”作为殖民掠夺和经济控制的中心，其资本1912年有1000万法郎。摩最重要的矿产为磷酸盐，第一次世界大战后还开采了锰矿、铅锌矿、煤、铁、石油等。

在肯尼亚，1894年肯尼亚沦为英国保护国，英在肯实行直接统治，掠夺土地，移民定居。英国在肯尼亚征收高额茅屋税或人头税，强征劳役（居民每年服无偿劳役24天，服有偿劳役60天，还有修路及其他劳役）。

在西非，殖民者入侵西非后，法国在西非实行直接统治，推行同化政策。英、法对西非的殖民剥削方式，主要有征兵、征税、征劳役。英国殖民政府主要征间接税，直接税则由土著政权征收。法属西非苛捐杂税较重。英、法殖民军队均征非洲青壮年当兵，由英人、法人任军官、严密控制。英、法都征调劳役，主要用于建筑和修路。

在刚果，非洲中部的刚果（今扎伊尔）1885年沦为比利时殖民地后，刚果人民要为殖民政府服兵役和劳役，为官吏和军队下乡无偿提供食宿、交通费用等。

三、第三阶段——两次世界大战时期

在第一次世界大战中，非洲被列强强行拖入了战争泥潭，不但成为两大集团在海外殖民地作战的主要战场，而且成为人力资源和战略物资的稳定供应地。战时，间接统治代替了直接统治，间接统治是一种比直接统治更狡猾、更具欺骗性的统治形式。它在维护殖民宗主权的条件下，有意识地恢复了一些本已在分化瓦解的非洲社会旧制度如村社酋长制等，以最大限度地利用当地土著政权和行政、司法、财政等机构中的非洲代理人，对广大人民群众进行经济剥削和政治压迫。战争既给经济带来了破坏，促使经济畸形发展；又使非洲外贸格局变化，使得英国可以采取国家干预手段获取更多的垄断利润。单一种植出口经济作物引起粮食危机，采矿业也因帝国主义战时的大量需求而迅速发展。同时战争也使非洲国家进口减少，于是替代进口工业的出现不可避免。

在第二次世界大战期间，对于西方国家来说，非洲是一个重要战略地带和战场，也是兵力供应地，特别是其原料资源被利用得比第一次世界大战时更加充分。加之战时非洲经济又得到较快发展，对交战国的供应有着更加重要的意义。

第三节

非洲各国独立后的财政发展

非洲国家独立后普遍实行以政府干预为主的经济政策，政府对经济活动实行全面的干预和控制。可以说，在一定时期内以政府干预为主的经济政策是非洲国家独立初期经济发展的重要保证。但是，随着时间的推移和内、外部条件的变化；以政府干预为主的经济政策日益暴露出弊端，逐渐影响到经济的发展。从 20 世纪 80 年代起，非洲开始实行以市场为导向的经济政策调整与改革。在政府制定的各项经济政策中，政府将大量资金用于兴建基础设施、公共部门和提供各类补贴；干预信贷资金规模、配置及规定了较低的利率；实行广泛的国有化，等等，处处体现政府对经济活动的全面干预和控

制。

一、财政金融政策

由于资金短缺，加之国内市场又极其分散、落后，税收成为非洲国家财政收入的主要来源和动员国内资金的重要工具。各国政府普遍规定较高的农产品出口税。与此同时，由于基础设施落后、经济结构单一、人民生活水平低下等因素，政府将大量资金用于兴建基础设施、公共部门和提供各种补贴。例如，1965—1975 年间坦桑尼亚总投资额中基础设施项目投资占 1/5；科特迪瓦 1960—1970 年间用于改善和兴建基础设施的公共投资年均占政府预算的 10%。

绝大多数非洲国家都加强对金融业的控制和干预，以动员有限的资金重点支持国家急需发展的战略性项目。政府对金融体系的干预通常包括：①对外资银行实行国有化，建立国有银行。其目的在于摆脱对外资的依赖，从根本上改变外资控制本国金融体系的状况。例如，肯尼亚独立后接管外资控制的格林银行、肯尼亚国民银行、商业银行和其他一些金融机构，并在此基础上成立本国的商业银行，打破了外资控制本国金融业的局面。②对信贷资金规模、分配进行干预。通过“优惠利率”、“信贷分配”和其他“政策性融资”，政府将银行资金集中分配给国家重点发展的产业部门。中央银行贷款主要向国企倾斜，私企很难从正式金融机构融资。例如，1962 年科特迪瓦设立“稳定和维护农产品价格金库”。通过国家特别投资预算和信贷等渠道，用于资助各种发展计划，特别是资助出口农产品多样化计划的实施。科特迪瓦还设立了农业信贷银行，为广大种植园主提供信贷保证和信贷利率。③规定较低的利率。多数国家出于鼓励投资、推动经济增长、进行收入分配，以及方便政府获得低息贷款等方面的考虑，利率规定普遍偏低。加之通货膨胀的影响，实际利率经常为负值。

二、价格政策

在劳动力市场上，为保障人民生活和政治、社会的稳定及公平，很多非洲国家实行最低工资制，政府规定统一的工资标准。喀麦隆在这方面的做法比较典型。1967 年喀麦隆颁布《劳动法》和《社会救济法》，规定全国实行统一的工资标准和福利标准，各个企业都实行 12 级工资制，每个级别又分为 6 个等级。后来因通货膨胀严重，为保障人民生活，从 1973 年 9 月到

1981 年 2 月，政府曾先后 7 次提高职工工资。

在商品市场上，独立后多数非洲国家保留了殖民时期的农产品销售局，负责农产品的购销。政府规定农产品销售局为法定的农产品收购机构，并赋予其专卖权。为了让穷人以其能够承受的价格购粮、满足其基本生活需要，并让其他城市居民从较低的粮价中受益，保持社会稳定，非洲国家普遍规定较低的官方零售价格。农民被迫将其产品廉价地出售给农产品销售局。

在外汇市场上，非洲国家普遍实行外汇管制和外汇配给制，货币不能自由兑换，只能在指定的银行机构以官方汇率购买外汇。出口商的收入也只能按官方汇率卖给指定的银行。货币的实际汇率一般都高于实际购买力，本国币值严重高估。在 1969—1971 年和 1981—1983 年间，非洲整体实际汇率上升了 31%。

三、国有化政策

独立后，非洲国家还广泛地实行国有化，建立国营企业。他们认为国有企业既能发挥私人企业的职能，动员、充分利用闲置或外资控制的资源，还可以帮助政府进行公共投资，改善人民的社会福利，逐步实现社会公众的目标。此外，多数国家还制定经济发展计划，确定经济发展目标。走社会主义道路的国家在制定经济发展计划时尤为积极，并以此作为建设社会主义的主要手段。事实上，非洲大量国营企业和公共部门的建立正是计划经济的产物。选择资本主义道路的喀麦隆、科特迪瓦等国也制定了庞大的经济发展计划，由国家制定统一的发展目标，并投入大量资金保证计划的顺利实施。

多数非洲国家还限制外资和私人经济的发展。加纳、坦桑尼亚、几内亚等独立后选择“非资本主义道路”的国家规定限制外资和私人经济的发展。科特迪瓦、喀麦隆、尼日利亚等国虽然一度鼓励外资和发展私人经济，但后来又限制外资。例如，尼日利亚独立初期没有限制外资，但逐渐意识到外资控制关键经济部门对长期经济发展极为不利。1972 年 2 月政府颁布《尼日利亚企业振兴法令》，对外资加以限制，逐步实现经济本地化。

本章参考文献：

[1] 杨人楩：《非洲通史简编》，人民出版社，1984 年。
[2] 艾周昌，陆庭恩：《非洲通史》，华东师范大学出版社，1996 年。

[3] 郑家馨：《殖民主义史·非洲卷》，北京大学出版社，1999 年。

[4] （美）埃里克·吉尔伯特、乔纳森·T. 雷诺兹著，黄磷译：《非洲史》，海南出版社，2007 年。

[5] J. D. Fage, Roland Anthony Oliver. The Cambridge History of Africa, Vol. 4, Cambridge University Press 1975.

后记

著名学者约瑟夫·熊彼特曾说过："一个民族的财政史首先是其一般历史的基本组成部分"，"归根到底，一个民族的精神、文化水平、社会结构以及其政策所预备的行为等——所有这一切以及其他更多的东西都反映在它的财政史当中"。2008年3月18日国务院总理温家宝答记者问时说道："其实一个国家的财政史是惊心动魄的。如果你读它，会从中看到不仅是经济的发展，而且是社会的结构和公平正义。"作为一名从事财政史的研究者，我深深为这些平淡话语所蕴涵的伟大哲理而折服，反观国内财政史的研究现状，心头又多了几分感慨和沉重，内心常久久不能平静。由于研究难度和进入成本的高昂，财政史这门学科始终没有成为财政学、历史学的显学，长期被视为一份冷僻和狭隘的分支学科，这种淡出主流视野之外的清苦劳作足以让每一位准备进入此领域的年轻学者踯躅三思，如果没有"苟全性命，不求闻达"的淡定和安恬，是很难坚持下去的。这也是外国财政史自新中国成立以来长期没有著作问世的主要原因。

科学发展越来越依赖多种学科的综合、渗透和交叉，交叉学科研究成为当今和未来科学发展的主流。作为身兼历史学、财政学两大领域背景的初学者，对于外国财政史的研究，我等有心于此有好多年了，并在日常的教学科研过程中，注重搜集整理大量的备用资料。但是人类社会风云变幻，外国财政界都发生了翻天覆地的变化，资料浩瀚、内容博大丰富，若想完整无遗纳入一本薄书，我辈水平恐难以完成。所以，写作过程中，仅选取了一些有代表性的国家的代表性事件展示在书中，写作方法上，尽可能采取生动活泼的叙述语言，每章前设有一个引子，以增加本书的可读性。

本书写作过程中，王婕、张双喆、彭千卉、谭笑、凌砾、刘妍君、刘畅、胡皓瑞、王梦洁、蒋明鲁、张琳、王建宁、李雪婷、姚滨、李梦、黄祥、王文豪、陈依喃、靳卓文、陈慧娴、蔡冉等提供了大量的资料，胡皓瑞撰写了每章的引子，书中引用了许多国内外专家学者的研究成果和文献资料，虽在文中和参考文献中作了注明，但有可能遗漏，在此一并致谢！中国财政经济出版社的张晓彪为本书的编辑出版付出了大量辛苦努力，在此表示衷心感谢！

书稿虽告一段落，但外国财政史是个巨大的复杂的工程，本书不过是管中窥豹而已，此刻的心情，我说不出是轻松还是惶惑。我只感到世界仍在我的理解之外……

马金华

于中央财经大学

2011 年 3 月